Jesús de Nazaret

vida, enseñanza y significado

Samuel Pagán

EDITORIAL CLIE
C/ Ferrocarril, 8
08232 VILADECAVALLS
(Barcelona) ESPAÑA
E-mail: libros@clie.es
http://www.clie.es

Samuel Pagán
JESÚS DE NAZARET: vida, enseñanaza y significado
D.L.: B.11823-2012
ISBN: 978-84-8267-572-5
Clasifíquese: 2150 - Estudio Bíblico-Biográficos
CTC: 01-30-2150-28
Referencia: 224779

Impreso en USA / Printed in USA

ÍNDICE

Prefacio 1

1 El Verbo se hizo carne 9
Vida y obra de Jesús de Nazaret 11
Las investigaciones en torno a Jesús 13
Esfuerzos metodológicos y comprensiones cristológicas 14
La primera o búsqueda antigua 16
La no búsqueda 16
Segunda búsqueda 17
La tercera búsqueda 18

2 La historia de las cosas ciertísimas 21
Testimonios orales 23
De la oralidad a la literatura 25
Los evangelios canónicos 26
Otras fuentes neotestamentarias 30
Los padres apostólicos 31
Fuentes literarias judías en torno a Jesús 33
Fuentes literarias romanas 37
Fuentes helenísticas y musulmanas 39

3 Nació en Belén, en días del rey Herodes 43
La tierra de Israel 45
La región de Galilea 46
Los caminos entre Galilea y Judea 49
La región de Judea 50
El proceso de helenización de Palestina 52
La rebelión de los Macabeos 55
La monarquía asmonea 59
Palestina bajo la dominación romana 61
Herodes el Grande y sus sucesores 63

4 Desde Galilea hasta Jerusalén 65
Jesús de Nazaret y la ocupación romana 67
La Galilea multicultural 69
La Galilea multilingüe 71
Galilea: Nazaret y Capernaún 73

Judea: Jerusalén, Jericó y Belén 75
Gobernantes romanos y judíos en la época de Jesús 79

5 Crecimiento y fortaleza, sabiduría y gracia 83
Contexto familiar de Jesús 85
El entorno social de Jesús 87
La educación 91
El mundo de la religión 97
Las fiestas solemnes 103
Los diversos grupos religiosos, políticos y militares 108

6 El nacimiento de Jesucristo 117
En torno al evangelio, los evangelios y los evangelistas 119
Las narraciones de la infancia 121
La anunciación 123
El nacimiento de Jesús 126
Un fenómeno astral significativo 129
Herodes y la matanza de los niños 131
El joven Jesús en el Templo 133

7 Mensajes y enseñanzas 135
Predicación desafiante y transformadora 137
En torno a Juan el Bautista y las tentaciones 138
Ministerio en Galilea 142
Predicaciones en las sinagogas 144
Enseñanzas de Jesús 145
Las parábolas 149
De sembradores, samaritanos y pródigos 153
Enseñanzas éticas y principios morales 158
Dios como padre 161
El reino de Dios 165

8 Sanidades y liberaciones 171
Las narraciones de milagros 173
Las sanidades en la antigüedad 176
Los milagros de Jesús 179
Las resurrecciones 187
Los milagros y su función teológica 197

9 La pasión de Jesús 199
Los anuncios de la pasión 201
Antes de llegar a Jerusalén 205
La llegada de Jesús a Jerusalén 206
La cena final de Pascua con sus discípulos 210
La agonía en el Huerto del Getsemaní 213
Los juicios injustos 217

La vía dolorosa 221
Las estaciones de la pasión... 223
Semana final de Jesús... 224

10 La crucifixión de Jesús 227
Importancia de las narraciones de la crucifixión............... 229
Las crucifixiones en la antigüedad................................. 230
La muerte de Jesús... 233
Sepultura del cuerpo de Jesús... 235
Las siete palabras de Jesús en la cruz............................. 237
Profecías cumplidas con la muerte de Jesús 238
Significados de la crucifixión.. 239

11 La resurrección de Cristo 241
Las narraciones de la resurrección................................. 243
La desaparición del cuerpo de Jesús 246
Las apariciones del Cristo resucitado 248
La ascensión de Jesús al cielo 249

12 Apéndices 253
Parábolas de Jesús.. 255
Evangelio de Mateo.. 255
Evangelio de Marcos 256
Evangelio de Lucas... 257
Evangelio de Juan... 259

Milagros de Jesús en los Evangelios 261
Siete curaciones de espíritus inmundos 261
Cinco curaciones de paralíticos 261
Cuatro curaciones de ciegos 262
Dos curaciones de leprosos... 262
Otras seis curaciones.. 263
Curaciones hechas de modo genérico 263
Diez milagros sobre la naturaleza................................... 263
Cuatro milagros de resurrección...................................... 264
Concordancia de los Evangélios 265

Mapas.. 271

Bibliografía 275
Estudios sobre Jesús... 275
Fuentes antiguas 278

Prefacio

Bienaventurados los pobres en espíritu,
porque de ellos es el reino de los cielos.
Bienaventurados los que lloran,
porque ellos recibirán consolación.
Bienaventurados los mansos,
porque ellos recibirán la tierra por heredad.
Bienaventurados los que tienen hambre y sed de justicia,
porque ellos serán saciados.
Bienaventurados los misericordiosos,
porque ellos alcanzarán misericordia.
Bienaventurados los de limpio corazón,
porque ellos verán a Dios.
Bienaventurados los pacificadores,
porque ellos serán llamados hijos de Dios.
Bienaventurados los que padecen persecución
por causa de la justicia,
porque de ellos es el reino de los cielos.
Bienaventurados sois cuando por mi causa
os vituperen y os persigan,
digan toda clase de mal contra vosotros, mintiendo.
Gozaos y alegraos,
porque vuestro galardón es grande en los cielos;
porque así persiguieron a los profetas que fueron antes de vosotros.

Mateo 5.3-12

Un nuevo libro sobre Jesús

La verdad es que yo quería escribir este libro en torno a Jesús de Nazaret hace algún tiempo. La extraordinaria figura del fundador del cristianismo siempre me ha llamado la atención y desafiado, no solo por sus enseñanzas espirituales y por los valores éticos y morales que personificó, sino por las implicaciones y repercusiones sociales, religiosas y políticas de esos mensajes para las generaciones subsiguientes, que han llegado desde las antiguas Nazaret y Jerusalén hasta la América Latina contemporánea.

Y entre las razones por las cuales he deseado escribir esta obra, se encuentran motivaciones personales y familiares, intereses académicos y profesionales, y también requerimientos ministeriales y espirituales. Las fuerzas que me motivan a emprender este importante proyecto literario, teológico y espiritual, son varias, y cada una de ellas aporta, significativamente, al desarrollo de esta obra.

En primer lugar, yo nací en una cuna profundamente religiosa, en un hogar evangélico, donde la fe, el culto y la iglesia jugaban un papel protagónico en la vida de nuestra familia. En ese entorno familiar e íntimo, fue que escuché hablar por primera vez de Jesús y sus mensajes transformacionales. Mi abuela era una predicadora de la Iglesia Metodista; y mi papá y mamá, líderes de la Iglesia Discípulos de Cristo. Ellos se encargaron de enseñarnos, en el ambiente íntimo del hogar, no solo los dichos y hechos más importantes del Señor, sino que intentaban contextualizar ese mensaje.

No fueron pocas las noches que nos sentábamos, luego de la cena, para dialogar sobre el mensaje de las Sagradas Escrituras, o sencillamente para hablar y cantar algunos de los himnos tradicionales de la fe. Eran conversaciones significativas y serias, intensas y sencillas, profundas y sobrias, sabias y gratas... Y en medio de esas dinámicas informales de diálogos familiares, fue que comenzó mi deseo por estudiar la vida de quien tenía la capacidad, según me enseñaban mis padres y abuela, de calmar las tempestades, liberar a la gente cautiva, sanar a las personas enfermas, y brindarle esperanza a quienes las adversidades de la vida y la existencia humana les habían quitado el deseo de vivir.

A esa primera motivación familiar, se une mi formación profesional. Ya desde mis estudios universitarios comencé a frecuentar los círculos de estudios bíblicos en el antiguo Colegio de Agricultura y Artes Mecánicas de la Universidad de Puerto Rico en la ciudad de Mayagüez. En la Asociación Bíblica Universitaria, esos apetitos espirituales se fueron transformando de forma paulatina en inquietudes teológicas más sofisticadas y en análisis literarios que le brindaron a la figura extraordinaria de Jesús mayor pertinencia, no solo personal sino comunitaria. Esos estudios de las Escrituras en medio del campus universitario, abrieron nuestro horizonte hermenéutico y desafiaron las comprensiones teológicas en las que me había criado.

Los círculos de estudios bíblicos universitarios y las reflexiones espirituales personales, me abrieron el apetito espiritual y académico a tal grado, que decidí dejar mi profesión de ingeniero químico y estudiar para el ministerio cristiano... Y me matriculé en el Seminario Evangélico de Puerto Rico para hacer una Maestría en Divinidad. Una decisión que, con el tiempo, probó ser una de las más importantes y acertadas que he tomado en la vida.

Los estudios teológicos sistemáticos y organizados, me brindaron una serie de herramientas que me ayudaron a comprender mejor la Biblia, y por consecuencia, me permitieron profundizar un poco más en la figura que me había motivado inicialmente a dejar mi profesión de ingeniero para invertir mi vida en el ministerio. Ese período académico en el Seminario de Puerto Rico me preparó para continuar los estudios avanzados en el Seminario Teológico de Princeton y en la escuela graduada del Seminario Teológico Judío. Y en esos contextos académicos avanzados, mi comprensión de Jesús fue en aumento continuo, no solo por la oportunidad que tuve de estudiar con algunos de los eruditos bíblicos más importantes de la época en los Estados Unidos, y también por tener acceso a varias de las bibliotecas más completas en referencia al personaje que ocupa nuestro estudio, sino porque me motivaron a profundizar aun más en mi fe.

Además, quien escribe esta nueva obra sobre Jesús de Nazaret, es un pastor, un hombre de fe, una persona que valora en gran medida las virtudes de la experiencia religiosa saludable y liberadora en la sociedad. La religión, desde mi óptica vocacional y profesional, no debe ser opio cautivante, ni instrumento de dominación, sino un importante agente de salud mental, bienestar social y redención espiritual. Las enseñanzas y los valores que se manifiestan en la vida y obra de Jesús, representan lo mejor de los valores religiosos, que tienen como finalidad formar, informar, reformar y transformar a la humanidad. Desde la perspectiva del autor de esta obra, el predicador y maestro palestino que presentan los evangelios canónicos, es una figura de bien, que vivió para servir, amar, perdonar, compartir y liberar.

En este importante sentido, yo no me acerco a los documentos bíblicos y extra-bíblicos como un académico distante del mensaje y los manuscritos que estudio; ni tampoco llego como una persona ingenua de las complejidades y desafíos que se manifiestan en este tipo de análisis. Entiendo muy bien que las enseñanzas de Jesús son necesarias en medio de las sociedades post-modernas del siglo veintiuno, particularmente en América Latina, el Caribe, las comunidades hispanas en los Estados Unidos, España, y el Oriente Medio. Por esas razones, he querido utilizar las mejores herramientas de las investigaciones históricas, lingüísticas, sociales, teológicas y culturales, para analizar con detenimiento la vida y obra de Jesús, con el propósito de comprender mejor su mensaje, apreciar sus enseñanzas, entender sus milagros, y disfrutar sus desafíos.

Emprendo, en efecto, esta tarea literaria, teológica y docente con una finalidad clara y precisa: Compartir los descubrimientos, en torno al Jesús histórico que vivió en la Palestina del primer siglo de la era cristiana, con la sociedad contemporánea, que puede ser pluralista, secular, sospechosa y antagónica, a la vez que creyente, devota, piadosa y espiritual.

Dos factores adicionales hay que tomar en consideración al leer este libro sobre el gran fundador del cristianismo. En primer lugar, que lo escribe alguien que no es profesor del Nuevo Testamento, sino del Antiguo, o mejor, de la Biblia hebrea. A través de varias décadas, los temas de mis libros, artículos, estudios y conferencias, además de mis experiencias como traductor y editor de la Biblia, han enfatizado y distinguido la importancia de las teologías y literaturas veterotestamentarias. Este es un aspecto importante e impostergable, pues Jesús, el hijo de José y María, no conoció el Nuevo Testamento, aunque ciertamente lo inspiró con sus enseñanzas y vivencias.

Jesús de Nazaret era un rabino palestino que se crió leyendo y estudiando la Biblia hebrea en el hogar, las sinagogas en Galilea y el Templo de Jerusalén. Sus mensajes desafiantes se fundamentan en las narraciones patriarcales, los relatos en torno al éxodo de Egipto, los oráculos de los profetas, los poemas del Salterio, y la sabiduría de los Proverbios. Y fundamentado en esas convicciones, he escrito este libro que destaca las actualizaciones y contextualizaciones que hizo Jesús, en medio de la sociedad palestina del primer siglo cristiano, de las antiguas enseñanzas y los valores que se desprenden del estudio de la Biblia hebrea.

Un elemento adicional debo poner en clara evidencia: Escribo este libro mientras vivo en la ciudad de Jerusalén. En la actualidad soy profesor de literatura hebrea en la Tierra Santa, espacio geográfico que sirvió de marco vivencial a las enseñanzas de Jesús. Y esa realidad histórica y sociológica, me ha permitido viajar con regularidad a los lugares en los cuales Jesús pronunció sus discursos más significativos y presentó sus enseñanzas fundamentales. De singular importancia es la relación íntima entre la tierra y el mensaje de Jesús, pues utilizó con efectividad, los contornos, paisajes y colores del país como instrumentos educativos.

No fue el Rabino de Nazaret un predicador enajenado del contexto geográfico, social, económico, político, religioso y espiritual que le rodeaba. Por el contrario, la lectura atenta y el estudio cuidadoso de sus discursos, pone en evidencia clara su relación cercana con la antigua tierra de Israel y con los diversos trabajos que se llevaban a efecto en ella. La comprensión de estos asuntos es de vital importancia para estudiar la vida y la obra de nuestro personaje.

Una biografía

Nuestro propósito es escribir una introducción a la vida de Jesús de Nazaret, que luego de su muerte se convirtió en el fundador indiscutible de un singular movimiento religioso cuyas implicaciones, repercusiones y valores han llegado con fuerza y dignidad al siglo veintiuno. Nuestra finalidad es estudiar las fuentes bíblicas y no bíblicas, los documentos cristianos y no cristianos, los descubrimientos arqueológicos y las nuevas comprensiones lingüísticas y antropológicas, que pueden arrojar luz en nuestra comprensión de este singular personaje histórico, que aun después de dos mil años sus enseñanzas y mensajes pueden producir reacciones intensas, apasionadas, firmes y acaloradas.

Aunque tomo en consideración los avances importantes de las ciencias bíblicas y las contribuciones críticas de los especialistas en torno al Jesús histórico, mi deseo es llegar con esta obra a la iglesia cristiana en general, a sus líderes laicos y sus ministros, a sus maestros y maestras, y a los creyentes que desean profundizar en su fe. No es mi finalidad añadir un tomo más a la larga lista de obras eruditas sobre Jesús, sino articular de forma sencilla y sobria el resultado de las investigaciones recientes referente a nuestro personaje, y ponerlo en un idioma fácil de entender, digerir y disfrutar. Inclusive, he intentado erradicar del vocabulario de este libro las palabras rebuscadas y las expresiones complicadas y técnicas que, en vez de contribuir positivamente a la comprensión adecuada de los temas expuestos, distraen a los lectores y lectoras, sin aportar sustancial y significativamente al mejor entendimiento de los asuntos que aquí se exponen, analizan, estudian y dilucidan.

Este nuevo libro sobre Jesús de Nazaret, en su rol de rabino en la región de Galilea y en Jerusalén, puede ser estudiado en las congregaciones y en los institutos bíblicos; además, puede servir de introducción para los estudios cristológicos en seminarios y universidades. He intentado que el discurso y los análisis del libro sean sencillos, claros y fluidos, aunque en la bibliografía he incluido las obras en castellano, principalmente, que pueden guiar a las personas que desean profundizar aún más en los temas que expongo en este libro.

Agradecimientos

Y como ningún esfuerzo humano se crea y desarrolla en el vacío, hay muchas personas a las que debo agradecer humildemente la culminación de este libro. Este agradecimiento, sin embargo, no les hace responsables de las ideas que hilvano y de los conceptos que desarrollo, que son de mi entera y total responsabilidad.

De singular importancia en torno a mi comprensión de Jesús, son algunos libros que han influenciado significativamente la redacción de las ideas que a continuación expongo. Me refiero a las obras en torno al Jesús histórico de Armand Puig, Francisco Varo y Stefen M. Miller, y a la introducción a la Biblia de J. R. Porter. Además de orientar mis estudios teológicos e históricos, y también desafiar mis reflexiones espirituales en torno al Jesús de la historia, estos escritos me brindaron la orientación académica, temática y literaria necesaria para emprender una tarea de esta magnitud e importancia.

Además, en la distancia y el tiempo, le agradezco a Consuelo López, mi abuela materna, y a mis padres, Luis e Ida Pagán, por haber tomado el tiempo y la responsabilidad de iniciarme en los estudios en torno a la vida de este tan singular y extraordinario personaje. Y como ellos conocían muy bien al Jesús de las Escrituras, al Cristo de la fe y al Señor de la iglesia, se dedicaron a inculcar en mí un grato sentido de aprecio y admiración por este personaje, que con los años ha ido en aumento.

También quiero agradecer a mi esposa, Nohemí, pues me acompaña en todos mis proyectos literarios y peregrinaciones académicas, con sugerencias sabias y críticas prudentes, que mejoran sustancialmente las ideas que puedo articular, redactar y expresar. Sin sus comentarios certeros, esta obra, ni ninguno de mis escritos previos, habría visto la luz del día.

Y en este importante contexto de agradecimientos públicos, quiero testimoniar mi gratitud a los buenos creyentes en la Tierra Santa, hombres y mujeres de fe y esperanza, que me han enseñado el valor de la dignidad, el don de la resistencia, la virtud de la misericordia, el poder del perdón, y la gracia del amor. Son personas que han seguido las enseñanzas proféticas del Jesús histórico, que me propongo exponer en este libro.

¡Qué mucho se aprende con solo vivir en la ciudad de Jerusalén, y percatarse de las formas de vida y devoción de su gente de fe! ¡Qué mucho se crece al ver el testimonio elocuente y vivo de los hombres y las mujeres que han decidido ser felices, aún en medio de las más adversas y angustiantes realidades sociales, políticas, económicas y espirituales! ¡Qué mucho se disfruta al escuchar la articulación de la experiencia religiosa y la espiritualidad, ya no en el idioma litúrgico tradicional, sino en las vivencias de la gente que se sobrepone a las mil y una angustias de la vida en el Oriente Medio, específicamente en Israel y Palestina!

Y para culminar este prefacio, en la tradición de Jesús de Nazaret, de acuerdo con el evangelista Mateo, quiero afirmar y celebrar la importancia de la felicidad y la dicha en la vida: «Bienaventurados los de limpio corazón, porque ellos verán a Dios» (Mt 5.8).

Samuel Pagán
Día de Pentecostés 2010

1

El Verbo se hizo carne

En el principio era el Verbo,
y el Verbo era con Dios,
y el Verbo era Dios.
Este era en el principio con Dios.
Todas las cosas por él fueron hechas,
y sin él nada de lo que ha sido hecho, fue hecho.
En él estaba la vida,
y la vida era la luz de los hombres.
La luz en las tinieblas resplandece,
y las tinieblas no prevalecieron contra ella.

Juan 1.1-5

Vida y obra de Jesús de Nazaret

Los estudios y las investigaciones en torno a la vida y obra de Jesús de Nazaret, y el significado teológico y legado espiritual de su ministerio, se pueden dividir en dos grandes categorías. En primer lugar, se pueden identificar los esfuerzos por comprender la figura del predicador galileo, conocido entre las comunidades de creyentes como el Cristo de Dios, desde la perspectiva celestial, o «desde arriba», desde la llegada del Hijo del hombre a la tierra desde los cielos, para vivir en medio de la humanidad, y poner de manifiesto el Verbo hecho carne. Y en ese extraordinario, milagroso y significativo proceso de Encarnación, Jesús vivió como un carpintero y rabino judío en la Palestina del siglo primero, padeció y murió por el poder de las autoridades romanas de ocupación, y al tercer día resucitó de entre los muertos, para posteriormente ascender a los cielos y regresar al Padre, de acuerdo con las narraciones evangélicas y las afirmaciones de fe de los creyentes y las iglesias.

El fundamento escritural para seguir este singular acercamiento teológico y temático a la vida de Jesús, se desprende, entre otras, de las lecturas del Evangelio de Juan (p.ej., Jn 1.1-5), y según muchos estudiosos contemporáneos, se pone claramente de manifiesto en los himnos cristológicos que se encuentran en Filipenses (2.6-11) y Colosenses (1.15-20), además de revelarse en otros pasajes significativos e importantes del Nuevo Testamento (p.ej., Ro 9.5; Tit 2.13; 1 Jn 5.20; Jn 1.18; 2 P 1.1; Flp 5.5-6; 2 Co 8.9).

La lectura cuidadosa de estos pasajes, sin embargo, pone de relieve una singular dificultad exegética, hermenéutica y teológica: ¿Cómo relacionar a ese Cristo eterno, que proviene directamente de Dios, con la humanidad de Jesús de Nazaret, que vivió en medio de las adversidades más cruentas y hostiles relacionadas con la ocupación militar romana de Palestina, y con las subsiguientes dificultades sociales, económicas y espirituales relacionadas con este ambiente de alta tensión política? El gran desafío teológico y metodológico de este acercamiento «desde arriba», al estudio y la comprensión de la figura de Jesús, es que se hace difícil entender adecuadamente la humanidad plena de nuestro personaje, a quien sus seguidores y las iglesias entienden como completamente divino, a la vez que es totalmente humano.

A esa primera metodología de estudio de la vida y obra de Jesús, que enfatiza su divinidad, se contrapone una segunda forma de analizar al Cristo de Dios. En esta ocasión, sin embargo, el acercamiento es diferente, pues en vez de abordar el tema y comenzar «desde arriba», desde la perspectiva eterna y divina del Señor, se establece, como fundamento, la humanidad de Jesús, para posteriormente llegar a su divinidad. Y esta manera de analizar la cristología, o los estudios en torno a Jesús el Cristo, toma seriamente en consideración las dinámicas y realidades humanas de Jesús, que lo asocian a una familia judía específica y a un grupo singular de amigos y seguidores en la Galilea, y que además, lo relacionan con una serie importante de enseñanzas concretas y específicas que ponen de relieve el tema del reino de Dios o el reino de los Cielos.

Este tipo de cristología, que puede identificarse como «desde abajo», se fundamenta escrituralmente en los discursos de Pedro que se incluyen al comienzo del libro de los Hechos de los apóstoles, y que llega a su expresión máxima con la afirmación de que al Jesús que fue crucificado en Jerusalén, «Dios lo constituyó en Señor y Cristo» (Hch 2.26). Es decir, que al Jesús histórico que vivió en Nazaret y ministró en las regiones de Galilea y Judea, Dios lo ungió y le hizo Cristo y Señor, a través de su muerte en la milenaria ciudad de Jerusalén y mediante el poder que se revela en su resurrección de entre los muertos. El énfasis en esta metodología es la humanidad de nuestro personaje.

Nuestro estudio, análisis y presentación en torno a Jesús de Nazaret, va a tomar muy seriamente en consideración estas dos vertientes, que no deben necesariamente interpretarse como antagónicas, conflictivas o mutuamente excluyentes, sino que deben ser evaluadas y entendidas como complementarias. En efecto, en la lectura cuidadosa de los evangelios canónicos y del resto del Nuevo Testamento, se manifiestan ambas perspectivas de Jesús. En momentos, las narraciones bíblicas enfatizan los temas que subrayan al Cristo eterno de Dios; y también, en otros instantes, algunos pasajes destacan la humanidad de Jesús, que ciertamente permite una identificación plena y cercana con la vida terrenal.

Estos estudios e investigaciones, que ciertamente intentan comprender y presentar la vida de Jesús de forma ordenada, sistemática y coherente, comienzan con los evangelios mismos. Ya el evangelista Lucas lo afirmaba con claridad meridiana (Lc 1.1-4), y nosotros vamos a seguir esa magnífica tradición de reflexión y producción literaria. Nuestra meta es continuar los esfuerzos de los académicos y estudiosos que «han tratado de poner en orden la historia de las cosas que entre nosotros han sido ciertísimas». Y en efecto, también a nosotros nos ha parecido bien investigar con diligencia las cosas en torno a Jesús de Nazaret, desde su origen, para poder conocer la verdad de los asuntos en los cuales hemos sido instruidos a través de las generaciones.

Las investigaciones en torno a Jesús

Por siglos, los lectores y las lectoras de la Biblia han dado por sentado que la información necesaria para la adecuada comprensión de la vida y obra de Jesús, estaba incluida en el Nuevo Testamento, específicamente en los evangelios. Además, se ha pensado que las narraciones que se encuentran en los evangelios canónicos son un tipo de biografías de Jesús, que articulaban con certeza y objetividad sus dichos y hechos. Y esas «biografías» eran el material requerido, indispensable y necesario para que los estudios, en torno al fundador del cristianismo, fueran fructíferos, efectivos y pertinentes.

Las investigaciones en torno a Jesús, sin embargo, con el tiempo han descubierto que los evangelios fueron escritos desde la perspectiva de la fe. Han entendido que el objetico literario de los evangelistas no era presentar la vida del Señor de forma desapasionada y distante. No son los evangelios canónicos biografías modernas producidas por personas interesadas en presentar de forma objetiva y aséptica al biografiado.

Por el contrario, los evangelios son documentos de gran valía espiritual e importancia teológica, que tienen la intensión precisa y clara de afirmar la fe y preservar la esperanza; tienen la finalidad específica de celebrar la vida y el ministerio del personaje que les inspira y desafía, Jesús de Nazaret; y tienen la meta claramente definida de anunciar las buenas nuevas de salvación a la humanidad, según las articuló y expuso el famoso rabino de Galilea.

Para llegar con certeza a la figura del Jesús, cuya vida se presenta y describe en los evangelios, debemos buscar no solo las informaciones y los detalles que se desprenden de la literatura bíblica y evangélica, sino también debemos tomar seriamente en consideración el resultado de las investigaciones científicas que pueden colaborar positivamente en nuestra tarea teológica, literaria y espiritual. Esa información adicional es determinante para entender mejor la amplitud y extensión de los mensajes que predicó Jesús, y las enseñanzas que presentó a la comunidad.

De fundamental importancia, para la comprensión adecuada de Jesús de Nazaret, por ejemplo, es entender su hogar paterno y materno, y la sociología que rodeó su desarrollo físico, emocional y espiritual. Es necesario también comprender su religión, y el sistema de valores morales y éticos que le caracterizó. Y es requerido, además, estudiar su profesión, con las dinámicas geográficas, sociales y económicas que rodeaban sus tareas.

Estas comprensiones amplias del contexto de vida de Jesús, nos permiten adentrarnos un poco más en el mundo y la sociedad que sirvió de marco de referencia a sus enseñanzas, que nos ayudan a ubicar mejor el significado de sus motivaciones, las implicaciones de sus instrucciones, las fuentes de su pensamiento teológico, y las dinámicas sociales y políticas que enmarcaron su trabajo diario.

Y para llegar a esos entendimientos, debemos recurrir, por ejemplo, al estudio de la geografía de Palestina; debemos comprender la historia de la región que estaba invadida por las fuerzas militares de ocupación romanas; y debemos analizar las dinámicas sociales, políticas, económicas y religiosas que se manifestaban en la vida diaria de los pueblos de la Galilea, y también de Jerusalén, mientras Jesús llevaba a efecto su ministerio educativo, redentor, sanador y liberador.

Este tipo de información, es ciertamente necesaria para comprender al Jesús de la historia y la teología, el que vivió en la Galilea romana y murió injustamente en Jerusalén. Además, nos ayuda de forma significativa en nuestro empeño de entender su misión transformadora, pues nos proviene de los estudios detallados de la historia del primer siglo de la era cristiana, la evaluación sosegada de las dinámicas religiosas y políticas que se manifestaban en la región, y la interpretación sabia de los descubrimientos que provienen de diversos campos del saber, como son, por ejemplo, las ciencias sociales, arqueológicas y lingüísticas.

Para tener un cuadro lo más amplio posible de la figura que ha dividido la historia de la humanidad en dos períodos, y que con su verbo elocuente y sabio, y su virtud sanadora y liberadora, le hizo mucho bien a sus contemporáneos, en efecto, debemos unir las noticias que se desprenden de las lecturas y los estudios de los evangelios, a la información que producen las diversas ciencias que colaboran en este proceso de investigación académica, pastoral, teológica y espiritual.

Esfuerzos metodológicos y comprensiones cristológicas

Desde las importantes declaraciones teológicas del Concilio de Calcedonia, hasta los esfuerzos y las investigaciones recientes en torno al Jesús histórico, el deseo por estudiar y comprender la figura del líder indiscutible del cristianismo, no se ha detenido. Por el contrario, parece que los apetitos por comprender mejor al fundador de la fe cristiana, con el tiempo han ido en aumento. Se han multiplicado, en referencia a Jesús de Nazaret, las investigaciones, las metodologías, los acercamientos, la literatura, las disertaciones, los libros. En efecto, este tema en torno a Jesús, es importante pues atrae no solo a las personas de fe, que fundamentan sus estilos de vida y prioridades en las enseñanzas morales, éticas y espirituales del famoso rabino galileo, sino también llama la atención a académicos e investigadores, que están deseosos de comprender mejor esta figura cimera, enigmática e importante en la historia de la humanidad.

Luego de las declaraciones en torno a Jesús que se encuentran en el Nuevo Testamento, y también en la literatura que se desarrolló en los primeros siglos de la iglesia, es el Concilio de Calcedonia el que articula, de forma elocuente y profunda, las comprensiones de Jesús que posteriormente se han desarrollado y han estado vivas entre los creyentes ortodoxos, católicos y protestantes a través de los siglos. Ese Concilio respondió a las necesidades religiosas, teológicas y espirituales de los creyentes y las iglesias, que intentaban comprender y explicar la compleja naturaleza de Jesús, que era, de acuerdo con las afirmaciones escriturales y las enseñanzas de las iglesias, a la vez, divino y humano.

Y entre las diversas afirmaciones teológicas de importancia histórica del Concilio, se indica que Jesús era perfecto en su divinidad y en su humanidad, que era verdadero Dios y verdadero hombre, y que tenía las dos naturalezas, la humana y la divina, sin confusión, cambios, división o separación. Además, declaraba el Concilio, que la distinción entre esta doble naturaleza de Jesús, no fue removida en la unión, y que las propiedades de cada una de esas naturalezas se mantenía inviolable y unida en su persona.

Esta confesión de fe, que ha jugado un papel teológico y espiritual de gran envergadura a través de la historia, intenta explicar un fenómeno religioso e histórico de difícil comprensión: ¿Quién fue realmente Jesús? ¿Cuál era su verdadera naturaleza? ¿En qué consiste su divinidad? ¿Cuál es su real naturaleza humana? ¿Cómo se relacionan esas dos naturalezas en la misma persona? ¿Cómo comprender y explicar, a las futuras generaciones de creyentes, esas complejidades teológicas?

El Concilio intentó proveer las explicaciones pertinentes a las preguntas de gran significación espiritual que se hacían los fieles, al participar cotidianamente de la vida congregacional y al tratar de comunicar y explicar el mensaje cristiano de salvación.

Con esa misma finalidad educativa y con el propósito expreso de comprensión, la historia ha visto otros esfuerzos que han intentado responder a los mismos interrogantes, y contestar las mismas preguntas e inquietudes. Y como la figura de Jesús de Nazaret genera pasión, intensidad e interés, los deseos de comprensión de su figura y misión, no se ha limitado a los concilios...

A continuación presentamos una serie importante de esfuerzos por analizar y comprender la figura de Jesús, que en el mundo académico se ha identificado generalmente como las diversas «búsquedas» (o *quests*, en inglés) del Jesús histórico.

La primera o búsqueda antigua

En Europa, por ejemplo, a mediados del siglo 18, y matizados por un período de gran optimismo racional y actividad intelectual, se multiplicaron los esfuerzos por estudiar y entender la figura de Jesús de Nazaret. En medio de un ambiente positivista, los intentos por reconstruir la vida del Señor, desde una perspectiva primordialmente histórica, aumentaron de forma considerable.

La metodología que se utilizó en esos esfuerzos literarios y teológicos, conocidos como «la búsqueda antigua», aceptaba como adecuada únicamente los dichos y hechos de Jesús que tuvieran explicaciones racionales, y que fueran verosímiles a la luz de las comprensiones y los entendimientos de la época. De esta forma, se dejó a un lado gran material de los evangelios, como las llamadas «intervenciones sobrenaturales», que presentaban a Jesús en medio de milagros, sanidades y liberaciones espirituales. De esta manera se dibujó un Jesús incapaz de hacer milagros, e impotente ante los desafíos extraordinarios que presentaban las posesiones demoníacas de la época.

La no búsqueda

Estos esfuerzos teológicos y metodológicos, continuaron en el siglo 19 hasta que, a principios del siglo 20, los estudiosos se percataron que esas propuestas para comprender la vida Jesús, más que al personaje histórico que anunció el evangelio del reino de Dios a sus conciudadanos y a la gente marginada y necesitada del primer siglo de la era cristiana, ponían de manifiesto, más bien, las diferentes opiniones y perspectivas de los autores que auspiciaban los estudios. Esas metodologías racionales de la época, que esencialmente eran simplistas y reduccionistas, lejos de contribuir positivamente al estudio sobrio y amplio de la figura estudiada, produjeron distorsiones teológicas e inexactitudes históricas, y los resultados positivos fueron, en el mejor de los casos, limitados, escasos y modestos.

Estos esfuerzos académicos, que no lograron resultados significativos en torno al Jesús histórico, produjeron en los estudiosos del tema cierto desaliento, pero motivaron nuevas investigaciones y estudios en torno al Cristo de la fe. Más que con el personaje histórico que vivió en la Galilea romana, los investigadores comenzaron a preocuparse más y más por el Cristo que predicó la iglesia, por el Resucitado, y por las afirmaciones teológicas de los primeros líderes y las iglesias primitivas en torno al Señor.

A esa «primera búsqueda» o «búsqueda antigua» del Jesús histórico, le siguió un período en el cual el énfasis académico estaba centrado en el Cristo de la fe. De acuerdo con varios de sus proponentes más importantes, la fe cristiana comenzó realmente cuando se desarrolló el kerigma o la predicación que anuncia a Jesucristo como Señor y protagonista indiscutible de la intervención redentora de Dios en medio de la humanidad. Y esa extraordinaria comprensión teológica, según esta corriente de pensamiento, ocurrió al cabo de varios años luego de la pasión y muerte de Jesús, y posterior a las afirmaciones y enseñanzas en torno a su resurrección.

Este período académico se ha identificado como uno de «no búsqueda», pues la prioridad de los estudios y las investigaciones estaba en las afirmaciones cristológicas de las iglesias, las comprensiones teológicas de Jesús y las implicaciones de sus mensajes y actividades, y las presentaciones salvadoras del Cristo de Dios que se ponen de manifiesto en el Nuevo Testamento.

En esta tradición académica, los documentos neotestamentarios presentan las primeras interpretaciones teológicas del evento Cristo. Esa información es muy importante, pero no es suficiente ni adecuada para reconstruir o entender la vida del Jesús histórico, pues expresan prioritariamente las comprensiones y las interpretaciones de sus seguidores, en este caso, los evangelistas, no los detalles específicos y concretos de su vida. Para esta escuela de pensamiento, la búsqueda del Jesús histórico no era tan importante, inclusive, no era necesaria, pues les interesaba primordialmente el Cristo de la fe.

Segunda búsqueda

A mediados del siglo 20, algunos de los discípulos de quienes propusieron la «no búsqueda» del Jesús histórico, se replantearon el tema cristológico nuevamente. En esta ocasión, sin embargo, abordaron el asunto con nuevas metodologías y expectativas noveles, pues esa importante tarea académica era entendida como irrenunciable.

Esta «nueva búsqueda» o «segunda búsqueda» del Jesús histórico, también se fundamenta en el kerigma o los mensajes que se encuentran en los evangelios. El propósito es descubrir la continuidad entre la vida de Jesús y las afirmaciones teológicas de sus seguidores; la finalidad es identificar las relaciones entre el Jesús histórico y el Cristo predicado por las primitivas comunidades de fe.

El criterio básico de estos nuevos esfuerzos académicos era identificar las discontinuidades entre el mensaje de Jesús y las expectativas de la comunidad judía, y también diferenciar sus palabras con las afirmaciones teológicas de las primeras iglesias. Estas investigaciones avanzaron un poco los estudios en torno al Jesús histórico, pero no produjeron una imagen adecuada de nuestro personaje. Su mayor contribución fue superar el estancamiento en el cual estaban inmersos los estudios sobre Jesús, luego de las primeras búsquedas infructuosas.

En efecto, este acercamiento que intenta solo descubrir discontinuidades teológicas y temáticas no es adecuado para descubrir las diversas formas que Jesús respondió al judaísmo de su tiempo, que no era monolítico, pues manifestaba diferentes matices, prioridades y preocupaciones. Además, las iglesias tampoco eran uniformes en sus pensamientos, y las dificultades que tenían las hacían buscar expresiones teológicas específicas que respondieran a sus reclamos concretos y particulares. Los avances de estos estudios no fueron muchos...

La tercera búsqueda

Una nueva oleada de estudios sistemáticos sobre el Jesús histórico se producen en las últimas dos décadas del siglo 20. Estos esfuerzos, que se identifican comúnmente, como la «tercera búsqueda», se fundamentan en varios descubrimientos arqueológicos que nos permiten tener acceso y comprender mejor el judaísmo del primer siglo, además de entender la cultura y la religión en Galilea y Jerusalén, lugares que tuvieron gran importancia en el ministerio de Jesús. El desarrollo de nuevas metodologías literarias, también nos permite tener un mejor aprecio de los documentos cristianos primitivos, tanto canónicos como no canónicos.

Es muy importante indicar, en torno a estos nuevos estudios referentes al Jesús histórico, que ahora tienen acceso a un nuevo caudal de detalles sobre la geografía, el marco histórico y social, y la cultura en la que se desarrolló el famoso rabino galileo. Esa nueva información, es de un valor inestimable en la comprensión de Jesús y sus actividades misioneras, pues nos permite relacionar el contenido de las narraciones evangélicas con las comprensiones actuales de las realidades históricas concretas que rodearon a Jesús y sus seguidores. Con lo que conocemos de Galilea, Samaria y Judea, y sus ciudades más importantes, podemos tener un cuadro más preciso del mundo en el cual Jesús vivió y predicó.

Esta «tercera búsqueda» nos ha permitido afirmar no solo que Jesús de Nazaret es una figura histórica real y verificable, sino que nos ha ayudado a descubrir y comprender muchos detalles de su vida, pues conocemos los ambientes sociales, políticos, económicos y religiosos en los cuales nació y se crió, y que además, con el tiempo, se confabularon para sentenciarle a muerte.

Sin embargo, no podemos perder de vista que estos esfuerzos, aunque importantes y muy necesarios, dependen en gran medida de los énfasis y las metodologías de sus proponentes. Por esa razón, las descripciones que se producen del Jesús histórico, con estos esfuerzos, se asocian directamente con las prioridades de los investigadores y las destrezas de los académicos.

El resultado concreto de muchos de estos buenos esfuerzos, es que, en ocasiones, Jesús resulta ser un campesino palestino que inició un movimiento de renovación nacional, o un rabino judío que decidió revisar y reinterpretar las antiguas tradiciones del judaísmo, o un sanador compasivo, o un maestro itinerante, o un taumaturgo impresionante, o un exorcista carismático, o un predicador de esperanzas, o un profeta renovador que demandaba del pueblo vivir a la altura de las revelaciones divinas.

En torno a todas estas investigaciones referentes al Jesús histórico, se puede afirmar que, como hijas de la Ilustración europea, están interesadas en presentar una imagen de Jesús de Nazaret que pueda ser racionalmente analizada, apreciada y aceptada. De singular importancia, sin embargo, es reconocer que son contribuciones que han mejorado nuestra comprensión de esta figura excepcional, que inspiró el movimiento que se ha convertido con el tiempo en la iglesia cristiana.

Y entre estas aportaciones de gran importancia teológica y espiritual, están las siguientes: Que Jesús fue una figura histórica, cuya existencia real influenció de forma definitiva a un grupo sustancial de sus paisanos, que se convirtieron posteriormente en sus seguidores y propulsores de sus ideas y mensajes; además, se ha revalorado la importancia de los evangelios canónicos y no canónicos como fuentes históricas básicas para conocer la magnitud y extensión de lo que Jesús dijo e hizo.

2

La historia de las cosas ciertísimas

Puesto que ya muchos han tratado de poner en orden
la historia de las cosas que entre nosotros
han sido ciertísimas,
tal como nos lo enseñaron
los que desde el principio lo vieron con sus ojos,
y fueron ministros de la palabra,
me ha parecido también a mí,
después de haber investigado con diligencia
todas las cosas desde su origen,
escribírtelas por orden, oh excelentísimo Teófilo,
para que conozcas bien la verdad de las cosas
en las cuales has sido instruido.

Lucas 1.1-4

Testimonios orales

El primer testimonio público en torno a la vida, obra, muerte y resurrección de Jesús es oral. Luego de las afirmaciones sobre la desaparición del cuerpo del crucificado, y referente a las afirmaciones posteriores de que lo habían visto vivo nuevamente en varios lugares, comenzaron a diseminarse en Jerusalén y Galilea las narraciones sobre la resurrección de Cristo. Esas declaraciones se iniciaron entre sus colaboradores más íntimos y cercanos, como las mujeres que fueron a ungir el cuerpo de Jesús, y luego siguieron entre sus discípulos y seguidores, hasta llegar al resto de la comunidad.

La información referente al arresto, la tortura, el proceso judicial y la muerte de Jesús se transmitían en toda Jerusalén, cuando, repentinamente, comenzaron a diseminarse nuevas noticias en torno a los sucesos: En la misma ciudad donde se llevaron a efecto los acontecimientos, se comentaba de forma insistente, que el joven rabino galileo había resucitado, que su cuerpo había desaparecido, aunque estaba muy bien protegido por las autoridades romanas. ¡Y de pronto, las noticias de ese evento extraordinario e inaudito llegaron a los diversos sectores de la sociedad!

Respecto a los procesos de transmisión de la información en la antigüedad, es importante señalar lo siguiente: En la época de Jesús, quizá solo un diez por ciento de la población sabía leer y escribir, y la información de importancia para la comunidad, se transmitía por vía oral, sin necesariamente proceder con su redacción definitiva y a su fijación literaria. No debe entenderse, sin embargo, que las transmisiones de toda esa valiosa información se llevaba a efecto de forma imprecisa, irresponsable, improvisada, inadecuada o impropia. Todo lo contrario, esas transmisiones orales se llevan a cabo con efectividad, pues era una de las manifestaciones más importantes de la memoria colectiva y de los recuerdos significativos de la comunidad. Y aunque los eventos se explican, transmiten y exponen de diversas formas y con énfasis variados, el contenido básico y fundamental de las narraciones se retiene, mantiene y afirma.

Esas transmisiones orales eran, a la vez, fijas y flexibles, pues mantenían estable el corazón de lo que se deseaba transmitir, y presentaban el contenido informativo de varias maneras, para responder adecuadamente a los diferentes públicos y contextos en los cuales se llevaban los relatos. Esos recuentos orales, en sí mismos, significan que la información comunicada es lo suficientemente valiosa e importante como para ser recogida, guardada, preservada, afirmada y transmitida en los recuerdos significativos de la comunidad, para evitar su pérdida y para disminuir las posibilidades de confusión o ambigüedad en sus significado y comprensión.

La importancia histórica y teológica de esos testimonios orales, en torno a las memorias de los hechos que rodearon la vida de Jesús, no debe ser subestimada ni ignorada. Jesús de Nazaret vivió en una época de oralidad y memorizaciones, en la cual la educación fundamental, la memoria colectiva y los valores culturales se transmitían de persona a persona, de familia a familia, de generación en generación, de comunidad en comunidad, de pueblo en pueblo, de nación a nación.

Los recuentos orales jugaban un papel protagónico en ese tipo de sociedad, pues incentivaban la memorización de piezas literarias de importancia: Por ejemplo, en la cultura helénica, los niños y las niñas, desde la temprana edad de los siete años, memorizaban las obras de Homero; y en el judaísmo, los discípulos se enorgullecían en citar las palabras básicas, recitar los mensajes significativos y repetir los discursos importantes de sus maestros, los rabinos.

Referente a la vida privada y las actividades públicas de Jesús, esos testimonios orales cobraron significación nueva, luego de las afirmaciones en torno a su resurrección. Después de esa tan singular declaración teológica y extraordinaria experiencia histórica, tanto en Jerusalén como en la Galilea, los seguidores del joven rabino comenzaron a reflexionar referente a lo que recordaban de las palabras y los hechos de su maestro.

En medio de esos círculos íntimos de creyentes, las diversas tradiciones orales y memorias colectivas en torno a Jesús, se fueron forjando y organizando, de manera paulatina pero continua, hasta que se fijaron, en primer lugar de manera oral y luego de forma escrita, algunos bloques informativos en torno a lo que había dicho y hecho el rabino galileo. Además, esos grupos de creyentes iniciales comenzaron a reflexionar sobre al significado de sus acciones y las implicaciones de sus enseñanzas, y también, referente a su extraordinaria naturaleza humana y mesiánica.

Y entre esas tradiciones orales que pasaron a formar parte de las primeras expresiones literarias, antes de la redacción posterior de los evangelios canónicos, se pueden identificar, entre otras, las siguientes: Narraciones en torno al nacimiento, recuentos de sanidades y milagros, enseñanzas en sermones y parábolas, dichos de importancia teológica y práctica, y también relatos en relación a la pasión, muerte y resurrección de Jesús. Esos bloques literarios se transmitieron en las diferentes comunidades cristianas, y se convirtieron, posteriormente, en el fundamento literario que formaron el núcleo básico de los evangelios sinópticos de Marcos, Lucas y Mateo, y posteriormente el Evangelio de Juan.

El deseo básico y la intensión fundamental de esas primeras comunidades cristianas y de esos creyentes iniciales, era afirmar que Jesús era el enviado y ungido de Dios, el Cristo esperado que tenía el poder y la autoridad sobre la vida y la muerte, y que ciertamente era el portavoz de una nueva palabra divina de esperanza y restauración para el pueblo. Esos grupos de creyentes en Cristo, vivían, por lo menos, entre dos polos ingratos de cautiverio y desesperanza: En medio de las más intensas presiones, opresiones y angustias sociopolíticas y económicas del imperio romano, que ocupaba Palestina de forma inmisericorde y cruel; y, además, que estaba inmerso en una serie interminable de leyes, interpretaciones legales y regulaciones religiosas, con implicaciones personales y colectivas, que impedían la manifestación saludable, pertinente y grata de una espiritualidad redentora y sobria, transformadora y sana, liberadora y grata.

No estaban interesados, en efecto, esos grupos de creyentes iniciales, en articular una visión débil de Jesús, repleta de recuerdos nostálgicos e insanidad, ni tampoco de proponer una afirmación de su mensaje con resentimientos, amarguras y dolor. El propósito firme y definido de esas comunidades de fe primitivas, era poner claramente de relieve que Dios se había manifestado de una forma novel en la historia a la humanidad, a través de la figura del predicador y rabino galileo, que anunció, con vehemencia, sabiduría y autoridad, la revelación maravillosa de Dios, y también el advenimiento de su extraordinario reino. La finalidad de esos grupos iniciales de creyentes en Cristo, era celebrar la manifestación divina en Jesús de Nazaret, el rabino y predicador galileo, que enfrentó a las autoridades políticas y religiosas de su época, con autoridad, valor y seguridad, en el nombre del Señor, en la tradición de los antiguos profetas de Israel.

De la oralidad a la literatura

Luego de la muerte y resurrección de Jesús, posiblemente entre los años 30 y 50 de la era cristiana, comienzan a desarrollarse y expandirse las reflexiones orales en torno a la vida, obra y dichos de Jesús, en algunas de las ciudades más importantes del imperio romano. Entre esas ciudades de la región se encuentran, posiblemente, Jerusalén, Antioquía, Damasco y Roma. Además, las noticias de lo que le había sucedido a Jesús habían llegado a regiones más distantes de Jerusalén, y a las comunidades rurales de Judea, Samaria, Galilea, Fenicia, Siria, Chipre y hasta el Asia Menor.

Es muy probable que en ese período inicial, las reflexiones orales entre los creyentes produjeran alguna literatura, que posteriormente se utilizaría en los cultos y en los procesos educativos de las iglesias incipientes, como por ejemplo, el extraordinario himno al Cristo humillado y exaltado que se incluyó en la Epístola a los filipenses (2.6-11), y la importante afirmación teológica referente a la muerte y resurrección de Jesús que se incorporó en la Primera epístola a los corintios (15.3-5).

Luego de ese período inicial de oralidad y alguna transmisión literaria, comienzan a redactarse varias colecciones en torno a algunos aspectos destacados del ministerio de Jesús, luego del año 50. Y entre esos documentos, quizá se pueden incluir algunas narraciones en torno a los milagros del Señor (p.ej., Mc 6; Mt 8—9) y varias enseñanzas mediante el recurso imaginativo de las parábolas (p.ej., Mc 4; Mt 13). De este importante momento literario, histórico y teológico, pueden provenir algunos dichos de Jesús que se incluyen en el Evangelio de Tomás, que aunque es un escrito gnóstico del siglo 2, incluye posiblemente varias de las afirmaciones y narraciones más antiguas en torno a la resurrección del Señor.

Ese mismo período importante de transición, por los años 50, es testigo de las transformaciones graduales de los recuentos orales en torno a las actividades del Señor, hasta llegar a su fijación en las narraciones literarias. De este momento histórico, posiblemente, es que provienen los dichos de Jesús que se conocen, en círculos académicos, como «la fuente Q» de los evangelios.

La referencia a «Q» llega del alemán *quelle*, que significa «fuente», y consiste de un material, escrito en griego, que forma parte integral de los evangelios de Mateo y Lucas, y consiste esencialmente de una colección muy importante de dichos y mensajes cortos de Jesús; en este material, se incorpora solo una narración milagrosa, el relato de la sanidad del criado del centurión romano (Mt 8.5-13; Lc 7.1-10).

Los evangelios canónicos

Las tradiciones orales que se generaron luego de la pasión de Jesús, y de los recuentos que surgen posteriormente a las transformaciones de esas narraciones a su fijación escrita, dieron paso a la redacción de los cuatro evangelios canónicos, luego de los años sesenta y a principios de los setenta. El orden cronológico de esta literatura parece ser el siguiente: Marcos, Mateo, Lucas y Juan, aunque algunos estudiosos y especialistas del tema indican que el evangelio de Lucas pudo haber tenido una redacción previa al de Mateo.

El propósito fundamental de los evangelios sinópticos, es presentar, desde la perspectiva de la fe, las palabras y los actos más importantes y significativos de Jesús, que servirían de instrumento educativo, litúrgico y evangelizador en las primeras comunidades cristianas. No eran biografías académicas, distantes y desapasionadas de alguna figura distinguida o prominente de la antigüedad; representaban, por el contrario, las afirmaciones básicas y fundamentales de la fe de los líderes del nuevo movimiento religioso que se gestaba alrededor de la figura del rabino de Nazaret.

De singular importancia respecto a estos evangelios, es que articulan y transmiten la vida y obra de Jesús en un determinado orden, que comienzan con los relatos del nacimiento (p.ej., Mateo y Lucas) y finalizan con las narraciones de su muerte y resurrección. El propósito definido y claro de los evangelios es poner de manifiesto la naturaleza, las actividades, los milagros, las enseñanzas y las implicaciones teológicas, éticas, morales y espirituales de las actividades de este singular predicador palestino.

Desde los años setenta, hasta posiblemente finales del primer siglo de la era cristiana, y de manera paulatina, se redactan esos cuatro evangelios canónicos que representan una forma literaria novel en la antigüedad, pues incorporan las antiguas tradiciones orales y las primeras manifestaciones literarias en torno a Jesús, en una especie de historia continua. Estos cuatro evangelios canónicos son, a la vez, similares y distintos, pues aunque presentan las actividades y los discursos del mismo personaje, cada uno tiene su propia identidad teológica, comprensión histórica y singularidad literaria, pues se escriben para audiencias diferentes y para responder a necesidades variadas.

Los evangelios son una especie de memoria de sus seguidores, que articulan la identidad biológica, social, cultural y religiosa de Jesús, además de reflexionar sobre el sentido renovador, el significado transformacional y las implicaciones restauradoras de sus dichos y hechos. El fundamento de esta importante literatura cristiana, es la figura histórica de un joven rabino que procedía de Nazaret, en Galilea, y que sus palabras, actividades y muerte habían dejado una huella indeleble e imborrable en quienes le conocieron, y también entre las personas que escuchaban el recuento de esas actividades y mensajes a través de los años.

Lejos de ser una serie de fantasías literarias o relatos novelescos sobre Jesús, los evangelios son esencialmente narraciones teológicas que presentan la identidad integral y amplia de un personaje histórico y concreto de gran significación espiritual, para quienes los redactaron y también para los creyentes en su mensaje y los seguidores de sus enseñanzas. Y esa firme intensión teológica y claro propósito educativo, en ningún momento se disimula, subestima, enmudece o esconde en las narraciones evangélicas (p.ej., Lc 1.1-4; Jn 20.31).

En efecto, las fuentes literarias fundamentales, básicas e indispensables para el estudio efectivo, sobrio y sabio, y para la comprensión adecuada de nuestro personaje, Jesús de Nazaret, son las siguientes: La fuente de dichos de Jesús identificados con la letra Q, los cuatro evangelios canónicos (Mateo, Marcos, Lucas y Juan), y el evangelio gnóstico de Tomás, que aunque es posterior, guardó algunos de los dichos antiguos de Jesús. Ese cuerpo literario se convertirá en el material literario primario en el estudio de la figura histórica de Jesús y para la comprensión de sus actividades en un singular contexto geográfico, religioso, político e histórico en la antigua Palestina.

Desde muy temprano en la historia, en el siglo 2 d.C., las tradiciones cristianas relacionaron estos evangelios canónicos con varios personajes importantes de la cristiandad incipiente. Dos de estos evangelios se relacionan con discípulos directos de Jesús (p.ej., Mateo y Juan), y los otros dos se asocian con líderes destacados de las primeras comunidades cristianas y protagonistas indiscutibles de las primeras manifestaciones de la fe: el Evangelio de Marcos con Pedro, y el de Lucas con el apóstol Pablo. De esta forma se le brindaba a esos cuatro evangelios canónicos no solo un sentido de antigüedad y firmeza histórica, sino que se ponía de relieve la autenticidad teológica.

Los primeros tres evangelios (Mateo, Marcos y Lucas), a diferencia del cuarto (Juan), se denominan como sinópticos. Esa descripción es una manera de afirmar y destacar que se disponen generalmente en formas literarias similares y en temas paralelos, con un orden parecido, aunque con frecuencia esas similitudes se manifiestan también en los detalles de los relatos.

El Evangelio de Marcos, por ejemplo, pone de manifiesto una innovación literaria y teológica de grandes repercusiones para la cultura de Occidente: Representa, posiblemente, la primera vez que se redacta un tipo de itinerario de la vida y la obra de Jesús de Nazaret, desde los relatos de su predecesor profético, Juan el Bautista, hasta las afirmaciones de su resurrección a las mujeres que llegaron a la tumba y la descubrieron vacía. Y es en este evangelio que se indica claramente, que este tipo de obra en torno al fundador del cristianismo se debe denominar «evangelio» (Mc 1.1).

La gran importancia teológica, literaria y temática de Marcos se distingue con claridad, al notar que Mateo incorpora como un 90% del material que ya se había incluido en el primer evangelio. Sin embargo, esa peculiaridad estilística no es una indicación de dependencia servil o de repetición acrítica, pues Mateo incluye materiales que provienen de la fuente Q; además, añade temas que no aparecen en otros evangelios, y de esta forma casi duplica el volumen de su antecesor. Su audiencia es semita y la preocupación básica de la obra son las enseñanzas fundamentales de Jesús.

Lucas, por su parte, escribe una obra en dos volúmenes, con una audiencia griega en mente, que incluye, no solo el evangelio de Cristo, como Marcos y Mateo, sino presenta una narración de las actividades de algunos discípulos y líderes cristianos, luego de la pasión y posterior a las afirmaciones en torno a la resurrección (Hechos de los apóstoles). Para Lucas, el evangelio de Jesús tenía implicaciones para el mundo conocido, pues lleva su narración desde los relatos del nacimiento, hasta la llegada del evangelio, con el apóstol Pablo, a Roma, la capital del imperio. Lucas toma materiales no solo de Marcos sino de la fuente Q, y añade algunas informaciones que no se incluyen en el resto de los evangelios.

Juan no sigue el estilo literario ni las prioridades teológicas de los tres evangelios previos, y desarrolla su propia presentación del Señor. La lectura de este evangelio pone de manifiesto su gran carga teológica, y revela que Jesús viajó a Jerusalén en diversas ocasiones, con motivo de varias fiestas judías. De singular importancia en este evangelio, es la prioridad que tiene el episodio de la cena final del Señor con sus discípulos, que ocupa casi una cuarta parte de todo el evangelio (Jn 13-17).

Aunque el tono principal de las narraciones de Juan es teológico, se pueden descubrir algunos datos históricos de gran significación para la comprensión adecuada de Jesús, particularmente las informaciones que provienen de las narraciones de la pasión. Como Marcos, Juan comienza su evangelio con la figura egregia y significativa de Juan el Bautista, y al igual que Mateo y Lucas, culmina su obra con las apariciones extraordinarias del Cristo resucitado.

De importancia capital en el Evangelio de Juan, es el comienzo mismo de su obra, pues brinda una serie especial de detalles teológicos que posteriormente elaborará en sus reflexiones. Se trata de un himno maravilloso al Cristo eterno de Dios, que es, en efecto, el Verbo divino encarnado. Este poema magistral, dedicado a la Palabra que se humanizó, pone claramente de manifiesto el poder del amor divino y la virtud de la misericordia de Dios que se manifiesta de forma clara, firme, extraordinaria y libre en medio de la humanidad (Jn 1.1-18).

Otras fuentes neotestamentarias

En nuestro estudio de la figura histórica de Jesús, se pueden identificar, aparte de los evangelios canónicos, en el resto del Nuevo Testamento, una serie de palabras dispersas y mensajes de Jesús, que contribuyen positivamente en nuestra comprensión del famoso predicador y maestro galileo. Esas palabras y enseñanzas revelan el entendimiento que tenían en torno a Jesús las primeras comunidades cristianas, y de esta forma se amplía el aprecio de nuestra figura protagónica.

Posiblemente, una de las palabras más conocidas y famosas de Jesús, es la que se incluye en el discurso del apóstol Pablo a los líderes de la iglesia en Éfeso: «Más bienaventurada cosa es dar que recibir» (Hch 20.35). Esa importante afirmación ética, pone en evidencia clara que podemos encontrar algunas palabras y enseñanzas de Jesús en otros libros neotestamentarios que no sean los evangelios.

En las cartas paulinas, por ejemplo, aunque no se incluye ninguna cita directa de Jesús, se alude de forma explícita al mensaje del Señor en torno al tema del divorcio, que se presenta en el Evangelio de Marcos (10.6-9,11-12). La directriz es firme y clara: Las personas no deben separarse de sus cónyuges; sin embargo, si tuvieran que hacerlo, deben intentar primeramente la reconciliación y no deben volverse a casar (1 Co 7.10-11).

Otra referencia a los mensajes de Jesús en la literatura paulina, es la instrucción referente a que los misioneros cristianos: Deben vivir de lo que generan en sus trabajos (véase Mc 10.10 y Lc 10.7; cf. 1 Co 9.14). Además, en esa misma primera carta a la comunidad de creyentes que se reunían en la ciudad de Corinto (11.23-25), el apóstol Pablo hace referencia, con algunas variaciones, a las palabras que Jesús pronunció con motivo de la última cena en Jerusalén con sus discípulos, poco antes de su encarcelamiento, tortura, muerte y resurrección (Lc 22.19-20; Mt 26.26-29; Mc 14.22-25). También en la primera epístola a la iglesia que estaba ubicada en Tesalónica (1 Ts 4.15-17), el apóstol o sus discípulos atribuyen a las instrucciones y enseñanzas del Señor, las declaraciones en referencia a la resurrección de los muertos al final de la historia, en los tiempos escatológicos, cuando el Señor mismo venga en gloria a encontrarse con su comunidad de fieles.

De singular importancia teológica e histórica, son las enseñanzas paulinas que se incluyen al final de la primera carta a los corintios (1 Co 15.3-8). Se trata de un tipo de resumen de la muerte de Jesús y de las apariciones posteriores de Cristo, en las que se identifican a varias personas que vieron vivo al Resucitado, es decir, que fueron testigos oculares de estos eventos tan significativos para los creyentes: Por ejemplo, Cefas o Pedro, los Doce, quinientos hermanos al mismo tiempo, Santiago, y finalmente a Pablo mismo. Este es un pasaje de gran importancia para nuestro estudio y análisis, pues se identifican personas concretas y específicas como testigos presenciales del evento de la resurrección.

En otros pasajes del Nuevo Testamento, particularmente en las cartas paulinas, la Epístola de Santiago y la Primera carta de Pedro, aparecen algunas alusiones y referencias directas e indirectas a diversas palabras de Jesús. Aunque no se dice explícitamente que provienen del Señor, tenemos noticias de estas enseñanzas en las narraciones que aparecen en los evangelios canónicos. A modo de ejemplo, identificamos las siguientes: El llamado a amar al prójimo (véase Ro 13.9; Gl 5.14; Stg 2.8; cf. Mt 22.39; Mc 12.31; Lc 10.27); la exhortación a la oración confiada y segura (véase Stg 1.6; cf. Mc 11.24); el reclamo a no juzgar a los demás, para evitar ser juzgados de la misma forma (véase Stg 4.12; cf. Mt 7.1; Lc 6.37); el mensaje de las virtudes y los valores del sufrimiento por causa de la justicia (véase 1 P 3.14; cf. Mt 5.10); y la importancia de las buenas obras en la vida de los creyentes (véase 1 P 2.12; cf. Mt 5.16).

Los padres apostólicos

Los escritos cristianos no canónicos que proceden de los años finales del primer siglo, y la mitad inicial del segundo, se identifican como los documentos de los padres apostólicos. Estos escritos, en ocasiones, contienen algunos episodios y varias palabras y mensajes de Jesús, que les llegaron de alguna tradición oral antigua o por medio de varios documentos que no son en la actualidad necesariamente conocidos. Aunque el número de los casos no es mucho, ponen claramente de manifiesto que todavía a mediados del siglo segundo de la era cristiana, circulaban entre los creyentes y en las comunidades de fe, varias tradiciones orales, a la par de las literarias.

Un buen ejemplo de estos documentos se conoce como la Didajé, o Enseñanza de los apóstoles, que es esencialmente una recopilación de las instrucciones que Jesús mismo había dado a sus seguidores más cercanos.

En esta importante obra, se incluyen detalles interesantes de la vida itinerante de Jesús y de los apóstoles, que sirven de orientación y apoyo, para que los misioneros cristianos llevaran a efecto en Siria la tarea cristiana de predicación y enseñanza del evangelio, en el siglo segundo de la iglesia.

La lectura cuidadosa de las palabras de Jesús que se incorporan en la Didajé, son similares a las que ya están incluidas en el Evangelio de Mateo, que tradicionalmente se relaciona con la región de Antioquía, en Siria. De esta forma, en esta Enseñanza de los apóstoles, se indica que, cuando la gente pida algo de los creyentes, que sean generosos, y que posteriormente no reclamen de vuelta lo que se ha prestado. Estas palabras, que se atribuyen implícitamente a Jesús en la Didajé, están incluidas en los evangelios canónicos como expresiones directas del Señor (p.ej., Lc 6.30; 5.42).

También de los años finales del siglo primero, proviene la primera epístola de Clemente de Roma a la iglesia de los corintios. En esta importante carta, se incluyen siete enseñanzas de Jesús, de las cuales tenemos noticias claras y referencias directas en el Sermón del monte, en Mateo, y en el Mensaje del llano, en Lucas. Sin embargo, las formas literarias en la carta de Clemente (1 Cl 12.1-2) ponen de manifiesto que sus fuentes son posiblemente más antiguas que las que se conservan en los evangelios canónicos (véase Mt 5.1-12; Lc 6.17-26); quizá, inclusive, no formaban parte de la fuente Q. El reclamo y enseñanza de Clemente, es que los creyentes y las iglesias, siguiendo el ejemplo de Jesús, deben ser misericordiosos, perdonadores, compasivos, humildes y pacientes. El pasaje en la epístola de Clemente, presenta claras similitudes con el mensaje de Jesús mejor conocido como «las bienaventuranzas».

En esta importante tradición de dichos, hechos y enseñanzas de Jesús, que se incluyen en la literatura que proviene de la época posterior a los escritos canónicos del Nuevo Testamento, se encuentra la carta de Ignacio de Antioquía a los creyentes de la iglesia que se reunía en la ciudad de Esmirna. En esta obra se incorpora un relato interesante del diálogo entre el Resucitado y sus discípulos (Ig 3.2), en el que Jesús los invita a tocarlo y palparlo, para que reconocieran que no era un fantasma sin cuerpo. Los discípulos hicieron como el Señor les había ordenado, y creyeron al instante, pues, de acuerdo con esta carta de Ignacio, en Jesús se combinaban la carne y el espíritu. Según Ignacio, Jesús comió y bebió con ellos. Esta narración nos recuerda un relato canónico similar en el Evangelio de Lucas (24.36-43).

Del segundo siglo y de años posteriores provienen otras referencias a algunas palabras de Jesús, sin embargo, la documentación es escasa y las contribuciones al estudio de la figura histórica de Jesús de Nazaret, no son muchas. Justino de Roma, por ejemplo, en su diálogo con Trifón (35), alude a una frase en torno a las divisiones y las separaciones que producen el ministerio cristiano, que se asemeja a algunas palabras de Jesús que se incluyen en el Evangelio de Mateo (véase 10; 24; cf. 1 Co 11.18-19). Clemente de Alejandría (1.24,58) cita expresiones y alude a ideas que se encuentran en el Evangelio de Mateo (6.33; 7.7), sobre las peticiones y las plegarias ante Dios. También Orígenes y Tertuliano presentan en sus sermones frases y enseñanzas que se atribuyen directamente a Jesús, de la cuales se pueden encontrar similitudes en los evangelios canónicos y en la literatura neotestamentaria.

En efecto, el estudio de los sermones y las enseñanzas de los padres apostólicos pueden ser fuentes adicionales en nuestro estudio del Jesús histórico. Hay que estudiar cada caso de forma específica, pues estas palabras se incluyen en medio de explicaciones homiléticas que requieren la evaluación crítica de los textos para corroborar su autenticidad.

Fuentes literarias judías en torno a Jesús

En torno a Jesús de Nazaret, están a nuestra disposición las fuentes cristianas, que le presentan desde la perspectiva de la fe en el Cristo de Dios. Esos documentos, tanto canónicos como no-canónicos, revelan que Jesús fue un personaje histórico real, que vivió en la región de Galilea del primer siglo de la era cristiana, y que murió crucificado por los años treinta en la milenaria ciudad de Jerusalén. A esa valiosa información histórica, que también es teológica, educativa, ética, moral y espiritual, se deben unir las referencias a Jesús que se encuentran en los documentos no cristianos. Y esas fuentes literarias adicionales son judías, romanas, helenistas y musulmanas.

Las contribuciones e informaciones más importantes, en torno a la vida y obra de Jesús en la literatura no cristiana, provienen del historiador judío Josefo (c.37-100 d.C.), que de joven formaba parte del grupo de los fariseos. Durante el levantamiento judío en Galilea contra el ejército romano liderado por el general Vespasiano, Josefo se destacó como combatiente. Sin embargo, cayó preso en la guerra, y en su cautiverio predijo que el general romano que le había vencido se convertiría en emperador.

Con el tiempo, cuando Vespasiano llegó a ser el emperador de Roma, Josefo cayó en gracia con la familia del nuevo líder romano, los flavios, y además de adoptar un nuevo nombre en honor al emperador, Flavio Josefo, se trasladó a Roma desde donde escribió varias obras de gran importancia histórica en torno a la comunidad judía. Sus libros constituyen algunas de las fuentes literarias más importantes para nuestra comprensión del judaísmo de su época.

En una de sus obras fundamentales, *Antiguedades judías*, Josefo incluye varias referencias importantes en torno a Jesús de Nazaret. De esas informaciones, nos referiremos principalmente a dos: La que alude a la muerte violenta e injusta de Santiago, el hermano de Jesús (20,200); y posiblemente, la más conocida, el *Testimonuim Flaviarum*, en la que presenta algunos hechos sobre la vida y las obras de Jesús (18,63-64).

Referente a Santiago, que era un dirigente distinguido de la comunidad cristiana en Jerusalén, Josefo indica que en el año 62 d.C., el sumo sacerdote Anán y el Sanedrín judío, lo condenaron a muerte de forma ilegal, injusta e impropia. Y en ese contexto, el texto judío indica expresamente que Santiago era hermano de «Jesús, al que llamaban Mesías».

Esa clara referencia, de parte de una figura judía no creyente, que escribía en el contexto del imperio romano, sin intentar reconocer o afirmar la importancia de la persona que identifica, es fundamental para establecer y evidenciar la historicidad de nuestro personaje. En efecto, Jesús de Nazaret, reconocido como Mesías, o Cristo en griego, fue una persona que vivió en Palestina y tenía un hermano que se llamada Santiago, que fue acusado, juzgado, condenado y lapidado injustamente, a mediados del primer siglo, por transgredir la Ley.

Entre los escritos de Josefo, hay otro texto de gran importancia histórica y teológica en torno a Jesús, que debe estudiarse con mucho rigor científico y académico. Se trata del *Testimonium Flaviarum*, cuyo valor y reconocimiento surge temprano en la historia, al ser citado por el historiador cristiano Eusebio de Cesarea (260-339 d.C.). Aunque algunos eruditos, luego de la Reforma Protestante, han indicado que toda la sección que alude a Jesús es una interpolación cristiana a la gran obra original de Josefo, es muy probable que gran parte del texto provenga del historiador judío, de acuerdo con las investigaciones históricas más recientes. Y esa sección auténtica (es decir, la que no fue retocada posteriormente por la revisión cristiana), contiene información de gran importancia histórica para comprender mejor a la figura de Jesús.

Para Josefo, Jesús era un maestro sabio que realizaba hechos sorprendentes, que es posiblemente una referencia a su fama de hacer milagros; además, era un gran orador, pues por su palabra ganó para su movimiento a muchas personas, tanto de origen judío como gentil. De acuerdo con el pasaje aludido de Josefo, Pilatos, a insistencia de las autoridades judías, lo sentenció a morir en la cruz, pero sus seguidores, en medio del suplicio, no dejaron de amarlo. Y añade Josefo, que sus seguidores o estirpe, que se conocen como cristianos, por el apego a sus enseñanzas, aunque han pasado los años, no han desaparecido (18,63-64).

A esta información básica, las adiciones cristianas añaden que era el Mesías, que no se sabe si debería llamarse hombre, que al tercer día luego de su muerte resucitó, según habían anunciado previamente los profetas de Dios. Estas declaraciones provienen evidentemente de algún autor cristiano que le añadió al escrito original de Josefo una perspectiva de la fe, que está ausente en los documentos originales del gran historiador judío.

Luego de Josefo, que atiente el tema de Jesús con bastante neutralidad desde una perspectiva histórica, es el Talmud babilónico el que alude y comenta la figura del rabino galileo. Esta importante literatura judía, que proviene de los primeros siglos de la era cristiana, incluye varias tradiciones antiguas en torno a Jesús. Sin embargo, solo una lectura sencilla de los pasajes pone claramente de manifiesto la hostilidad y el rechazo de nuestro personaje en esas comunidades. Estas tradiciones, conocidas en hebreo como *baraitot*, forman parte de una gran polémica judía contra el cristianismo y su fundador, durante los primeros siglos del cristianismo.

La primera de estas reseñas en torno a Jesús, se incluye en el tratado Sanhedrín del Talmud (43a), que fue redactada a finales del siglo 5 d.C., pero que posiblemente proviene de mucho antes, del siglo segundo de nuestra era. El texto es temáticamente complicado, pero manifiesta claramente la sicología de rechazo y la sociología de hostilidad hacia Jesús.

De acuerdo al Talmud, un tal Yeshu (o Jesús), conocido como el Nazareno, fue colgado la noche previa a una fiesta de Pascua; pero cuarenta días antes de su ejecución, un pregonero anunció que iba a ser apedreado por practicar la magia y también seducir y descarriar a Israel. El relato, entonces, añade que si alguien desea decir algo en su favor podía presentarse para exponer sus argumentos, pero como nadie se apareció a apoyarlo, fue colgado en la vigilia de Pascua. Al final, se indica que nadie le apoyó, y que su muerte se debió, no solo al engaño que hacía al pueblo de Israel, sino que su muerte estaba relacionada con las actividades oficiales del gobierno.

La evaluación sobria y detenida de este singular relato talmúdico, indica lo siguiente: En el siglo 2 d.C., entre los grupos judíos, se discutía el papel que jugaba en la sociedad este rabino galileo, cuyas enseñanzas y acciones no se conformaban a la comprensión general, en torno al liderato religioso, que tenían las autoridades judías y romanas de la época. Además, se indica que murió por «hacer magia», que es una forma despectiva de aludir a los milagros que llevaba a efecto, y por seducir y descarrilar a Israel, que revela su capacidad de persuasión y su palabra elocuente. También el documento indica que fue ejecutado (apedreado y luego colgado) el día antes de la fiesta judía de Pascua, y que en su martirio participó el gobierno romano de su tiempo.

Para analizar y comprender adecuadamente este texto, es imprescindible entender que se escribe desde una perspectiva judía ortodoxa, y que la finalidad del pasaje es indicar que la muerte de Jesús estuvo justificada, pues sacó a los judíos del camino verdadero de Dios, con engaños y magias. Y aunque no es una presentación objetiva de Jesús y sus actividades, no pone en duda su historicidad y reconoce su elocuencia, su capacidad de hacer milagros, y su muerte en los días cercanos a la Pascua.

El segundo *baraitot* o pasaje del Talmud, en el mismo tratado Sanhedrín (107b), que trata el tema de Jesús, pone en evidencia clara el antagonismo público y las polémicas acérrimas entre los grupos judíos y cristianos. El propósito es afirmar nuevamente que ese Yeshu, el Nazareno, no solo hacía pecar a Israel y hacía magia, sino que no deseaba arrepentirse de sus actos.

El presupuesto filosófico y teológico de este relato es que Jesús era un falso profeta que, al apostatar de la fe del pueblo de Israel, se burlaba y rechazaba a los sabios judíos. Y ese tema de la apostasía de Jesús, se repite en otros pasajes, como en el tratado Gittín del Talmud (56b-57a), en el cual se presenta al Señor sufriendo una pena infernal con otros sacrílegos o apóstatas antiguos.

En las polémicas entre los grupos judíos y cristianos, también surgió el tema del nacimiento virginal de Jesús. En el tratado Shabbat del Talmud (104b) se presenta a Jesús como hijo de Miriam y de su amante, que se llamaba Pandera. Este relato es similar al que se incluye en la literatura de un filósofo del siglo 2 d.C., que indica que la mamá de Jesús fue repudiada por su esposo, que era carpintero, por adulterio, pues había concebido de un soldado romano que se llamaba Panthera (*Contra Celso* 1,32).

La lectura cuidadosa de estas narraciones revela la animosidad y el rechazo, no solo hacia Jesús sino al movimiento religioso que le precedió. La utilidad de estos pasajes en nuestro entendimiento de la figura de Jesús es afirmar que desde muy temprano en la historia la comunidad judía entendió la importancia de las iglesias y el peligro que representaba el mensaje cristiano para el judaísmo. Y por esas razones, se enfrascaron en polémicas teológicas y filosóficas continuas, en las que no solo rechazaban las enseñanzas de las iglesias, sino que atacaban directamente y de forma violenta a su fundador, Jesús de Nazaret.

Fuentes literarias romanas

La evidencia disponible de las respuestas romanas al evento Jesús de Nazaret, no son muchas, pero todas son negativas. Presentan las perspectivas y comprensiones oficiales del imperio, al movimiento que se generó en relación a las enseñanzas del rabino galileo, aunque se alude en ocasiones directamente a su fundador. A continuación, presentaremos las posiciones de Tácito, Suetonio y Plinio el Joven.

P. Cornelius Tacitus (56-120 d.C.) fue un patricio romano que en el 116-117 escribió una historia de Roma, desde la muerte de Augusto hasta la de Nerón (*Anales*). Y en el desarrollo de su obra, específicamente en la sección dedicada a Nerón, alude al incendio de la ciudad (64 d.C.) provocado por el emperador, pero del cual se acusó injustamente a los cristianos. Para responder a los clamores del pueblo, de acuerdo con las narraciones de Tácito, muchos cristianos fueron perseguidos, torturados y ejecutados.

Aunque Tácito no aprueba la crueldad y actitud oportunista del emperador hacia los cristianos, entiende que ese grupo está compuesto primordialmente por malhechores, criminales y villanos, que merecen el castigo extremo que recibieron. Los presenta como personas que odian la raza humana, pues al igual que la comunidad judía, no aceptan las normas sociales y culturales que imponía el imperio romano. Y además, añade Tácito, que los cristianos profesan una serie de creencias perniciosas y nocivas para la humanidad, pues rechazan abiertamente la adoración a los dioses romanos. Esa actitud desafiante, les convertía en un serio peligro para la seguridad nacional del imperio.

Al explicar porqué ese grupo se denominaba cristiano, indica Tácito, que el nombre proviene de *Christus* o Cristo, que en la época del emperador Tiberio fue condenado a muerte por el procurador Poncio Pilatos. Y añade que el grupo, aunque fue suprimido momentáneamente, surgió de nuevo en Judea, que identifica como la cuna del mal, y llegó con el tiempo hasta la misma capital del imperio, Roma (Anales 15.44).

P. Suetonius Tranquillus (70-130 d.C.), otro historiador romano, se une a la evaluación adversa de Tácito en torno al cristianismo, pues describe el movimiento como una superstición nueva, adversa y maléfica. En su obra biográfica en torno a los doce césares o emperadores (*De vita Caesarum*), entre Julio Cesar y Domiciano (120 d.C.), Suetonio presenta la expulsión de los judíos de Roma decretada por Claudio (49 d.C.), a la que se alude en el libro de los Hechos de los apóstoles (Hch 18.2). Y la justificación que se expone, es que el emperador los expulsó a causa de los continuos disturbios provocados por *Chresto*, que es, en efecto, una referencia directa a Cristo (*Vida de Claudio* 25).

La evaluación de Suetonio denota una crasa falta de información o un grave error en sus fuentes, pues no era Cristo el que estaba en Roma instigando ninguna rebelión. Sin embargo, esta referencia directa pone en clara evidencia que ya para esa época, a solo veinte años desde la muerte de Jesús, ya había grupos de creyentes en Roma, y eran conocidos por los líderes del imperio. Posiblemente, esta expulsión de los judíos de Roma revela las diversas reacciones de esa comunidad religiosa a las enseñanzas y los mensajes de Jesús.

Un tercer testimonio romano en torno a Jesús, que en estas fuentes se identifica como Cristo, proviene de Plinio el Joven (61-120 d.C.), que había sido enviado por el emperador Trajano a la provincia de Ponto y Bitinia, en el Asia Menor (c.111-113 d.C.). Plinio comparte la evaluación negativa del cristianismo que tienen Tácito y Suetonio, pues entiende que esa nueva religión era una superstición perversa y extravagante.

Como las denuncias contra los cristianos eran constantes y estaban en aumento, el representante de Roma creyó que era su deber informar del asunto oficialmente a Trajano. Ya para esa época se condenaba a los cristianos solo por el hecho de ser seguidores de las enseñanzas de Jesús. Para el emperador, sin embargo, no era delito ser cristiano y ordenaba a su representante a ser justo con el grupo y a seguir los procesos legales dispuestos por el imperio para este tipo de casos.

En medio de la correspondencia entre Plinio y Trajano, el primero cita en tres ocasiones, aunque de paso, a *Christos* (Libro X, Carta 96, *Cartas*). En la primera ocasión, indica que los cristianos se niegan a ofrecer sacrificios a los dioses y al emperador; y en la segunda, alude a algunos creyentes que apostataron y hace referencia a dos mujeres servidoras que fueron torturadas. Finalmente, describe algunas de las prácticas antiguas de los cristianos de esa región: Se reunían el día acordado, antes de salir el sol, y elevaban un cántico a Cristo como si fuera Dios; además, se comprometían a no hacer nada malo, ni a robar, ser malhechores o adúlteros; afirmaban la importancia de mantener la palabra dada, y a no rechazar guardar el dinero que se les confiaba (*Cartas* 10,96).

Estas referencias romanas confirman la presencia de grupos cristianos en el imperio romano temprano en la historia, luego de la muerte de Jesús y la resurrección de Cristo. Además, nos confirman que Jesús fue un personaje histórico, que fue ejecutado por el gobernador de Judea, Poncio Pilatos, en la época de Tiberio, y que fundó un grupo de seguidores que se fueron diseminando por diversas partes del imperio, hasta llagar a su capital, Roma. Además, de estas referencias se descubre que los creyentes primitivos adoraban a Cristo como si fuera Dios.

Fuentes helenísticas y musulmanas

El resto de los testimonios literarios que provienen del mundo helenístico en torno a Jesús de Nazaret no es mucho, y el valor histórico que tienen esos documentos, es tenue, pues son esencialmente referencias indirectas. En general, se alude al Señor como el sabio rey de los judíos o como el crucificado. Y los dos autores a los que se hace referencia provienen de la misma ciudad, Samosata, en Siria.

La primera referencia nos llega del filósofo estoico Mara bar Sarapión, que, desde su celda en Roma, escribe a su hijo una exhortación a vivir fundamentado en los valores de la sabiduría. Para destacar sus recomendaciones, al parecer, Mara alude y ubica, al lado de Sócrates y Pitágoras, a Jesús. En su discurso, pregunta, de qué le valió a los judíos matar a su rey sabio, pues desde ese momento todo les ha ido mal, pues perdieron su reino, sufrieron una masacre y están dispersos en el exilio.

Estas palabras deben ser ubicadas históricamente luego del año 70, cuando se produjo la derrota judía a manos del general romano Tito, y el posterior exilio de los combatientes que sobrevivieron a la guerra. Además, este testimonio recoge la afirmación cristiana que Jesús era rey, y que «vive» en sus enseñanzas y en los valores que promulgó.

De la misma ciudad siria, a mediados del siglo 2 d.C., otro autor helenista se expresa en torno a Jesús en términos similares. En su obra, *De norte Peregrini* (11,13), presenta el caso de un hombre que fue «empalado», que es una posible referencia a la crucifixión, en Palestina, acusado de haber introducido un nuevo culto en el mundo. De acuerdo con Luciano, sus seguidores observaban todavía la ley que les había enseñado su maestro, que es una referencia al evangelio.

Esos dos testimonios helenísticos coinciden en que Jesús sufrió una muerte violenta. Y en esa misma tradición literaria y temática, a mediados del primer siglo de nuestra era, un escritor griego, o quizá samaritano, redactó una historia universal en tres volúmenes, en la cual menciona a Jesús en una ocasión.

El testimonio de Thallus, nos llega a través de Julio Africano. De acuerdo con esta nueva obra del siglo tercero, un eclipse solar en el año 29, estaba asociado directamente con la muerte de Jesús. Respecto a esas referencias cosmológicas a la crucifixión de Jesús, se pueden estudiar también las narraciones evangélicas (Lc 23.44-45).

Las alusiones a Jesús desde la óptica islámica, no están ausentes, aunque provienen de una época tardía (luego del siglo 7 d.C.). En el Corán se alude con cierta insistencia a Jesús, y esas narraciones se fundamentan en fuentes judías y cristianas, tanto canónicas como apócrifas. En efecto, para el mundo islámico Jesús es el hijo de María, a quien Alá le dio la capacidad de hacer milagros y lo constituyó en un santo profeta (sura 2,253). De acuerdo con el Corán, el poder que tenía Jesús para hacer milagros, era el resultado de haber nacido de una madre virgen.

El Corán, aunque reconoce que Jesús hacía prodigios, no ignora el hecho que sus adversarios lo acusaban de mago (sura 5.110). En este sentido, las tradiciones islámicas aceptan y afirman la santidad de Jesús, pero no lo reconocen como Hijo de Dios, pues es inconcebible para el Corán aceptar que Dios tenga hijos, pues según indican esas tradiciones religiosas (sura 19.35), la divinidad no puede tener hijos.

De gran importancia teológica y aprecio doctrinal en el Corán, es el reconocimiento islámico que Jesús era *Al-Masih* o Mesías, el Cristo de Dios; sin embargo, ese gran reconocimiento espiritual se articula junto a la afirmación de que Jesús fue creado, como Adán, por el mismo Dios.

En efecto, en el Islam Jesús es un enviado de Dios al quien Alá le enseñó las Sagradas Escrituras, tanto judías como cristianas, y quien no dejó de anunciar la venida de otro profeta y ungido de Dios, en una referencia directa a Mahoma (sura 61.6).

Para nuestro análisis, las referencias a Jesús en el Corán solo confirman lo que previamente se ha señalado en otra literatura cristiana: Que fue un personaje histórico, que vivió en la Palestina antigua, y que el grupo de simpatizantes que le siguió, no puede ignorarse. Esas afirmaciones, que se fundamentan en la literatura cristiana y romana, helenística y musulmana, se desprenden de los diversos testimonios literarios antiguos, que corroboran la realidad histórica de nuestro personaje.

En efecto, Jesús de Nazaret fue una persona histórica que vivió en la Palestina en los inicios del siglo primero de nuestra era, en medio de la ocupación romana. Sabemos, también, que era un maestro ejemplar, y que su predicación era desafiante y contextual; además, estamos conscientes que hacía milagros. Esa información histórica en torno a Jesús se completa, al reconocer que fue crucificado por las autoridades romanas, a instancias de los líderes judíos, luego de un juicio ilegal e injusto.

De acuerdo con el testimonio del apóstol Pedro, en su mensaje el día de Pentecostés, a ese Jesús que fue asesinado, Dios lo constituyó en Señor y Cristo, mediante el poder de la resurrección (Hch 2.26).

3

Nació en Belén,
en días del rey Herodes

Cuando Jesús nació en Belén de Judea en días del rey Herodes,
vinieron del oriente a Jerusalén unos magos, diciendo:
¿Dónde está el rey de los judíos, que ha nacido?
Porque su estrella hemos visto en el oriente,
y venimos a adorarle.
Oyendo esto, el rey Herodes se turbó,
y toda Jerusalén con él.
Y convocados todos los principales sacerdotes,
y los escribas del pueblo,
les preguntó dónde había de nacer el Cristo.
Ellos le dijeron: En Belén de Judea;
porque así está escrito por el profeta...

(Mateo 2.1-5).

La tierra de Israel

Jesús, el hijo de María, de acuerdo con las narraciones evangélicas, nació en una comunidad específica, la aldea pequeña de Belén, vivió en un pueblo particular, Nazaret, y murió en un lugar determinado, el Monte Gólgota, que estaba ubicado a las afueras de la antigua ciudad amurallada de Jerusalén. Y todos estos eventos se llevaron a efecto en un momento específico y concreto de la historia humana: El primer siglo de la era cristiana, específicamente en las primeras décadas, período en el cual el imperio romano ejercía su poder, autoridad y hegemonía política y militar en Siria y Palestina.

En medio de la región, conocida antiguamente como Canaán, y posteriormente identificada como Palestina e Israel, Jesús de Nazaret llevó a efecto su ministerio como educador, predicador, sanador, liberador y profeta. Esas tierras, que fueron testigo de las palabras elocuentes y sabias de los antiguos profetas de Israel, en esta ocasión sirvieron de gran marco de referencia social, entorno pedagógico y contexto histórico de las actividades y discursos del famoso rabino galileo, que con el tiempo, se convirtió en el fundador del cristianismo.

Esos lugares, que a través de la historia sirvieron continuamente de puente geográfico, entre Mesopotamia y Egipto, y que permitieron el paso de las caravanas ancestrales de los patriarcas y las matriarcas de Israel, ahora eran el espacio vital para las enseñanzas renovadoras y transformadoras de Jesús. Esas ciudades milenarias, fueron visitadas por un nuevo sabio, educadas por un nuevo rabino, desafiadas por un nuevo profeta, y curadas por un nuevo sanador.

Esas tierras, que para los pueblos descendientes de Abrahán constituyen Tierra Santa, y que fueron prometidas por Dios mismo a su pueblo, fueron testigos de innumerables intervenciones milagrosas, que corroboraban, para la gente de fe, que esos montes, valles, ríos y desiertos, eran parte del plan divino de salvación para la humanidad. Y aunque el antiguo pueblo de Israel, en esas mismas tierras, había padecido vicisitudes extraordinarias y dolores intensos, guardaba en su memoria histórica un sentido de pertenencia que le permitía mantener la esperanza en medio de las realidades más adversas de la existencia humana y a través de las condiciones más desfavorables de vida.

En medio de esta no muy grande franja de tierra, que permitía el acceso y la comunicación entre los diversos imperios del antiguo Oriente Medio, el pueblo de Israel estableció su reino, aunque con el tiempo se dividió, y posteriormente fue conquistado. Pasaron por estos parajes palestinos, los ejércitos egipcios, asirios, babilónicos y persas; y se implantó con el tiempo, la cultura helenista, para posteriormente ver cómo los ejércitos romanos llegaron con vigor militar y autoridad imperial a estas regiones.

Las excavaciones arqueológicas en la región y el análisis de los hallazgos, nos han permitido ampliar nuestro conocimiento histórico y social de los diversos períodos y la región, con el descubrimiento de casas, utensilios domésticos, artesanías, herramientas de agricultura, inscripciones y tumbas. El resultado de esas labores, ha puesto al servicio de las personas estudiosas la evidencia necesaria para comprender mejor las dinámicas que rodearon la vida y el ministerio de Jesús, y les ha permitido entender las reacciones de los diversos sectores religiosos, sociales, políticos y militares a sus mensajes y enseñanzas.

En efecto, Jesús de Nazaret nació y vivió en un hogar judío bien establecido en la región de Galilea, al norte de Jerusalén, cuando Augusto y Tiberio imperaban en Roma. En esas tierras el Señor llevó a efecto su ministerio transformador de enseñanza, sanidad y liberación. Y esos mismos parajes, terrenos y paisajes, sirvieron de contexto geográfico y cultural específico, para la elaboración de sus mensajes, el desarrollo de sus imágenes y la selección de sus temas, a la vez que servían para incentivar su visión profética, y propiciar su creatividad homilética y su virtud pedagógica.

En efecto, las ciudades, los pueblos, las montañas y la gente, con sus vivencias y realidades cotidianas, le brindaron a Jesús los temas pertinentes, las ideas requeridas y los asuntos necesarios para, por ejemplo, articular sus parábolas, elaborar sus discursos e interpretar las antiguas leyes de Moisés, a la luz de las nuevas realidades sociales, políticas, económicas y espirituales del pueblo.

La región de Galilea

La vida terrenal de Jesús transcurrió mayormente entre Galilea y Judea, en la antigua Palestina, prioritariamente, en las ciudades alrededor del Mar de Galilea (también conocido como de Lago de Genesaret o de Lago Tiberiades), y también en Jerusalén y sus alrededores. En esas regiones específicas, en sus campos y ciudades, el rabino galileo dialogó con sus diversos interlocutores y respondió a sus preguntas y necesidades. Y ese marco de referencia geográfico se manifiesta claramente en sus enseñanzas y mensajes.

La Galilea es la sección más al norte de las antiguas tierras de Israel. Por el norte, se extiende hasta el Monte Hermón, que se levanta unos 2,759 metros, en la frontera misma con el Líbano. Hacia el sur, la región galilea llega al fértil valle de Esdrelón, que se une, por el este, a la depresión y al río Jordán, y por el oeste, a los llanos de la costa del Mar Mediterráneo. Es parte de la extensa faja sísmica que nace al norte, en Siria, y llega hasta Mozambique, al sur de África, extendiéndose por unos seis mil cuatrocientos kilómetros (ó 4,000 millas).

Esta región incluye el pequeño lago Hule (c.4 km. de longitud), y el importante Mar de Galilea, que es un cuerpo de agua dulce, de unos veintiún kilómetros de largo por unos doce de ancho, con una profundidad de unos cuarenta metros. ¡Es el cuerpo de agua dulce más bajo del mundo!, pues está a unos 213 metros bajo el nivel del mar, y a unos 40 km. de distancia de las costas del Mar Mediterráneo. De acuerdo con los historiadores antiguos, por ejemplo, Josefo, el lago estaba repleto de peces: ¡Doscientos treinta barcos salían diariamente a sus aguas a pescar!, y en sus orillas estaban ubicadas una serie importante de aldeas de pescadores. Los alrededores del Lago, y el Lago propiamente, son lugares de gran importancia en las narraciones evangélicas.

El Río Jordán es también parte de esta misma región galilea. Nace en el norte, y proviene de torrentes que se originan en el Monte Hermón, que posteriormente se unen en el lago Hule, para llegar al norte del Mar de Galilea, luego de recorrer unos dieciséis kilómetros. Este río, que sigue su curso por la depresión del Jordán, desciende como setenta kilómetros hasta llegar al Mar Muerto, es de fundamental importancia social y económica para la vida en la región.

La flora y la fauna de la Galilea no solo sirvieron de marco de referencia histórico y geográfico para el desarrollo teológico y creatividad de Jesús, sino propiciaron la variedad y pertinencia del temario contextual e imaginativo del predicador galileo. Sus colinas y valles, ríos y lagos, viñedos y olivos, trigos y cebadas, lino y mostaza, y hasta la cizaña, fueron parte del contexto visual y vital que sirvieron de inspiración para las enseñanzas y los mensajes de Jesús.

Fundamentado en la abundante vegetación y la hermosura regional de la Galilea, Jesús elaboró una serie de enseñanzas de gran valor ético, educativo, moral y espiritual: Por ejemplo, la alegoría de la vid y los pámpanos (Jn 15.1-6); el mensaje sobre los lirios del campo (Mt 6.28-30; Lc 12.27-28); y particularmente las parábolas del sembrador (Mt 13.3-

23; Mc 4.3-20; Lc 8.5-15), del trigo y la cizaña (Mt 13.24-30,36-42), y del grano de mostaza (Mt 13.32-32; Mc 4.31-32; Lc 13.18-19). Estos mensajes revelan que Jesús poseía un conocimiento de primera mano del contexto geográfico de Galilea. Apreciaba el mundo rural y conocía las dinámicas urbanas, entendía los procesos naturales de la agricultura y disfrutaba la belleza de los campos, comprendía las relaciones entre las personas y la tierra, y sabía de las dinámicas relacionadas con los trabajos de construcción...

Además, esa presencia rural en los mensajes y enseñanzas de Jesús, se manifiesta libremente en los evangelios. De forma destacada, las narraciones evangélicas indican, por ejemplo, que el Señor fue ungido con perfume de nardo (Mc 14.3; Jn 12.3), y que en su sepultura se utilizó el áloe (Jn 19.39-40). Los arbustos de nardos y áloes eran abundantes en la región, y se utilizaban frecuentemente en la elaboración de perfumes y ungüentos. Los evangelistas, en efecto, entendieron la importancia de la región en la presentación de la vida y obra de Jesús.

También esos relatos evangélicos ponen claramente en evidencia las imágenes que se desprenden de las plantas que tienen desde la antigüedad aplicaciones y virtudes culinarias: Por ejemplo, el eneldo, la menta, el comino y la ruda. Jesús utilizó el conocimiento que tenía de las propiedades y características de esas plantas, para rechazar abiertamente las actitudes legalistas e hipócritas de algunos intérpretes de la Ley, particularmente se refería a las acciones, los pensamientos y las decisiones de los escribas y los fariseos (Mt 23.23; Lc 11.42).

Esas parábolas e ilustraciones, imágenes y mensajes, enseñanzas y alegorías ponen claramente de manifiesto el trasfondo rural de Jesús, que creció en una muy humilde y sencilla comunidad galilea, específicamente en el pueblo de Nazaret, que era pequeño, no muy conocido y con una reputación cuestionable en la antigüedad (Jn 1.46). Sus enseñanzas también revelan que hay una clara e importante correspondencia entre el mensaje de Jesús y su contexto geográfico e histórico. No predicó en el vacío cultural y social, sino que integró a su palabra sabia y mensaje desafiante, las imágenes que provenían de su entorno vital, ejemplos que contribuían en la comunicación efectiva de sus enseñanzas, e ideas que propiciaban la afirmación adecuada y asimilación de sus valores.

Los caminos entre Galilea y Judea

Desde la Galilea, moviéndose hacia el sur, se llega al valle de Esdrelón, conocido también como Yezreel. Posteriormente, hay una serie de montañas no muy elevadas que cruzan la región samaritana antes de llegar a Judea. Esa cordillera de tierras fértiles, colinda al este con la depresión del Jordán y con el río del mismo nombre, que baja unos cien kilómetros, hasta desembocar en el Mar Muerto. Por el oeste, la región de Samaria, llega hasta el Mar Mediterráneo.

Cruzar la región hacia el sur en la antigüedad, desde la Galilea, podía hacerse por tres caminos principales. El primero, y más directo, requería pasar por medio de la comunidad samaritana; el segundo transitaba la costa del mediterráneo, por la llamada *Via Maris*; y el tercero seguía el curso de la depresión y el Jordán hasta llegar a la ciudad de Jericó. Los tres caminos tenían sus ventajas y desventajas.

La forma física y geográficamente más directa y cercana de llegar desde Galilea a Judea era el llamado camino de los samaritanos. Desde la ciudad de Nazaret, bajaba al Valle de Esdrelón, superaba la antigua región pantanosa, hasta divisar el Monte Tabor, que se yergue a unos quinientos ochenta y ocho metros, en medio del valle. El camino pasa muy cerca de la humilde aldea de Naín, y penetra en las comunidades samaritanas llenas de vegetación, montañas bajas, olivares, y algún campo de trigo. Era esencialmente un camino secundario utilizado desde tiempos inmemoriales por pastores.

Ese camino llega al centro de Samaria y permite el acceso a la pequeña aldea de Sicar, entre los importantes montes Ebel y Garizim, justo al lado de la antigua ciudad de Siquem. Jesús se encontró en esa comunidad, que estaba muy cerca del lugar que Jacob le regaló a su hijo José, con una mujer samaritana que se convirtió en agente de las buenas nuevas de salvación en esa región (Jn 4.1-45).

Para los judíos, sin embargo, ese camino era problemático, y lo evitaban, si les era posible. Toda la región, en primer lugar, estaba muy paganizada, lo que complicaba el cumplimiento de las leyes dietéticas. Además, la actitud abiertamente hostil de los samaritanos, no facilitaba la hospitalidad hacia los judíos, que era una necesidad real de los peregrinos que deseaban llegar a la ciudad de Jerusalén.

El camino principal era por el oeste, junto a la costa del Mediterráneo. La llamada *Via Maris*, aunque muy antigua, había sido restaurada por el imperio romano para permitir el tránsito de carruajes de carga y propiciar el comercio más efectivo, y facilitar la movilización adecuada y efectiva de sus tropas. En Meguido este camino se dividía, un ramal iba hacia Damasco, y el otro hacia Fenicia, pasando por el Monte Carmelo. Y hacia el sur pasaba por Cesarea Marítima, hasta llegar a Jope, donde había un puerto muy activo; entonces, los viajeros podían moverse hacia Jerusalén, al este, pasando por la ciudad de Lida.

Este camino al lado de la costa era el más fácil para los viajeros. Sin embargo, los judíos que se desplazaban desde Galilea a Jerusalén, generalmente lo evitaban, por las siguientes razones: En primer lugar, había que pasar varias ciudades griegas y romanas, que la gente piadosa no apreciaba y evitaba; además, el tramo final, que iba desde la ciudad de Jope hacia Jerusalén, requería pasar por lugares accidentados que propiciaban las desgracias, y también era un sendero peligroso, pues tradicionalmente, por lo remoto de los parajes, tenía asaltadores y maleantes del camino que amenazaban continuamente la seguridad de los viajeros y las caravanas.

Posiblemente, el camino más utilizado por los judíos de Galilea, para llegar a la región de Judea y a la ciudad de Jerusalén, era el que se movía muy cerca del curso del Río Jordán, al este de Canaán. Se recorrían unos ciento cincuenta kilómetros, y se bajaban cien kilómetros por el valle del Jordán, hasta llegar a la ciudad de Jericó, con sus bellos paisajes y oasis.

El viaje, que era especialmente duro por lo árido del terreno, se podía hacer a pie o en burro. Es muy probable que, durante las primeras décadas del primer siglo, el viaje se hiciera por Transjordania, al este del río, pues esa región formaba parte de la administración del tetrarca Herodes Antipas; además, de esa forma se evitaba estar cerca de las comunidades samaritanas. Y una vez se llegaba a Jericó, los viajeros estaban a las puertas de la ciudad de Jerusalén.

La región de Judea

Las características geográficas principales de la región de Judea son sus montañas y su desierto. En el centro, la región es esencialmente montañosa, que al viajar hacia el este se hace cada vez más desértica y desolada. En la época de Jesús, las dos ciudades más importantes de Judea eran Jerusalén y Jericó, y el camino que las comunicaba constituía uno de los más activos. También tenían algún reconocimiento público, las poblaciones de Belén y Hebrón, por estar asociadas con el rey David, la primera, y con los patriarcas y las matriarcas de Israel, la segunda.

Ese viaje entre Jerusalén y Jericó era particularmente difícil por varias razones. La distancia entre las ciudades es de solo treinta kilómetros, pero desde Jericó, el camino va continuamente en subida, y hay que superar como mil metros de altura en una distancia relativamente corta. Además, esa sección del camino era famosa por la posibilidad de asaltos y robos, que se convirtieron en tema de una de las parábolas más famosas de Jesús: El Buen Samaritano (Lc 10.25-37).

La sección montañosa central tiene áreas muy fértiles y está llena de olivares y viñedos, que constituyen los cultivos más frecuentes e importantes al sur de Jerusalén, particularmente en los caminos que unen Hebrón y Belén. En esta región, en ocasiones, se pueden divisar campos llenos de higueras, y también se encuentran algunos sicómoros frondosos, que constituyen una especie arbórea típica de la región. Hacia el Mar Muerto y el Río Jordán, también se cultivan con frecuencia las palmas datileras.

Jesús utilizó estos árboles para la comunicación efectiva de su menaje. ¡La flora, el ambiente y la fauna se constituyeron en sus recursos audiovisuales, en sus mejores aliados pedagógicos! De acuerdo con las narraciones evangélicas, Zaqueo se subió a un árbol sicómoro para ver a Jesús, en su estadía en la ciudad de Jericó (Lc 19.4). El relato pone de manifiesto la relación de Jesús con algunos sectores sociales no populares. Conocer a Jesús, de acuerdo con el pasaje bíblico, tiene virtudes transformadoras que hace que la gente se arrepienta de sus malas acciones, y sea desprendida, honesta, generosa y grata. En efecto, el encuentro con Jesús genera en las personas, según el mensaje evangélico, nuevas formas de enfrentar y disfrutar la vida y la existencia.

Además, en su peregrinar hacia la ciudad de Jerusalén, Jesús utilizó una higuera llena de hojas pero sin frutos, para articular su mensaje profético. La maldición de la higuera transmite una enseñanza profética importante: El Señor buscó frutos de justicia en la ciudad, y no los encontró; por esa razón, anuncia la caída de Jerusalén y la destrucción del Templo (Mt 21.18-23; Mc 11.13). La misma imagen arbórea y rural, le proporcionó al Señor los recursos necesarios para la creación de la parábola de la higuera que estaba plantada en un viñedo, que tampoco estaba dando los frutos esperados (Lc 13.6-9).

Justo antes de llegar a Jerusalén, desde la ciudad de las palmeras, Jericó, los viajeros entraban a la pequeña comunidad de Betania, en donde el Señor tenía varios amigos (Lc 10.38-39; Jn 11.1-16), para entonces seguir hasta el Monte de los Olivos. De ese monte, se pasaba al Huerto del Getsemaní, que ya tenía algunos olivos muy antiguos y contaba con una presa importante, para posteriormente cruzar el torrente de Cedrón, y llegar finalmente al destino deseado, la ciudad de Jerusalén.

Contemplar la ciudad era un espectáculo extraordinario, por sus edificios hermosos, entre los que sobresalía el Templo, que había sido construido por Salomón, destruido por los babilónicos, reconstruido luego del exilio, y mejorado y embellecido por Herodes el Grande, en un proyecto extenso, que duró más de medio siglo.

El proceso de helenización de Palestina

Jesús vivió en la Palestina del primer siglo que estaba bajo la ocupación y dominación del imperio romano, y que manifestaba las características culturales, sociales, económicas y políticas de las dinámicas que se vivían en el Oriente Medio antiguo. El mundo en que el fundador del cristianismo llevó a efecto su programa educativo renovador, revelaba las tensiones, los conflictos y las vivencias de siglos de desarrollo social, religioso y económico interno, y también manifestaba las influencias políticas y culturales internacionales, que se hacían sentir en Galilea y Judea, a través de los diversos esfuerzos de conquistadores, peregrinos y comerciantes.

Varias de las transformaciones más importantes y mayores que experimentó la Palestina de Jesús y el Oriente Medio antiguo, se relacionan directamente con los procesos intensos de helenización que se llevaron a efecto luego de la muerte de Alejandro el Grande en el 325 a.C. Fue un período extraordinario, en el cual la civilización y cultura griegas, con sus filosofías, artes y lengua, impregnaron de forma considerable las grandes ciudades en la Galilea y Judea, y también se hicieron sentir en los pueblos pequeños de esas regiones. Ese proceso contó con el apoyo continuo y eficiente de la infraestructura militar y de las más poderosas armas de guerra griegas, que atemorizaban sin misericordia a los pobladores de todo el Oriente Medio, y amedrentaban a los ejércitos locales y destruían a los diversos grupos combatientes.

El proceso de helenización y conquista era firme, continuo y sistemático. Una vez se sometía a las autoridades griegas la ciudad, la región o la nación, se establecían guarniciones militares locales que le brindaban al proceso estabilidad política y social. Luego se construían gimnasios, para entrenar y apoyar al ejército de ocupación, a la vez que servían de instrumentos para la educación popular en la cultura griega. Y las ciudades conquistadas, de forma paulatina, se iban reconstruyendo y transformando de acuerdo con los planos y estilos helénicos, con su infraestructura fundamental: Por ejemplo, se construían estadios y teatros, que le brindaban a la población un nuevo ambiente cultural y filosófico, que tenía muy serias e importantes implicaciones económicas, emocionales, espirituales, políticas y religiosas.

Como los griegos se habían desarrollado bastante en las ciencias de la arquitectura, ingeniería y escultura, además de ser buenos poetas, dramaturgos, filósofos, retóricos y comerciantes, con su llegada también aumentaba considerablemente el nivel de vida socioeconómico en las ciudades. En efecto, esas nuevas dinámicas helenísticas atraían el comercio local, nacional e internacional, y propiciaban serias transformaciones físicas, emocionales y económicas en la sociedad.

Los procesos para la helenización de las diversas regiones palestinas fueron continuos, y siguieron a grandes rasgos las dinámicas que se llevaban a efecto en el resto del imperio. Desde fenicia, en el norte, las nuevas construcciones e influencias griegas llegaban de manera sistemática hacia el sur, hasta manifestarse con fuerza en las ciudades costeras de Akko (también conocida como Ptolemaida), Dor, Jaffa, Ascalón y Gaza.

En el centro de Palestina, esas influencias helenísticas fueron aún más intensas, y Samaria se convirtió en un bastión importante de la cultura griega. Hacia el norte, Bet Seán fue reconstruida y renombrada Escitópolis, y se convirtió en un centro comercial fundamental y necesario para el circuito que constituía la antigua Decápolis, que unía las diez ciudades helenizadas que estaban ubicadas desde el este del Mar de Galilea y llegaban hasta Transjordania.

Las dinámicas de helenización en Palestina afectaron mayormente el mundo urbano; específicamente, las relaciones comerciales nacionales e internacionales. Las comunidades rurales, sin embargo, más alejadas de esos centros urbanos, aunque fueron tocadas también por el helenismo, pudieron mantener sus costumbres tradicionales, pues resistieron por más tiempo los embates inmediatos de las nuevas fuerzas griegas. Esas comprensiones noveles de la vida, le presentaban a la población palestina una serie formidable de desafíos culturales, religiosos, lingüísticos, económicos y políticos.

En Judea, por ejemplo, los procesos de helenización fueron más lentos, pues al principio las autoridades romanas decidieron respetar la ciudad de Jerusalén, para mantener sus antiguas tradiciones religiosas. Con el tiempo, esas consideraciones iniciales fueron cediendo gradualmente, ante el paso arrollador de un helenismo que no se detenía ante ningún obstáculo o desafío religioso, cultural o político. De forma paulatina, pero sistemática, fueron apareciendo en Jerusalén y en Judea las construcciones representativas del mundo helénico, que causaban a la comunidad judía, particularmente a los sectores religiosos más ortodoxos y tradicionales del país, desasosiego intenso, rechazo total y hostilidad absoluta.

Aunque el proyecto de helenización de los diferentes sectores del imperio se llevaba a efecto de forma sistemática, la realidad interna, tanto política como social, era compleja, frágil y volátil. ¡La paz no era la característica básica del momento! ¡La inestabilidad política era perenne! ¡Las luchas sociales y los conflictos interpersonales hirieron de forma mortal la estabilidad del imperio romano!

Luego de la muerte de Alejandro Magno, las luchas intensas, extensas y continuas de sus generales, por obtener el poder, fueron en aumento hasta que afectaron adversamente la administración central y la unidad nacional, resultando en la división del imperio. Esos generales y sus sucesores, lograron acceder al poder de las diversas regiones del imperio, y Palestina se vio directamente afectada por esos conflictos internos y divisiones nacionales.

En el siglo III a.C., luego de la muerte de Alejandro, Palestina quedó bajo el control de los grupos lágidas o ptolomeos, que gobernaban desde Egipto. Y la región se dividió en pequeños estados, o grupos de ciudades y pueblos, entre los que se encontraban, Idumea, Judea, Samaria, Galilea y Fenicia. Sin embargo, antes del siglo, ya los seléucidas, que tenían su sede en Siria, habían tomado control de la región y habían logrado establecer su poder en Palestina.

Ese fue el contexto histórico, social y militar que propició la llegada y las intervenciones del monarca seléucida Antíoco III en Palestina. Luego de reorganizar las administraciones de los estados, según las decisiones previas de los ptolomeos, Antíoco III promulgó una serie importante de decretos que tenían la finalidad de acelerar la reconstrucción de Jerusalén y el objetivo de repoblar la ciudad con ciudadanos helenizados. Y para facilitar esas transiciones, e incorporar a los directivos locales en esos procesos, Antíoco III concedió al liderato religioso y político de la ciudad (p.ej., sacerdotes, escribas y miembros del consejo de ancianos), una serie importante de privilegios; además, propició el buen mantenimiento de la ciudad y del Templo.

Los cambios políticos en el imperio facilitaron una serie de transiciones internas en el mundo religioso de Jerusalén, particularmente en el Templo. Como el poder imperial estaba fuera de la ciudad, tanto en la época de los ptolomeos (en Egipto) como en la de los seléucidas (en Siria), los sumos sacerdotes, de manera gradual, fueron adquiriendo cada vez más poder político ante los ojos del pueblo, y asumían más responsabilidades en la administración local de la ciudad, pues la población era mayoritariamente judía.

Mientras los generales de Alejandro y sus sucesores se disputaban el poder del imperio, los procesos de helenización continuaron con fuerza en toda Palestina. Iban de la mano de educadores, comerciantes y recaudadores de impuestos, entre otros, que se dieron a la tarea de transmitir los nuevos valores éticos y las nuevas filosofías griegas. Los educadores llevaban a efecto un programa que enseñaba la lengua griega como vehículo de comunicación oficial; los comerciantes exponían a las diversas poblaciones, urbanas y rurales, la tecnología, los logros y las costumbres que se desarrollaban en Roma y otros lugares avanzados del imperio; y los recaudadores de impuestos implantaban una forma más efectiva y novel para recibir los diversos tipos de contribuciones.

Ese mundo nuevo de filosofías y arte, comercio y desarrollo económico, de idiomas e internacionalización, llegaba a las comunidades palestinas, y a Jerusalén, y atraía a las juventudes, que se sentían seducidas e impresionadas por las nuevas formas de comprender la existencia humana y las maneras alternas de entender la vida, que provenían de un mundo moderno, urbano, cosmopolita, imperial y colonizador.

Ante el crecimiento continuo del mundo helenista en Palestina, algunos sectores de la sociedad judía, particularmente en la ciudad de Jerusalén, entendieron que esa nueva filosofía y comprensión de la vida, era una alternativa viable y real a sus antiguas tradiciones religiosas, que eran esencialmente antiguas, rurales, locales y nacionales. No fueron pocos los judíos que fueron conquistados por el imperio romano, no a través de las armas de sus potentes ejércitos, sino mediante la asimilación gradual pero continua del helenismo imperante.

La rebelión de los Macabeos

Las transformaciones importantes que se llevaron a efecto en Palestina, y particularmente en la ciudad de Jerusalén, provocaron reacciones intensas entre sus ciudadanos. De un lado, un sector más abierto a los cambios, más moderno, más internacional, más progresista, recibió los cambios y las innovaciones de forma positiva. Inclusive, incentivaba esas transformaciones como una forma se acelerar el desarrollo interno del país, y posicionar a Palestina, Jerusalén y el mundo judío en el contexto internacional de las importantes corrientes helenísticas del momento. Para este sector liberal y progresista de la sociedad, la filosofía griega era una forma clara de modernización, que permitía el progreso socioeconómico y facilitaba las relaciones internacionales.

No toda la sociedad recibió los cambios de esa forma positiva. Para algunos sectores judíos de importancia, las transformaciones que se relacionaban con la filosofía helenística iban radicalmente en contra de los valores nacionales, y representaban una muy seria amenaza a la cultura y la religión judías. Era una forma de ser más conservadora, tradicional, aislacionista; era una manera de entender los cambios del helenismo, desde la perspectiva de una cultura más rural y local, que tenía un cierto trasfondo nómada y una historia intensa de revelación divina.

Los grupos helenistas entendían la importancia de transformar la religión judía en categorías modernas y contemporáneas, por esa razón propiciaron la traducción de la Biblia hebrea al idioma griego, en Alejandría, donde los judíos helenizados habían construido hasta un nuevo templo. Y esos proyectos fueron pasos fundamentales en el camino de la helenización del judaísmo, pues se había movido el contenido teológico, histórico y cultural hebreo en un nuevo idioma, el griego, que presuponía una visión alterna del mundo y una comprensión más amplia y abierta de la sociedad.

Para los grupos más tradicionales de la sociedad jerosolimitana, los cambios representaban la pérdida de identidad y atentaban directamente contra la vida misma del pueblo, que había sido sacado de las tierras de Egipto para llegar a la Tierra Prometida. Los procesos de helenización, para esos sectores conservadores y cerrados del mundo hebraico, constituían una amenaza seria a la existencia misma de la comunidad judía, que estaba fundamentada en la revelación divina en el Monte Sinaí.

Y esas dos perspectivas del mundo y de la vida, se manifestaban de forma significativa y representativa en dos de las familias más importantes y conocida del pueblo. La familia de los Oníadas tenía una tendencia más conservadora, tradicional y renuente hacia los cambios; y los Tobíadas manifestaban más apertura, respeto y aprecio de las fuerzas helenísticas que llegaban a Jerusalén. Eran dos familias que representaban las diversas tendencias políticas, filosóficas, administrativas y religiosas, que se manifestaban en el pueblo judío ante la firme llegada e implantación vigorosa del helenismo en Palestina, específicamente en la ciudad de Jerusalén.

Mientras el mundo palestino se dividía en sus reacciones ante los avances continuos y firmes de la modernización y el helenismo, un nuevo factor de gran importancia histórica y política se hace sentir en el Oriente Medio antiguo: La llegada de Roma a la región como potencia hegemónica, con sus fuerzas militares inmisericordes, con deseos de conquistar al mundo y con sus apetitos imperialistas. De forma gradual, el imperio romano fue conquistando las naciones al este del Mar Mediterráneo, y llegó a Palestina para sustituir a la administración de los seléucidas, que desde Siria ejercían el control de la región de Judea y de la ciudad de Jerusalén.

Internamente, la inestabilidad y el resentimiento se hacían sentir en Judea y Jerusalén. Los conflictos internos que generaban los choques entre los grupos progresistas y las fuerzas conservadoras en torno a la implantación del helenismo, se hacían mayores con el paso del tiempo. Diariamente, la crisis interna y las dificultades de gobernabilidad se hacían patentes en el pueblo. Y la situación sociopolítica no mostraba indicios de mejoramiento, por el contrario, las dificultades se agravaban.

Con la llegada al poder en Siria del seléucida Antíoco IV Epífanes (175-164 a.C.), los procesos de helenización llegaron a su punto culminante. Y los conflictos internos se agudizaron con el asesinato del sumo sacerdote Onías III, que provenía de la familia de los Tobíadas, que representaba una postura de más apertura a los cambios y a los procesos de helenización.

Los Oníadas aprovecharon las transiciones políticas y el vacío de poder para lograr que Antíoco IV nombrara a uno de su familia, Jasón, como sumo sacerdote. En ese contexto, comenzaron unos esfuerzos por restaurar el culto en el Templo, de acuerdo con las normas de la Torá, y fomentar las manifestaciones religiosas judías en medio del mundo helenista que se estaba tratando de implantar en la región. A la vez, los cambios en la ciudad de Jerusalén continuaban, auspiciados por Antíoco IV, pues cerca del Templo se construyó un gimnasio, que fue al principio muy bien recibido por la comunidad.

En medio de esa gran crisis de valores, confusión espiritual y desorientación religiosa, las familias judías subestimaron y hasta abandonaron la costumbre de circuncidar a los niños, y algunos sacerdotes dejaron de celebrar los sacrificios en el Templo, por asistir a las actividades deportivas en el gimnasio (2 Mac 2.12-15). Ese proceso de helenización se aceleró aún más, cuando, en el 171 a.C., Jasón fue sustituido como sumo sacerdote por Menelao, que apoyaba con más vehemencia y determinación las transformaciones helenísticas de la ciudad de Jerusalén, auspiciadas por

Antíoco IV. La llegada de Menelao al sumo sacerdocio reforzó la hegemonía de la filosofía griega en Jerusalén.

Ante esos procesos firmes y decididos de helenización, los sectores tradicionales y conservadores del judaísmo comenzaron un proyecto firme y decidido de resistencia. Se desataron conflictos y luchas muy serias en la ciudad, que afectaron adversamente la estabilidad social y la seguridad de la ciudad. En efecto, hubo una muy seria crisis política causada por las políticas de helenización de los seléucidas y las respuestas judías militantes a tales esfuerzos.

Los continuos conflictos en Judea hicieron que Siria enviara una expedición militar para castigar a Jerusalén y sus ciudadanos. Y con el contingente, se implantaron nuevas leyes y decretos, que afectaron aún más la vida de la comunidad judía. Se prohibieron las circuncisiones, guardar el sábado, y celebrar cultos y sacrificios en el Templo. Además, comenzaron los sacrificios de cerdos, y se nombraron inspectores para garantizar el cumplimiento de las nuevas ordenanzas. ¡Los sufrimientos del pueblo piadoso fueros intensos! Y para colmo de males, se dedicó el Templo de Jerusalén al llamado «señor del cielo», que era un equivalente al dios griego Zeus Olímpico. Esa profanación óptima del Templo, referida en las Escrituras como la «Abominación Desoladora» (Dn 9.27; 11.31), de parte de Antíoco IV, fue posiblemente el detonante de los grupos judíos tradicionales y respetuosos de la Ley.

Las respuestas a las nuevas decisiones de Siria fueron, al principio, pasivas y tenues, sin embargo, con el paso del tiempo, se organizaron reacciones violentas de formas sistemáticas y coordinadas. De singular importancia fueron las acciones de un sacerdote, Matatías, y sus cinco hijos, que decidieron organizar una revuelta militar en contra de Antíoco IV, y lo que representaba sus políticas helenísticas y antijudías. Y aunque Matatías murió al comenzar el levantamiento, sus hijos continuaron la revolución bajo el mando de Judas, que tomó el revelador sobrenombre de Macabeo, que significa «martillo». Posteriormente, su familia y el movimiento judío de sublevados en general, se apropiaron de ese nombre, y ese esfuerzo libertario y nacionalista se conoce en la historia, como la «rebelión de los Macabeos».

El grupo de revolucionarios, bajo el liderato de Judas Macabeo, luego de varias victorias significativas, llegó y entró triunfante a la ciudad de Jerusalén. Entre sus primeras acciones, se pueden identificar las siguientes: La restauración del altar y la purificación del Templo, y el reinicio de los sacrificios, el 25 de *Kisleu* de 164 a.C., tres años después de la llamada «Abominación Desoladora» del Templo. Y para recordar, afirmar y celebrar este singular y significativo evento, se estableció la fiesta de las luces, o *Hanukká*.

La victoria de Judas, aunque significativa, fue realmente temporera, pues los ejércitos seléucidas y las tropas sirias llegaron con fuerza a la región, y derrotaron con crueldad la sublevación del grupo de los Macabeos. Con la muerte de Judas, se cerró un capítulo importante de la historia judía; sin embargo, no finalizó de esa forma el movimiento de liberación nacional.

En el año 152 a.C., un nuevo grupo de alzados se juntó a Jonatán Macabeo para continuar la lucha y proseguir con la insurrección popular. Posteriormente, antes de morir, eligió como sucesor suyo a su hermano, Simón, que no solo gobernó y fue líder militar, sino que tomó el título de sumo sacerdote en Jerusalén.

Para esos años, las familias de los Oníadas y los Tobíadas fueron cediendo el liderato de la ciudad a los grupos de combatientes judíos de Jonatán. Como los Oníadas tenían acceso a la dinastía ptolomea, se fueron a Egipto. Y Jonatán, entonces, destituyó al sumo sacerdote del Templo, que provenía de la tradición zadoquita; y en la transición, el líder religioso huyó al desierto. Quizá este sumo sacerdote es la figura que en los Manuscritos del Mar Muerto se identifica como «el Maestro de Justicia». De acuerdo con las enseñanzas de ese grupo religioso que se ubicó en Qumrán, el culto en el Templo bajo el liderato de los Macabeos era sacrílego.

Esa es la época en la cual se menciona por primera vez a los grupos fariseos, saduceos y esenios. De acuerdo con el historiador Josefo, estos sectores judíos, además de tener un carácter eminentemente religioso, con algunas diferencias teológicas, poseían algunos poderes políticos y autoridad social de gran importancia para la sociedad.

La monarquía asmonea

La lucha en torno al helenismo y su implantación en Judea, y particularmente en Jerusalén, siguió hasta que en el 141 a.C., Simón logró vencer al último bastión liberal helenista que se le resistía. Ese triunfo judío propició la independencia total de la región de Judá del poder de Siria y de las autoridades seléucidas. Y para celebrar esa victoria, al siguiente año, las autoridades religiosas y el pueblo, en una asamblea popular, ratificaron a Simón como líder nacional, y se aprobó también que su administración continuara con sus hijos, en un acto que ratificó el poder hereditario del mandatario. De esa forma es que comienza la dinastía asmonea, que por no descender de David, algunos sectores del pueblo judío no la aceptaron como legítima.

Al morir Simón, le sucedió su hijo, Juan Hircano (134-104 a.C.), que consolidó la monarquía y logró desarrollar económicamente el reino. En el espíritu del rey David, llevó a efecto una serie importante de campañas militares, y para justificar su actitud expansionista y guerrera, buscó apoyo en los libros bíblicos de Josué y Samuel. Su ejército destruyó sin misericordia las ciudades de Samaria y Escitópolis. ¡Mató a un gran número de personas por el solo delito de hablar griego! Esa actitud prepotente, arrogante e imperialista le fue separando de los ideales originales de las revueltas de los Macabeos, y de forma paulatina perdió el apoyo de los fariseos.

Aristóbulo (104-103 a.C.) heredó el trono a la muerte de su padre, Simón, y se hizo llamar no solo sumo sacerdote sino propiamente rey. Su reinado fue breve y sangriento: ¡Envió a prisión a varios de sus hermanos, y hasta mató de hambre a su madre!

A Aristóbulo le sucedió su hermano, Alejandro Janeo (103-76 a.C.), que expandió el reino pero se enfrentó cruelmente a los fariseos, que no le apoyaban ni aceptaban sus políticas religiosas. Su administración fue errática y cruel: En medio de una reacción irracional a una protesta en su contra, mató inmisericordemente a unas seis mil personas.

Finalmente, la esposa de Alejandro Janeo, Alejandra Salomé (76-67 a.C.) le sucedió en el trono. Para estabilizar el reino y mantener el poder, entregó la administración real y diaria del gobierno a los fariseos, y nombró a su hijo, Hircano II, sumo sacerdote. Al morir su madre, Hircano II tomó el poder, pero fue derrocado de forma inmediata por su hermano, Aristóbulo II (67-63 a.C.).

La dinastía de los asmoneos, que llegó al poder en Jerusalén con un firme apoyo popular, fundamentados en una serie importante de postulados que incluían un acercamiento sobrio y grato a las tradiciones religiosas del pueblo, fue paulatinamente transformándose en un gobierno déspota, cruel y hostil a los valores básicos del judaísmo, por las ambiciones personales de sus líderes y la impiedad de sus gobernantes.

En efecto, el grupo asmoneo que heredó el poder y fundó esa dinastía judía basado en el triunfo de las revoluciones de los Macabeos, terminó negando los postulados básicos que les dieron inicialmente razón de ser. Los grandes ideales de rechazo al helenismo y afirmación del judaísmo histórico, cedieron el paso ante las ambiciones personales y las actitudes paranoicas de sus monarcas. Una revolución que comenzó para terminar el irrespeto a los valores fundamentales del judaísmo, terminó deshonrando los principios éticos, morales y religiosos, que le llevaron al poder.

Palestina bajo la dominación romana

Una fecha de gran importancia en la historia del Oriente Medio antiguo, particularmente en Palestina, fue el triunfo del general romano Pompeyo sobre los ejércitos sirios y seléucidas. Fue una victoria definitiva y final, y como consecuencia, la gran Siria pasó a ser solo una nueva provincia del vasto imperio romano. Esos cambios militares y políticos afectaron sustancialmente la vida de los pueblos y las ciudades de la región. En efecto, la presencia de las fuerzas militares romanas en Palestina reconfiguró la política regional, y reorganizó la dinámica social y económica de las ciudades.

Una de las primeras decisiones políticas y militares de Pompeyo en Palestina, fue intervenir en las luchas fratricidas en Judá y Jerusalén. Los conflictos internos en la dinastía asmonea, habían llegado a convertirse casi en una guerra civil. Y en medio de esas disputas, Hircano II permitió la entrada libre de los ejércitos de Pompeyo a la ciudad de Jerusalén, para tomarla sin batallas, ni conflictos, ni derramamiento de sangre.

En ese contexto bélico, los seguidores de Aristóbulo II se refugiaron en el Templo, donde estuvieron sitiados por unos tres meses, antes de caer derrotados ante el poder militar superior de las legiones romanas. En el año 63 a.C., en efecto, sucumbió definitivamente la dinastía asmonea, y un triunfante Pompeyo, luego de la victoria, entró libremente al Templo, inclusive, hasta llegar a los espacios más sagrados, al lugar santísimo.

El estudio de los documentos antiguos y la interpretación de los hallazgos arqueológicos, ponen en clara evidencia que cuando el imperio romano tomó el control de la política de Palestina, la región estaba profundamente inmersa en el helenismo. La gran mayoría de las grandes ciudades habían adoptado la filosofía, el lenguaje y los modos de vida de la nueva cultura helénica. La posible excepción a esas manifestaciones culturales griegas, estaba en las comunidades rurales de Samaria y Galilea, y particularmente en Judea y Jerusalén, donde la religión judía había podido mantener la identidad del pueblo. Sin embargo, aún en esos importantes reductos judíos, las influencias griegas se percibían.

Luego de la conquista de Jerusalén, el imperio romano reorganizó las comunidades judías, que incluían a Judea, Galilea, Idumea y Perea. Pompeyo delegó la autoridad y el gobierno de esas comunidades a Hircano II, que mantuvo el título de sumo sacerdote, pero no así el de rey. Además, el general llevó consigo a un grupo importante de prisioneros de guerra, que con el tiempo se convirtió en la base de la diáspora judía en Roma.

Hircano II era un político sagaz, y entendía muy bien las luchas sociales por ostentar el poder. Cuando comenzó la guerra civil en Roma, y notar que el futuro de Pompeyo no era el mejor, se asoció al grupo relacionado con el Cesar, que posteriormente le confirmó en su posición de sumo sacerdote y también lo nombró etnarca del pueblo judío. Antípater, su colaborador, fue seleccionado gobernador de Judá, además de convertirlo en ciudadano romano y ser eximido de pagar impuestos, que en la antigüedad, era un gran reconocimiento y un beneficio económico extraordinario.

Por esas buenas relaciones con Roma, las comunidades judías recibieron cierta autonomía, particularmente en asuntos religiosos. Y Antípater utilizó sus influencias para hacer que el imperio nombrara a sus hijos, Herodes y Fasael, como gobernadores de Galilea y Jerusalén, respectivamente. Esas decisiones romanas, probaron ser, con el tiempo, de fundamental importancia histórica, pues marcaron definitivamente el contexto histórico, social, religioso y político del ministerio de Jesús.

Durante un breve período (c.40-37 a.C.), y por la hegemonía de los grupos partos en el Oriente Medio, y específicamente por sus influencias en Palestina, un representante de la dinastía asmonea, Antígono, logró, por solo tres años, ostentar el título de rey de Jerusalén. Y para lograr el nombramiento de sumo sacerdote, le hizo cortar las orejas a Hircano II, descalificándolo de forma definitiva de ejercer esas funciones en el Templo de Jerusalén.

Esa transición afectó adversamente a los dos hijos de Antípater, que reaccionaron de formas diferentes a esas dificultades: Fasael no resistió la crisis y se suicidó; y Herodes se fue directamente a Roma, para negociar su futuro político con Marco Antonio, que finalmente logró su nombramiento como rey de Judá (40 a.C.). Sin embargo, le tomó a Herodes varios años antes de llegar realmente al poder y hacer efectivo el nombramiento de Roma (37 a.C.).

Herodes el Grande y sus sucesores

El período de Herodes el Grande como monarca de Judá (37-4 a.C.) fue extenso, intenso y complejo. En primer lugar, desarrolló varias estrategias para consolidar el poder y estabilizar el reino. Una vez se organizó la corte y se establecieron las bases económicas, filosóficas y administrativas de su gobierno, comenzó un período muy importante de construcciones, que propició una era de prosperidad económica, apogeo cultural, y también de relativa calma política. Finalmente, se manifestaron en la corte una serie compleja e intensa de problemas familiares, que desorganizaron la administración y propiciaron las luchas internas para la sucesión del poder.

Entre las contribuciones significativas de Herodes al reino, están sus proyectos de construcción, entre los que se pueden identificar las siguientes: La ciudad de Cesarea Marítima, con su impresionante puerto, un templo a Augusto, y la infraestructura necesaria para ser una magnífica y singular ciudad helenística; la reconstrucción de Samaria, a la que renombró Sebaste; y, además, el establecimiento de un sistema de palacios fortificados, para vivir las diversas estaciones del año y garantizar su seguridad personal e institucional (p.ej., el Herodium, cerca de Belén, y Masada, al este del reino, y próximo a las orillas del Mar Muerto).

Herodes, además, construyó en Jerusalén la fortaleza Antonia, un palacio personal con seguridad extrema, y varias estructuras en la tradición helenística (p.ej., un teatro, un anfiteatro y un hipódromo). Sin embargo, su obra máxima y más emblemática, fue la reconstrucción y embellecimiento del Templo de Jerusalén, que comenzó en el año 20 a.C., y aunque en año y medio se habían finalizado las remodelaciones internas, y en ocho adicionales se completaron los atrios, la obra en general se finalizó en el 62 d.C., muchos años después de su muerte.

Desde la perspectiva política y religiosa, Herodes se destacó, en primer lugar, por las transformaciones internas y reorganización del Sanhedrín; y además, por la redefinición de las labores del sumo sacerdote. El Sanhedrín se reestructuró de acuerdo con las normas y las dinámicas de los consejos de las cortes helenistas de la época. Y para controlar efectivamente al sumo sacerdote, le quitó el carácter de vitalicio y hereditario a la posición, y lo ubicó directamente bajo la esfera política del rey, y sujeto al control administrativo del monarca.

El férreo estilo administrativo de Herodes y su firme lealtad a Roma, junto a su falta de valores morales y su carencia de escrúpulos, propiciaron tiempos de relativa calma social y política durante su monarquía, y a su vez, facilitó un período de prosperidad económica en su reino. Además, su atención cercana a los asuntos religiosos de los judíos, ayudó a que esa comunidad pudiera mantener su identidad nacional. Sin embargo, ese sistema complejo de seguridad nacional y de absoluto control político, religioso y social, no pudo mantenerse luego de su deceso.

A la muerte de Herodes el Grande, Palestina se integró al sistema general de provincias romanas. Esas transiciones ponen una vez más de manifiesto sus buenas relaciones con Roma y sus capacidades de negociación con el imperio. El hábil monarca preparó, inclusive, su sucesión, al dejar estipulado en su testamento que el reino debía dividirse en tres regiones, dirigidas por sus hijos. Arquelao fue nombrado etnarca de Judea, Samaria e Idumea; Herodes Antipas se constituyó en el tetrarca de Galilea y Perea; y finalmente, Filipo tomó la responsabilidad administrativa de Gaulanítide y Traconítide.

La falta de experiencia política y la carencia de capacidades administrativas hicieron que desde Roma, Augusto removiera fulminantemente de su cargo a Arquelao en el año 6 d.C. Su incumbencia fue breve y sin repercusiones positivas mayores. Y esa decisión del imperio, hizo que Judea, Samaria e Idumea se unieran a la provincia romana que tenía sede en Cesarea Marítima, y dependía directamente del Senado de Roma. Tradicionalmente, la política oficial de Roma fue de respeto a las tradiciones religiosas y culturales judías. Se les eximió del culto imperial y se les permitió, inclusive, elaborar un sistema de impuestos para apoyar el mantenimiento y las obras en el Templo de Jerusalén.

4

Desde Galilea hasta Jerusalén

Y recorrió Jesús toda Galilea,
enseñando en las sinagogas de ellos,
y predicando el evangelio del reino,
y sanando toda enfermedad y toda dolencia en el pueblo.
Y se difundió su fama por toda Siria;
y le trajeron todos los que tenían dolencias,
los afligidos por diversas enfermedades y tormentos,
los endemoniados, lunáticos y paralíticos; y los sanó.
Y le siguió mucha gente de Galilea,
de Decápolis, de Jerusalén, de Judea
y del otro lado del Jordán.

Mateo 4.23-25

Jesús de Nazaret y la ocupación romana

Jesús irrumpe en la historia humana en un singular, preciso y específico contexto histórico: En medio de la ocupación romana de Palestina, que se dejaba sentir con fuerza y violencia en las regiones de Galilea y Judea. Su vida y ministerio se llevaron a efecto mayormente en esas dos regiones y sus alrededores, que tenían gobiernos locales independientes, y manifestaban diversas y variadas características políticas y económicas.

Judea y Samaria eran parte del sistema político de provincias romanas que estaba asentado en Cesarea Marítima, y que se relacionaba directamente con Roma. Mientras que Galilea, era parte de la monarquía de Herodes Antipas, que administraba con mano de hierro, lujos, fiestas y excesos, una comunidad multicultural y multilingüe, donde los judíos eran mayormente trabajadores pobres que no vivían en las grandes ciudades, eran esencialmente pobladores de las secciones rurales de la región. Con el paso del tiempo, Herodes, cuyo matrimonio con Herodías, mujer de su hermano, había causado gran consternación en la comunidad, fue depuesto directamente desde Roma por el emperador Calígula (39 d.C.).

Jesús de Nazaret llevó a efecto su ministerio sanador, educativo y liberador en las comunidades que estaban enclavadas en Galilea y Judea; particularmente, en las ciudades, villas y poblaciones que rodeaban el Lago de Galilea, y en Jerusalén y sus alrededores. De singular importancia histórica y política, en Galilea y Judea, es que entre esas dos regiones imperiales había fronteras oficiales, y hasta oficinas de impuestos, que ponen en clara evidencia las peculiaridades y singularidades de ambas comunidades.

Lo que unía fundamentalmente a ambas comunidades judías, desde la época de Pompeyo, no solo eran las tradiciones, el componente religioso y la historia en común, sino el sentido de verse ocupados por una potencia militar extranjera. Los judíos en general de ambas regiones, manifestaban un muy claro y definido repudio a la presencia militar romana. Y ese abierto rechazo político y social, se manifestó violentamente en varias revueltas judías, que no tuvieron gran éxito ante las poderosas legiones romanas.

Entre esos levantamientos armados, se pueden identificar algunos que tuvieron algún nivel de éxito o que recibieron apoyo popular. En primer lugar está el dirigido por Judas ben Ezequiel, de Gamala, que en el año 6 d.C. logró que un grupo considerable de seguidores se revelaran contra el imperio romano y se asentaran en Séforis. Las legiones romanas que vinieron de Siria, bajo el liderato del general Quintilio Varo, terminó violentamente con la insurrección, destruyó la ciudad, y esclavizó a sus pobladores.

Judas el Galileo, posteriormente, organizó su comunidad para no pagar impuestos a Roma, y aunque reunió un buen grupo de seguidores, también fueron derrotados por las fuerzas de ocupación romanas. También sus hijos, Jacob y Simeón, organizaron movimientos de insurrección de tipo mesiánico, que culminaron con una derrota aplastante y la crucifixión de los alzados.

Esos repetidos levantamientos populares y movimientos de insurrección contra Roma, prepararon el camino y el ambiente para la revolución general anti-imperialista judía, en los años 66-70 d.C. Lamentablemente, para la comunidad palestina, la violencia del imperio no se hizo esperar y logró derrotar militarmente a la resistencia, de forma definitiva, cruel e inmisericorde. Además, como parte del escarmiento nacional y castigo colectivo, el general Tito ordenó la demolición de toda la ciudad de Jerusalén, incluyendo el Templo que había sido renovado y embellecido por Herodes el Grande. Solo permanecieron en la ciudad, tres grandes torres construidas por Herodes, que son las de Falasel, Híppico y Mariamme, que claramente ponían de manifiesto el poder imperial en la ciudad.

Jesús vivió esas dinámicas políticas y sociales, escuchó el clamor de sus compatriotas que sentían las amarguras y penurias de la ocupación, vio las necesidades de los individuos y las comunidades empobrecidas por el sistema romano, notó las aspiraciones de libertad del pueblo, y se percató del poder de las fuerzas militares del imperio. Ese gran contexto histórico y espiritual, fue el que sirvió de marco de referencia teológico y pedagógico para el desarrollo de las parábolas y los sermones de Jesús, para la elaboración de sus imágenes retóricas, para la articulación responsable de su programa liberador.

Ese entorno singular de contradicciones y aspiraciones, de dolores y esperanzas, y de opresiones y redenciones, constituyó el telón de fondo básico para la creatividad de un predicador y rabino galileo, que entendió que había sido llamado por Dios, en la tradición de los grandes profetas de su pueblo, para amar, sanar y liberar a los heridos, enfermos y cautivos, y también para anunciar las buenas nuevas de salvación a los oprimidos, ciegos, necesitados, encarcelados, angustiados, desesperados, y enfermos físicos y mentales.

Los mensajes y las acciones de Jesús le ganaron fama en Galilea y Judea, y hasta en Siria y Transjordania. Su labor docente, que implicaba la sanidad de los enfermos y la liberación de los endemoniados, hizo que se le conociera más allá de las fronteras en las cuales se movía. Los comerciantes, peregrinos y soldados se encargaron de diseminar las noticias de lo que Jesús hacía con la gente en necesidad, y también decían cómo el Señor respondía con autoridad y sabiduría a los reclamos y las exigencias tanto a las autoridades religiosas como a las políticas.

La Galilea multicultural

Un detalle de gran importancia para nuestra comprensión adecuada del Jesús que vivió en Palestina, es el descubrimiento de que la Galilea del primer siglo de la era cristiana era una región multicultural y multilingüe. En efecto, los descubrimientos arqueológicos y sus evaluaciones sobrias han puesto claramente de manifiesto hasta dónde había penetrado el programa helenístico en el norte palestino, particularmente en las ciudades galileas en las que habitaban los pobladores de origen gentil.

Esa afirmación de multiculturalismo y multilingüismo, es de gran importancia para entender el programa pedagógico amplio de Jesús, pues las lecturas no atentas de los evangelios sinópticos pueden transmitir la idea de que la región era totalmente judía, con algunas excepciones sin mucho valor teológico y sociológico. La verdad es que, aunque el Señor y sus discípulos decidieron, por razones culturales, lingüísticas, religiosas, estratégicas o programáticas, enfatizar en sus viajes y mensajes, las secciones judías de la región, en efecto, la región Galilea tenía una muy fuerte influencia de la cultura griega.

Esas manifestaciones culturales se podían notar, sin mucha dificultad, en las ciudades que habían sido diseñadas de acuerdo con los modelos y patrones helenísticos, con casas llenas de lujos, decoradas con mosaicos plagados de temas paganos. Además, esas ciudades contaban con teatros, donde se representaban con regularidad las grandes obras dramáticas griegas. Inclusive, en sus calles se podían notar las actividades pedagógicas de los filósofos, como por ejemplo, los estoicos, que enseñaban a sus discípulos con libertad en el foro.

La Galilea que fue testigo del ministerio de Jesús de Nazaret, incluía personas que representaban, en la misma región, dos culturas diferentes, dos maneras alternas de comprender la existencia, dos formas distintas de enfrentar la realidad, dos modos de entender la vida. El sector poblacional helenizado y urbano, hablaba griego, e interaccionaba principalmente con los ciudadanos y las instituciones que estaban ubicadas en las siguientes ciudades: Ptolemaida, que contaba con un puerto importante en el Mar Mediterráneo, y estaba al sur de Tiro y Sidón; Tiberíades o Tiberias, a orillas del Mar de Galilea, que era evitada por los judíos, pues se construyó sobre algunas tumbas; y Séforis, ubicada en el interior de Galilea, que tenía la mayor población en la región y el comercio más activo.

La comunidad judía en esa misma región, era esencialmente rural, hablaba arameo, y sus casas, muchas de ellas precarias, estaban diseminadas en los campos y las poblaciones pequeñas. Entre esas villas, se pueden identificar las siguientes, de las cuales tenemos noticias en los evangelios: Nazaret, Caná, Capernaún, Naín, Corazín y Betzaida. No eran pueblos grandes, y sus ciudadanos intentaban mantener y afirmar las tradiciones judías, en medio de un contexto helénico muy fuerte y agresivo.

Entre esas dos comunidades, la helénica y la judía, las relaciones no eran muchas. Quizá esas dinámicas se confinaban a las necesidades mínimas e imprescindibles de compra y venta de productos en los mercados; además, es posible que los judíos constituyeran parte del sector laboral, particularmente en proyectos de construcción. La proximidad entre ellas no parece haber ejercido una fuerza mayor o importante de atracción, pues mediaban las antiguas comprensiones religiosas hebreas más ortodoxas y conservadoras, que entendían que la esencia misma del helenismo era pagana, y que hacía impura a la comunidad judía. Quizá ese singular factor religioso, unido a las importantes dinámicas sociales, políticas, religiosas y económicas, asociadas directamente con la ocupación romana, no propició ni fomentó las mejores relaciones entre la población helénica de la Galilea y las comunidades judías.

La lectura cuidadosa de los evangelios pone en evidencia esas distinciones marcadas entre los judíos y los gentiles. En torno a Jesús, las narraciones bíblicas presentan y destacan sus actividades en los sectores judíos. Y cuando se indica que el predicador nazareno estaba en alguna comunidad pagana, el relato emplea frases ambiguas y expresiones genéricas e indirectas, que en vez de designar específicamente un lugar o una ciudad, se refieren, más bien, a la zona o a sus alrededores: Por ejemplo, se fue a «la región» de Tiro y Sidón (Mt 15.21), o se indica que llegó a «la región» de Cesarea de Filipo (Mt 16.13), o se comenta que pasó por «el territorio» de Gadara (Mc 5.1).

Referente a la Galilea judía, sin embargo, las narraciones evangélicas claramente afirman lo siguiente, en torno a Jesús: Vivió y creció en Nazaret (Mt 2.23; Lc 2.39; 4.16), asistió con su madre a una boda en Caná (Jn 2.1), que se mudó por un tiempo a la ciudad de Capernaún (Mt 4.13; Mc

2.1; 9.33; Lc 4.31; Jn 2.12), que llevó a efecto una serie de milagros en Corazín (Mt 11.21), y que estuvo en Betesda (Mc 8.22).

Esos mismos relatos evangélicos, sin embargo, evaden decir que Jesús visitó, por ejemplo, la ciudad de Séforis, que estaba como a una hora y media de camino desde Nazaret, y era una ciudad de gran importancia cultural y comercial; y no mencionan que visitara otras ciudades de habla griega, como Tiberias o Ptolomaida, aunque ciertamente estuvo en sus alrededores.

La Galilea multilingüe

Un factor indispensable para el desarrollo saludable de la identidad, es el idioma, pues es el vehículo para transmitir valores, sentimientos, ideas, proyectos, memorias... Por esta razón, es necesario identificar los idiomas que se hablaban en la Palestina de Jesús. Con esa finalidad, debemos tomar seriamente en consideración no solo los testimonios literarios, tanto bíblicos como extra bíblicos, sino los descubrimientos arqueológicos, que nos pueden ubicar en el contexto, la sociedad y el mundo multilingüe del fundador del cristianismo.

El descubrimiento de los Manuscritos de Qumrán, revela que, junto al arameo, las comunidades judías también utilizaban el hebreo y el griego, no solo para cuestiones litúrgicas, religiosas y culturales, sino en la comunicación diaria, tanto escrita como oral. Además, el ambiente helenista de la región propiciaba el uso del idioma griego; y los textos descubiertos, que están esculpidos en piedra, revelan que también el latín era una lengua viva en la región.

Las comunidades judías utilizaban tanto el arameo como el hebreo. El primero era la lengua del hogar y de las comunicaciones sociales en las comunidades; y el segundo, aunque se utilizaba con menos frecuencia, era un idioma de gran importancia religiosa, pues transmitía las tradiciones del pueblo, tanto escritas como habladas. Jesús, inclusive, en sus diálogos con los maestros de la Ley, debió haber utilizado el hebreo como vehículo de comunicación, mientras que en el hogar debía haber utilizado el arameo. El hebreo era el idioma de la Biblia y de las tradiciones judías que se leían en las sinagogas; y el arameo era la lengua de los diálogos íntimos y las reflexiones teológicas.

El estudio profundo del griego que se incluye en los evangelios, pone de relieve que el trasfondo lingüístico que manifiestan, tanto sintáctico como semántico, es semítico, posiblemente arameo, aunque no se puede descartar totalmente el hebreo. Esa es la razón principal por la cual se encuentran palabras y frases en arameo incluidas en medio de las narraciones escritas en el idioma griego, particularmente en el Evangelio de Marcos: Por ejemplo, *talitha qum* (Mc 5.41), *corbán* (Mc 7.1), *effetha* (Mc 7.34), *gehena* (Mc 9.43), *abbá* (Mc 14.36), *Eloi, Eloi, ¿lamá sabactaní?* (Mc 15.34), y *rabboni* (Mc 10.51). Esta peculiaridad sociolingüística, que se manifiesta con frecuencia en ambientes y contextos bilingües, se descubre también al traducir algunas expresiones del griego al arameo (p.ej., Mt 5.17; Mc 3.20), pues hacen mejor sentido o transmiten el mensaje con más fuerza.

Por su parte, el griego era la lengua de la transmisión de la cultura helenística que se manifestaba con vigor en la Galilea. No sabemos con certeza, hasta dónde había llegado ese proceso de helenización, lo que sí conocemos era que no solo se había quedado en los centros urbanos más importantes, sino que había llegado, inclusive a los sectores rurales más alejados. Esa influencia griega, no solo se sentía en las ciudades abiertamente helenizadas, sino que se percibía también en las comunidades judías. Algunos estudiosos piensan que en Jerusalén la población de habla griega podía llegar al 15%; y en Galilea, el grupo griego-parlante era ciertamente mayor.

No nos debe sorprender el hecho que Jesús hablara griego, pues se crió muy cerca de Séforis, y es muy probable que en sus años formativos, él mismo trabajara en las obras de construcción de esa importante ciudad griega. Además, aun los campesinos galileos conocían algunas palabras en griego, para facilitar la comunicación efectiva en los procesos diarios y regulares de compras y ventas de alimentos y herramientas.

En dos ocasiones específicas, las narraciones evangélicas presentan a Jesús en ambientes donde la comunicación debió haber sido en griego. En primer lugar, unos griegos piadosos habían llegado a Jerusalén para participar en una de las fiestas judías. De acuerdo con las narraciones, el grupo solicitó una entrevista con Jesús (Jn 12.20-50), y la consiguió, y el relato no indica que hubo intérpretes. Lo más probable fue que hablaron en griego. Además, la conversación con Pilatos ciertamente se condujo en el idioma griego (Mt 27.11-26), pues no parece que al líder de la ocupación romana en la región, le interesara mucho aprender tanto el idioma hebreo como el arameo.

La menos hablada en Palestina de las lenguas relacionadas con el imperio romano, era el latín. ¡Ese era el idioma de los oficiales y funcionarios romanos! El pueblo no dominaba la lengua del imperio que ocupaba sus tierras, aunque debe haber algunos nobles que la hablaban para sus comunicaciones con Roma. Era un tipo de rechazo sociopolítico, era una reacción sicológica a la ocupación.

Las inscripciones en los edificios públicos se hacían en latín, pues era una manera de manifestar autoridad y poder. Ejemplos de esas inscripciones se han encontrado en Cesarea Marítima y en Jerusalén. No es muy probable que Jesús haya aprendido latín, aunque la inscripción que se puso en su cruz, incluyó la frase «rey de los judíos» en latín.

Galilea: Nazaret y Capernaún

En Galilea, entre las comunidades helenizadas de habla griega, vivía un grupo significativo de personas de tradición y religión judías. Esa población estaba asentada mayormente en las secciones rurales de la región, en sus pueblos pequeños. Y aunque mantenían sus tradiciones y costumbres, la influencia de la lengua griega y la cultura helenística era óptima, por esa razón, muchos años antes, en el libro del profeta Isaías, se alude a la región como Galilea «de los gentiles», descripción que pone claramente de manifiesto la percepción adversa y peyorativa que se tenía en Jerusalén de los ciudadanos del norte palestino.

Las excavaciones arqueológicas, además, han corroborado las referencias literarias que indican que en la región se veneraba, entre otras, a las siguientes divinidades: Zeus, Atenea, Afrodita, Pan y Artemisa.

De manera destacada, los judíos estaban ubicados en Nazaret y Capernaún, que no eran necesariamente, los centros urbanos y poblacionales más importantes de la Galilea, durante los años en que Jesús llevó a efecto su ministerio. En su gran mayoría, sus pobladores se dedicaban a la agricultura, la ganadería y la pesca; por lo tanto, necesitaban artesanos, constructores y carpinteros, para proporcionarles el apoyo necesario y la infraestructura requerida para llevar a efecto sus labores cotidianas.

Una de esas familias de artesanos y carpinteros era posiblemente la de José, cuyos antepasados habían llegado a Galilea desde la región de Judea, específicamente de la ciudad de Belén, posiblemente como parte del proyecto de judaizar el norte palestino en la época de los asmoneos. Varias familias de Judea, se mudaron al norte durante esos años, en busca de trabajo y también para responder a las necesidades de la comunidad judía de la región.

El pequeño pueblo de Nazaret estaba enclavado al sur de Galilea, en una región eminentemente montañosa, muy cerca del Valle de Esdrelón.

Sus habitantes hablaban mayormente arameo, aunque también algunos sabían un poco de hebreo para seguir las actividades en las sinagogas, y los obreros conocían algo de griego para comunicarse en las diversas labores de construcción.

Al comienzo de la era cristiana, Nazaret era una aldea muy modesta sin reconocimiento nacional (Jn 1.46), que consistía de pocas viviendas, generalmente precarias, que se construían aprovechando las cuevas que son comunes en la región, con el piso de tierra. Y estaba como a una hora y media de camino de la ciudad de Séforis que, en contraposición, contaba con un comercio dinámico, una economía próspera y un buen ambiente cultural.

Nazaret fue la ciudad en la que Jesús se crió: Una comunidad modesta en recursos económicos, políticos y sociales. El contexto básico familiar de Jesús no fue el de los grandes palacios de los monarcas, ni el de los lujos y el esplendor del Templo de los sumos sacerdotes. Se crió en un ambiente sobrio, sosegado, pausado, meditativo, lento, reflexivo y ponderado de la galilea rural, en Nazaret. Su entorno familiar y educativo, no estuvo rodeado de lujos, poderes ni prestigios. Se nutrió de la vida dura y simple del campo, donde sus labores diarias de carpintero, u obrero de construcción, demandaban de Jesús, no solo sus mejores energías físicas sino una gran capacidad emocional, agilidad espiritual, virtud ética y valores morales.

Por su parte, Capernaún, aunque no era una gran ciudad, era mayor y más importante que Nazaret. Estaba ubicada al noroeste del Lago de Galilea, muy cerca de la *Via Maris*, que facilitaba los procesos de comunicación y las dinámicas del comercio. En esta ciudad vivía una de las comunidades judías más importantes de la región. Y como era la frontera entre los reinos de Herodes Antipas y Filipos, contaba con una oficina de servicio de impuestos, que revela la importancia estratégica, comercial y fiscal del lugar. Algunos estudiosos estiman que, en la época de Jesús, Capernaún contaba con alrededor de 7,000 habitantes.

Posiblemente, la estructura física más importante de la ciudad, era la sinagoga, de la cual se conservan aún los fundamentos de piedra basáltica. La mujer que estaba enferma y tocó el borde del vestido de Jesús, llegó a la ciudad de Capernaún, específicamente a los atrios de la sinagoga del lugar, cuando fue liberada de su calamidad por el Señor (Mt 9.18-26; Mc 5.21-43; Lc 8.46-56). Ese episodio de curación, revela que Jesús asistía con regularidad a esa sinagoga en específico, pues la mujer lo esperó en el lugar adecuado a la hora precisa.

Judea: Jerusalén, Jericó y Belén

La mayor concentración de judíos en la Palestina romana estaba en la región de Judea, ciertamente en la ciudad de Jerusalén, pues en ella estaba ubicado el Templo y también la infraestructura religiosa, política y social más importante para la comunidad de tradición hebrea. Jesús visitó Jerusalén en varias oportunidades, como era la costumbre judía de la época, no solo en función de su ministerio itinerante al final de su vida (p.ej., Mt 21.1-11; Mc 11.1-11; Lc 19.29-40; Jn 12.12-19), sino como parte de los peregrinares de las familias galileas que llegaban anualmente al Templo a celebrar sus fiestas (Lc 2.41-52).

Los paisajes de la región de Judea varían entre desiertos, montañas, oasis y áreas fértiles. La parte central por Jerusalén y Belén es esencialmente montañosa; al norte, las montañas son más bajas y el terreno es fértil; al sur, de camino a la ciudad de Hebrón, las áreas fértiles se van transformando de forma paulatina en el desierto de Beerseba; al este las montañas ceden el paso al famoso desierto de Judea, hasta llegar al Mar Muerto y al Río Jordán; y por el oeste, las altas montañas llegan hasta la Sefela, o montañas bajas, antes de llegar a las llanuras que preceden al Mar Mediterráneo. Jerusalén y Belén están al centro de la región de Judea; y Jericó, al este, cerca del Río Jordán, y de las montañas desérticas donde se encontraron los manuscritos del Mar Muerto, en las cuevas de Qumrán.

El desierto de Judea ha jugado un papel protagónico en la historia judía, pues entre sus parajes y montañas se han refugiado diversos grupos de combatientes y también, multitudes de peregrinos. Los primeros, para organizar sus revueltas y tener un escondite seguro; y los segundos, para, en la soledad del desierto, hacer sus ejercicios espirituales, meditaciones y reflexiones. Entre los primeros, se pueden identificar los grupos que se alzaron contra Roma a finales del siglo primero y a comienzos del segundo de la era cristiana, de los cuales se ha encontrado evidencia en *Wadi Maraba'at* y *Nahal Hever*; y entre los segundos, grupos como los que se retiraron a vivir en las cuevas de Qumrán. En ese segundo grupo, es posible que haya vivido por algún tiempo Juan el Bautista (Mt 3.1-12; Mc 1.1-11; Lc 3.1-18; Jn 1.19-28), que ciertamente preparó el camino para que Jesús llevara a efecto posteriormente su ministerio reconciliador.

La mayoría de la gente que vivía en la región era judía, aunque también Judea contaba con un sector menor de la población que se había helenizado. En la región, Jerusalén era importante por el Templo, y por ser el centro de las dinámicas religiosas, sociales, económicas y políticas que estaban asociadas a la vida del pueblo judío; Jericó jugaba un papel protagónico por su ubicación geográfica estratégica, pues, además de su agricultura, era la parada previa de los peregrinos que viajaban a Jerusalén, desde el norte, el sur y el este; y el prestigio de la pequeña aldea de Belén, se afirma y aumenta, de acuerdo con algunas narraciones evangélicas (Mt 2.1-12; Lc 2.8-20), por ser la ciudad del nacimiento de Jesús.

Jerusalén era una gran ciudad al comenzar el primer siglo de la era cristiana. Y su esplendor había llegado a niveles extraordinarios, gracias a los ambiciosos y faraónicos proyectos de construcción de Herodes el Grande. La remodelación, el embellecimiento y la transformación de la ciudad y del Templo, habían comenzado por el año 20 a.C., y para la época de Jesús se habían completado la gran mayoría de ellos, aunque después de la muerte de su benefactor continuaron los trabajos de construcción. Además, la dinastía de los asmoneos, particularmente Juan Hircano, había construido un sistema de seguridad y defensa para la ciudad, que fue mejorado por Herodes.

El número de habitantes de la ciudad de Jerusalén es difícil de precisar, por las referencias exageradas que tenemos de la antigüedad. De acuerdo con Josefo, la ciudad reunía para las fiestas ¡como a tres millones de personas! Referente a las víctimas de la guerra contra Roma, asegura que ¡fueron capturados 97,000 prisioneros! Y en torno a los muertos en el conflicto, indica que ¡fueron como un millón cien mil!

Esos números exagerados pueden ser un buen indicador de la naturaleza y violencia de la crisis, y también revelan la magnitud y extensión de la ciudad: ¡La ciudad de Jerusalén no era pequeña bajo ningún criterio! ¡Posiblemente era una de las ciudades más pobladas de todo el imperio romano!

Al evaluar con sobriedad los hallazgos arqueológicos y analizar ponderadamente la extensión de la ciudad en la época de Jesús, podemos inferir que su población urbana era de aproximadamente unas cien mil personas, que es una cifra considerable en cualquier lugar y en cualquier época. Durante las fiestas anuales, la ciudad podía llegar a tener hasta trescientas mil personas, al añadir a los visitantes y peregrinos. A ese número básico, debemos sumar las poblaciones rurales aledañas. En efecto, Jerusalén y sus alrededores constituían un centro poblacional de gran importancia social, económica y política para el imperio romano.

Una ciudad de esa naturaleza, extensión y densidad poblacional, requería una buena infraestructura que permitiera la vida saludable, sostenible y coordinada. Con esa finalidad social y salubrista, los ingenieros de Herodes diseñaron, entre otros proyectos de importancia, diversos sistemas de acueductos y alcantarillados, y lugares para el tratamiento de las aguas. Inclusive, uno de sus acueductos fue mejorado en la época de Poncio Pilatos, para traer las aguas desde el sur de la ciudad de Belén hasta Jerusalén, que es una distancia de unos setenta y siete kilómetros.

La Jerusalén de Herodes y de Jesús, se caracterizaba por la belleza y la seguridad. ¡Algunas construcciones, además, eran colosales! El palacio de Herodes, por ejemplo, fue construido sobre una plataforma especialmente preparada de 330 metros de largo por 130 de ancho. El edificio, además, servía de pretorio, o vivienda temporal del prefecto romano, cuyo palacio oficial estaba en Cesarea Marítima, que era la capital de la provincia. Y entre sus otras construcciones, se puede identificar, además, la torre Antonia, que fue edificada en honor del emperador romano Marco Antonio.

El edifico más imponente e importante de la ciudad, sin embargo, era el Templo, que había sido renovado y restaurado por Herodes. La estructura estaba construida sobre una explanada rectangular de 500 metros de larga, y tenía una extensión de cómo 14.4 hectáreas. Esa construcción necesitó un fundamento especial en bloques de piedra, que tenían hasta 12 metros de largo, por 3 de alto y 4 de ancho, de los cuales se conservan aún varios ejemplares. Esa superficie, es de unos 144,000 metros cuadrados, que corresponde a cinco veces la extensión de la Acrópolis en Atenas, y como a diez veces la actual basílica de San Pedro en el Vaticano. ¡Era, en efecto, una construcción fenomenal!

La seguridad de la ciudad la brindaba un complejo sistema de cuarteles, murallas y torres, que permitía la vigilancia continua de sus alrededores y la respuesta rápida a los posibles ataques enemigos. De ese sistema, sobresalen tres torres por la importancia histórica y por la belleza. La torre de Híppico, de treinta y cinco metros de altura, fue construida por Herodes, y nombrada para recordar un amigo que había muerto. En la actualidad, se pueden observar algunas secciones de esa torre antigua, en la llamada Torre de David, que está ubicada muy cerca de la puerta de Damasco, en la ciudad vieja de Jerusalén.

Las otras dos torres, la de Fasael y Mariamme, sobresalían por la belleza, altura y espacios internos. La primera recordaba al hermano de Herodes; y la segunda, a su muy amada esposa, y a quien, sin embargo, no tuvo escrúpulos en asesinar. Estas torres eran una necesidad de seguridad para la ciudad, además de ser una muy clara y firme declaración de autoridad y poder. La majestuosidad y altura de las construcciones de las torres, eran una manera física de poner de manifiesto y destacar, aún a la distancia, el poder del monarca, que no se detenía ante ninguna amenaza y se negaba ningún gusto personal.

Otra ciudad importante en Judea era Jericó, que tiene una muy larga tradición religiosa y cultural en las narraciones bíblicas (véase, p.ej., Jos 6). La relevancia de la ciudad no está atada únicamente a los relatos de la Biblia, entre los que se encuentran la entrada de las tribus a la Tierra Prometida, Canaán, sino que es uno de los asentamientos urbanos más antiguos del mundo, pues se pueden identificar comunidades y pobladores desde hace más de 8,000 años.

Aunque la ciudad de Jericó está ubicada en el corazón mismo del desierto de Judea, en una zona de muy poca precipitación pluvial, tiene una serie de fuentes de aguas y oasis que le brindan al lugar verdor y belleza. Abundan en sus parajes palmas de dátiles, árboles frondosos, como el sicómoro, y una variedad extensa de hermosas flores, particularmente diversos tipos de rosas. Su importancia estratégica no estaba en tamaño, pues no era una ciudad muy grande, sino en su ubicación geográfica, pues era la puerta a Jerusalén luego de pasar el Río Jordán.

La belleza de Jericó, con su abundante vegetación y ambientes paradisíacos, hizo que reyes y emperadores quedaran permanentemente impresionados con la ciudad. Inclusive, se dice que Marco Antonio, para manifestarle su amor a Cleopatra, le regaló la ciudad de Jericó. Y Herodes, para disfrutar su belleza y seguridad, reforzó los muros de la ciudad, edificó un magnífico palacio de invierno, y construyó varios edificios públicos, entre los que se pueden identificar, posiblemente, los siguientes: Un teatro, un hipódromo y una fortaleza.

El famoso palacio de invierno de Herodes estaba ubicado en la salida de la ciudad hacia Jerusalén. Y por su posición en la ciudad, en las puertas del palacio se reunían con regularidad personas impedidas física, visual y mentalmente, para implorar la misericordia y la caridad de los viandantes y peregrinos. Jesús, que pasó en varias ocasiones por el lugar, debió haber visto en repetidas ocasiones, el palacio y la gente que llegaba a pedir limosnas.

La pequeña aldea de Belén está ubicada en las montañas de Judea, como a ocho kilómetros al sur de la ciudad de Jerusalén. En la época de Jesús, consistía solo de un grupo no muy grande de casas pequeñas, construidas entre las cuevas en las montañas. Contaba con una construcción de importancia capital, en el camino a Tecoa, la antigua ciudad del profeta Amós: El Herodium, que era esencialmente un palacio y fortaleza que Herodes había construido en la región, para pasar algún tiempo del año.

Los pobladores de Belén, eran mayormente pequeños agricultores de trigo y cebada, y pastores de cabras y ovejas. Quizá por esa capacidad de producir cereales recibió el nombre hebreo de Bet-Lehem, que significa «casa del pan». Y en esos parajes, según el testimonio bíblico, la matriarca Raquel murió dando a luz a su hijo Benjamín, y fue enterrada en Belén (Gn 35.16-21); y Booz conoció a Ruth, la moabita (Rt 3.1-18), que fue la abuela del rey David (Rt 4.21), y que también proviene de Belén (1 S 16.1-13).

Una de las familias más distinguidas e importantes de Belén, es la de José, que, aunque vivía en el norte, en Galilea, regresó a la casa de sus padres para cumplir con las obligaciones que le imponía el censo del emperador Augusto. De acuerdo con las narraciones evangélicas (Mt 1.18—2.12; Lc 2.1-7), Jesús nació en Belén de Judea, en tiempos del rey Herodes.

Gobernantes romanos y judíos en la época de Jesús

A continuación incluimos una lista de los gobernantes que tuvieron responsabilidades políticas, administrativas, militares y religiosas en Palestina, durante la época de Jesús. Son cuatro grupos, dos judíos y dos cristianos. Sin embargo, aunque los líderes judíos locales, tenían cierta autonomía y autoridad, el poder real estaba en Roma, que organizó un sistema efectivo de comunicaciones y de implantación de sus decisiones imperiales.

Emperadores romanos

• Octavio Augusto: 24 a.C.-14 d.C.

• Tiberio: 14-37

• Calígula: 37-41

• Claudio: 41-54

• Nerón: 54-68

• Galba: 68-69

• Otón: 69

- Vitelio: 69

- Vespaciano: 69-79

- Tito: 79-81

- Domiciano: 81-98

- Nerva: 96-98

- Trajano: 98-117

Gobernadores romanos en Palestina

- Coponio: 6-9 d.C.

- Ambíbulo: 9-12

- Rufo: 12-15

- Valerio Grato: 15-26

- Poncio Pilatos: 26-36

- Marcelo: 37

- Marulo: 37-41

- Cuspio Fado: 44-46

- Tiberio Alejandro: 46-48

- Ventidio Cumano: 48-52

- Antonio Félix: 52-60

- Porcio festo: 60-62

- Luceio Albino: 62-64

- Gesio Floro: 64-66

- Vespaciano: 67-69

- Tito: 70

- Baso: 71

- Silva: 72-80

- Salvidemo: 80

- Longino 85

Reyes judíos

- Herodes el Grande: 37-4 a.C.

- Arquelao: 4 a.C.-6 d.C.

- Herodes Antipas: 4 a.C.-39 d.C.

- Filipo: 4 a.C.-39 d.C.

- Herodes Agripa I: 39-41 d.C.

- Agripa II: 53-93

Sumos sacerdotes en Jerusalén

- Durante la monarquía de Herodes el Grande: 37-4 a.C.

  - Ananel

  - Aristóbulo

  - Ananel

  - Jesús

- Bajo Arquelao, Herodes Antipas y Filipo: 4 a.C.-15 d.C.

  - Simón

  - José

  - Joazar

  - Eleazar

  - Jesús

  - Anás: 6-15 d.C.

- Caifás: 18-36

- Jonatán: 36-37

- Teófilo: 37-41

- Bajo Herodes Agripa I: 39-41 d.C.

  - Simeón: 41-44

  - Matías

  - Elioneo

- Bajo Agripa II: 53-93 d.C.

  - Ananías: 48-58

  - José

  - Anás II

  - Jesús

  - Josué

  - Matías

  - Finees

5

Crecimiento y fortaleza, sabiduría y gracia

Después de haber cumplido
con todo lo prescrito en la ley del Señor,
(José y María) volvieron a Galilea,
a su ciudad de Nazaret.
Y el niño (Jesús) crecía y se fortalecía,
y se llenaba de sabiduría;
y la gracia de Dios era sobre él.

Lucas 2.39-40

Contexto familiar de Jesús

Los diversos factores que contribuyeron de forma significativa al crecimiento físico e intelectual, y al desarrollo emocional y espiritual de Jesús, se encuentran principalmente en tres áreas fundamentales de la vida: El contexto íntimo de su familia en Nazaret, las dinámicas sociales de su comunidad, y su entorno laboral en Galilea. En esa importante formación, también contribuían los programas educativos que se ponían de manifiesto en las sinagogas que frecuentaba, como la de Capernaún y Nazaret, y sus diálogos con los diversos líderes religiosos del judaísmo, tanto en los peregrinares anuales hacia la Ciudad Santa, como en el Templo y sus alrededores. Las interacciones que se ponían de manifiesto en esos contextos y situaciones, le brindaron a Jesús la información, el trasfondo, la formación, los valores, el estilo, las prioridades, el contenido y las comprensiones de la vida y la existencia humana que fueron moldeando, de manera gradual y sistemática, su personalidad.

Lo que sucede alrededor de las personas, que en muchas ocasiones son actividades repetitivas y sencillas, pueden marcar indeleblemente el carácter y la forma de ser de los individuos. En el caso específico de Jesús, esas acciones rutinarias se llevaban a efecto en un hogar específico y determinado, el de José y María, que estaba ubicado en una muy pequeña comunidad concreta de la Galilea del sur, Nazaret. Y en ese espacio vital y familiar preciso, Jesús fue educado en las tradiciones ancestrales de los judíos, aprendió el oficio de carpintero, se relacionó con familiares y amigos, descubrió los diversos niveles sociales, políticos y económicos que estaban presentes en la región, y estudió las variadas manifestaciones religiosas, dentro del judaísmo, que convivían en las regiones de Galilea, en el norte de Palestina, y Judea, en el sur.

Para nuestro análisis en torno al Jesús histórico, no son irrelevantes ni tienen un valor secundario las acciones diarias, las dinámicas cotidianas y las interacciones de la familia de José y María con los diferentes sectores de su comunidad. En efecto, para tener una comprensión más amplia y pertinente de Jesús y su ministerio, debemos estudiar las diversas formas en que se llevaban a efecto esas tareas familiares, educativas, laborales y religiosas en la región.

Para una familia judía piadosa del primer siglo, como la de Jesús, el día comenzaba muy temprano, a la salida del sol, con oraciones y bendiciones al Señor, pues la mañana había llegado, y era recibida con alabanzas y gratitudes. Además de recitar y meditar en algunos salmos, también se hacía la oración fundamental del judaísmo, conocida como el *Shemá*.

Esa oración judía se compone de varios textos bíblicos del Pentateuco (p.ej., Dt 6.4-9; 11.13-21; Nm 15.37-41), y comienza de la siguiente forma: «Oye, Israel, el Señor, nuestro Dios, el Señor es Uno» (Dt 6.4). Y esa singular plegaria, que se desprende de textos que son teológica y pedagógicamente significativos de la Torá, brindaba a los judíos la tónica religiosa y emocional que debía guiar el resto de las actividades y decisiones del día. Era una manera de comenzar las actividades diarias con sentido de dirección espiritual, en la tradición de las leyes de Moisés, y con las enseñanzas de los grandes profetas, maestros y sabios del judaísmo.

Luego de las oraciones y meditaciones básicas al despuntar el alba, comenzaban las tareas diarias del hogar y las labores ordinarias del oficio. Para las mujeres, esas actividades rutinarias estaban relacionadas inicialmente con la cocina: La confección y disposición de los alimentos. Ese proceso incluía la preparación de la harina, al moler el grano del trigo y la cebada, y la elaboración de las tortas o el pan, que se cocía regularmente en hornos de piedra en el hogar.

En el mundo judío del primer siglo, no había utensilios para la mesa, y la comida se tomaba con las manos. La dieta regular incluía aceite, granos, verdura, frutas, leche, mantequilla, queso y vino, y en ocasiones especiales, se añadía un pedazo de carne de oveja o cabra, o algún pescado o gallina. Buscar el agua a los pozos, aljibes o ríos, en este período, era una tarea diaria relacionada con la preparación rutinaria de los alimentos y las necesidades higiénicas del hogar.

En esa época, las verduras conocidas eran los garbanzos, las habas, los guisantes, las cebollas, los ajos y los pepinillos. Las frutas más comunes eran los dátiles, las sandías y las granadas. Los guisos de garbanzos o lentejas eran muy populares. En los hogares judíos, que observaban estrictamente las leyes dietéticas del Pentateuco, antes de las comidas, se bendecía la mesa y se recitaban algunas oraciones adicionales, para agradecerle a Dios su bondad al permitirles disfrutar de los alimentos.

Los hombres que trabajaban en las diversas labores artesanales, como los carpinteros, generalmente tenían los talleres en sus propias casas, y comenzaban sus labores muy temprano en la mañana, al salir el sol. Además, ese era el contexto inmediato para la educación de las nuevas generaciones de artesanos, pues era una profesión y responsabilidad que se transmitía en la intimidad de la familia, en el taller que estaba ubicado en el hogar, de generación en generación. Ese era un foro de diálogo íntimo y significativo.

Ese fue el contexto familiar de la vida de Jesús: María se levantaba temprano a preparar la comida y hacer las tareas domésticas; y José llegaba al taller a trabajar, y a enseñarle el oficio a sus hijos, entre los que estaba Jesús. Y en medio de todas esas responsabilidades diarias, se manifestaba la piedad y la espiritualidad, se aprendían valores morales y principios éticos, se apreciaba y se respetaba la naturaleza y se recordaba la historia, se desarrollaban las destrezas de un oficio, y además, se crecía física, emocional y espiritualmente, pues las tradiciones judías comienzan a enseñarse en el hogar, en el entorno íntimo de la familia.

El entorno social de Jesús

Una información valiosa que nos llega tanto de fuentes literarias antiguas (p.ej. los evangelios canónicos) como de la evaluación adecuada de los hallazgos arqueológicos, se relaciona con las diferencias sociales que existían en la Palestina que vivió Jesús a principios de la era cristiana. Las desigualdades que se ponen de manifiesto entre los diversos grupos poblacionales, específicamente en las ciudades alrededor de Galilea y Judea, revelan que la sociedad en general experimentaba grandes injusticias sociales e intensos desafíos económicos. Las diferencias sociales y económicas eran parte de las realidades cotidianas de la población.

De un lado, podemos ver y admirar las imponentes construcciones del rey Herodes, y los lujos que manifiestan sus palacios; y del otro, se descubre una pobreza extrema entre los sectores de campesinos y en las ciudades mismas, en las que no faltaba la gente que dependía directamente del apoyo y sostén comunitario. Las familias como la de Herodes y sus allegados, que tenían acceso al poder económico y a las estructuras políticas del país, no eran muchas en comparación de los vastos sectores poblacionales que estaban reducidos a la pobreza y la miseria, que en algunos casos eran condiciones que les permitían apenas subsistir. Era una sociedad donde abundaban los méndigos.

Las familias adineradas y los sectores que ostentaban el poder, tenían a su disposición grandes recursos económicos, multitud de sirvientes y hasta grupos de esclavos, mientras que los sectores marginales, oprimidos y desposeídos de la sociedad palestina del primer siglo, debían luchar diariamente, solo para satisfacer las necesidades básicas de vida.

Y en medio de estas dificultades socioeconómicas, debemos mencionar también a las personas que ya sea por las continuas crisis fiscales o por tener limitaciones de salud física o mental, se dedicaban a mendigar en las entradas del Templo o en las puertas de las ciudades. En efecto, Jesús vivió en una sociedad de contrastes, marginaciones, opresiones, ocupación, pobreza, enfermedad y cautiverio. Y notó, no solo esas realidades sociales, económicas, espirituales y políticas, sino que en sus viajes, peregrinaciones y diálogos con sus interlocutores, se percató de las implicaciones individuales y colectivas de esas dinámicas, y se dio cuenta de las angustias, los dolores, las desesperanzas, los tormentos y las frustraciones que se relacionaban directamente con esas discrepancias.

Las cortes oficiales y los palacios reales en el período de Herodes, se caracterizaban por la extravagancia, los lujos, las fiestas y el despilfarro. Eran ambientes de bullicio, algarabías y celebraciones continuas, que requerían una buena infraestructura económica, y un grupo de apoyo humano constante y permanente.

Además de las tropas necesarias para mantener la estabilidad social y proveer la seguridad personal de esas familias, en los palacios había funcionarios reales de diversos niveles, junto a un grupo extenso de afirmación y apoyo de esos estilos de vida extravagante: Por ejemplo, camareros, coperos, cocineros, cazadores, barberos, médicos, secretarios, tesoreros, jefes de caballerías, acompañantes y ayudantes de los oficiales, y hasta verdugos, por si alguna situación extrema de seguridad personal o nacional lo ameritaba.

La guardia personal de Herodes el Grande, por ejemplo, contaba con una multitud de soldados a su disposición, que provenían de diferentes regiones del imperio romano. Y de este grupo extenso, algunos se convirtieron, con el tiempo, en funcionarios de confianza del monarca que, además de tener acceso al poder y participar de las decisiones oficiales gubernamentales, llegaron a tener gran influencia en el desarrollo político, económico, militar y social del gobierno nacional.

A este grupo de funcionarios y empleados, debemos añadir los familiares de todas estas personas, que también vivían en las instalaciones reales o en sus alrededores, y dependían y disfrutaban de las celebraciones y los actos oficiales. Además, en el contexto mismo de los grandes palacios reales, estaban las esposas y concubinas del rey y de los altos funcionarios, con sus respectivos sirvientes, junto a los empleados de menor jerarquía y esclavos, que estaban en la corte eminentemente para servir, de acuerdo a como se presentaban las necesidades oficiales, familiares y personales.

Todo ese sistema complejo de celebración, seguridad, administración pública y servicio doméstico, necesitaba para su permanencia y ejecución efectiva grandes sumas de dinero. Y esos recursos económicos provenían de los impuestos que se implantaban en las ciudades y a los individuos. En la corte de Herodes, por ejemplo, las necesidades económicas eran tantas y continuas, que, de acuerdo con el historiador Josefo, el monarca mandó a matar a varios funcionarios acaudalados del reino con el propósito específico de embargar sus bienes y quedarse con esas fortunas.

Las reacciones de la comunidad no eran positivas, ante un sistema de impuestos injusto, abusivo y desequilibrado, que les oprimía y empobrecía, y que no les apoyaba ni ayudaba para mejorar y desarrollar sus condiciones sociales y económicas. Era un sistema de opresión fiscal, que tenía el objetivo real de propiciar los caprichos y las excentricidades de gobernantes inescrupulosos, engreídos y arrogantes.

Ese ambiente de opulencia, riqueza y ostentación, se manifestaba entre las familias de los nobles, que también deseaban hacer alarde de sus recursos económicos y buen gusto, y del poder social y político que tenían. Esas expresiones de prepotencia y vanidad, se ponían de manifiesto específicamente en las viviendas de lujo, los banquetes frecuentes, e inclusive, en los grandes monumentos funerarios que construían. El orgullo y la arrogancia de los anfitriones se manifestaban en la calidad y los lujos de los banquetes, y también en el número de invitados y comensales. La mayor parte de las personas ricas vivían en la ciudad de Jerusalén, entre las que se pueden identificar, entre otros, comerciantes, terratenientes, recaudadores de impuestos y oficiales del gobierno.

Junto a los comerciantes mayores, estaba un grupo importante de dueños de tiendas, artesanos y agricultores que también contribuían a la estabilidad social y desarrollo económico del país. No eran necesariamente muchos ni poseían grandes riquezas, pero propiciaban la estabilidad integral de Palestina. Tenían almacenes de alimentos y de artículos de necesidad básica para el consumo diario; eran dueños de casas de huéspedes y comedores, para viajeros y visitantes; y también brindaban a los peregrinos, por ejemplo, el apoyo necesario para los sacrificios de animales en el Templo, preparar la cena pascual, y comprar algunos recuerdos de los viajes. Eran las personas que proveían las infraestructuras comerciales y administrativas necesarias que permitían la convivencia diaria efectiva.

En las zonas rurales, los agricultores sembraban parcelas pequeñas de terreno para su propio sustento y para vender en las grandes ciudades. Los grupos de colonos arrendaban las tierras de los grandes terratenientes para la agricultura y la ganadería. Las relaciones entre ellos, sin embargo, no eran siempre las mejores ni las más cordiales, pues en ocasiones, los terratenientes pedían del colono sumas de dinero exorbitantes y rentas irracionales, que en ocasiones equivalían a casi todas las ganancias del año, quedando el trabajador sin los recursos necesarios para el sustento y la supervivencia de su familia, ni para continuar con una operación agrícola sostenible.

Los jornaleros trabajaban por horas o por tareas, y a diario estaban con la incertidumbre y la preocupación en torno si tendrían trabajo en el día. ¡Era una dinámica laboral donde reinaba la incertidumbre! Los pastores cuidaban los rebaños en los campos palestinos, pero no gozaban de la mejor reputación ni del prestigio más alto. Sus costumbres y cultura no eran similares a las que se manifestaban en las ciudades y los centros urbanos. Y los esclavos, que generalmente no trabajaban en la agricultura palestina, servían, en su mayoría, en las tareas domésticas de las casas de familias acaudaladas, pero su condición social y económica era precaria y frágil.

En ese entorno de estructuras económicas y dinámicas sociales, las familias ricas eran pocas, y los sectores empobrecidos eran muchísimos. Esa pobreza no solo provenía de la distribución inadecuada e injusta de las riquezas; había también muchas personas, que por razones físicas, sociales o emocionales, no podían trabajar, no conseguían empleo, eran ociosos, o sencillamente no recibían las compensaciones adecuadas por sus labores. En efecto, ese ambiente laboral y social generaba méndigos, que se veían deambulando en las ciudades o en los alrededores del Templo, como se pone de manifiesto con alguna frecuencia en las Escrituras (p.ej., Hch 3).

La Palestina que presenció el ministerio de Jesús los primeros años de la era cristiana, estaba también en franca decadencia moral, y el ambiente general era de desesperanza emocional, inestabilidad social, opresión política, ocupación militar, crisis económica y desorientación espiritual. Esas dinámicas complejas en la sociedad palestina, eran el contexto ideal para la desestabilización política recurrente, y para el desarrollo repetido de revueltas nacionalistas e insurrecciones populares.

Los diversos alzamientos del pueblo y las reacciones violentas de algunos sectores populares de campesinos, por ejemplo en la Galilea, eran producto, entre otros, de los siguientes factores: Las profundas divisiones sociales en la comunidad, las serias dificultades económicas en la región, las complicaciones reales en las dinámicas laborales, las actitudes despóticas e irracionales de los gobernantes, la desesperanza creciente de los ciudadanos, y los resentimientos continuos de los individuos y las comunidades ante la ocupación romana. Las interacciones y el desarrollo de todos estos factores eran el germen continuo de los levantamientos armados en Palestina, y también constituían el fundamento de los rechazos públicos y privados al sistema oficial que provenía del imperio romano y que se mantenía, en la época de Jesús, con la administración férrea de Herodes y su familia.

En medio de tanto dolor y angustia, se levantaban con alguna regularidad en Palestina combatientes por la libertad (¡y también delincuentes y maleantes!) que intentaban derrocar al régimen imperante, y sustituirlo por otro más justo y digno. El objetivo de estos movimientos independentistas era doble: Terminar con la presencia del imperio romano en la región, y deshacerse de la administración de Herodes. El primero se relaciona con la ocupación romana, particularmente con la presencia inmisericorde y cruel de las legiones militares del imperio, que estaban prestos a confrontar y eliminar todo amago o intento de rebelión; y el segundo, era terminar, de una vez y por todas, con una administración enfermiza y destructiva, que fundamentaba su filosofía administrativa en la megalomanía, el resentimiento, la persecución, el derroche, la inmoralidad, el despilfarro y la paranoia.

Ese fue el ambiente general y el mundo relacional en que se crió y desarrolló física, emocional y espiritualmente Jesús de Nazaret. Esas fueron las realidades sociales que prepararon las condiciones y propiciaron la guerra de los judíos contra Roma. Ese fue el entorno económico que sirvió de marco a sus parábolas y enseñanzas. Y ese fue el contexto político y militar que culminó con la derrota apabullante de los combatientes judíos, la caída de la ciudad de Jerusalén, y la destrucción total del Templo en el año 70 d.C.

En efecto, el Jesús del Nuevo Testamento, vivió en un momento extraordinario de la historia Palestina, donde las diversas dinámicas que se manifestaban en la sociedad, demandan un nuevo acercamiento al mundo de la religión, requerían una nueva forma de pedagogía, y necesitaban una comprensión nueva de la importancia de los valores éticos, los principios morales y los fundamentos políticos que rigen a los individuos y las comunidades.

La educación

La educación jugó un papel protagónico en la vida y el ministerio de Jesús de Nazaret. Y esa importancia, se pone claramente en evidencia al estudiar con algún detenimiento sus mensajes y parábolas, y también al analizar lo que decían las personas que le escuchaban y querían entrevistarle. Por ejemplo, Nicodemo, según el Evangelio de Juan, reconoció las capacidades pedagógicas del Señor, al identificarlo como un buen maestro y rabino (Jn 3.2). Además, la comunidad que era testigo de sus actividades docentes, también reconoció esas capacidades pedagógicas, al indicar que enseñaba, no como los escribas y los fariseos, sino como quien tiene autoridad (Mt 7.28-29). De esas declaraciones se desprende que Jesús era famoso, entre otras razones, por su tarea educativa.

Los procesos pedagógicos ocupan un sitial de honor en la formación integral de las personas. De singular importancia en esas dinámicas, son los primeros años de vida y de educación, en los cuales se brinda el fundamento filosófico, el marco ético y el contexto práctico para el desarrollo emocional saludable y el crecimiento espiritual adecuado. En el particular caso de Jesús, esos importantes procesos educativos se brindaron en el entorno del judaísmo de su época, particularmente en el contexto familiar y en medio de las instituciones educativas que estaban establecidas en la Galilea, específicamente en Nazaret, y con el tiempo, en Capernaún.

Educación en el antiguo Oriente Medio y en Israel

Las evidencias literarias y la interpretación de los hallazgos arqueológicos, revelan que desde el segundo milenio a.C. se difundieron en el Oriente Medio diversas instituciones que tenían como finalidad fundamental la educación, prioritariamente de los jóvenes. Aunque al principio esos esfuerzos eran mayormente excepcionales, con el tiempo fueron adquiriendo popularidad y regularidad, al demostrar la importancia de sus resultados.

Al igual que en Egipto, Babilonia, Mesopotamia, Ugarit y Canaán, en donde se han descubierto textos escolares, el antiguo Israel también tenía sus escuelas y sus documentos que servían de apoyo a los procesos de educación y aprendizaje. Y la Biblia alude a esos importantes procesos educativos en varios pasajes significativos.

En primer lugar, el testimonio bíblico pone de manifiesto la educación que se brindaba a los jóvenes, para que pudieran servir en el Templo, y cumplir sus funciones de forma efectiva (1 S 1.22-28; 2 R 12.3). El libro de los Proverbios pone de relieve con insistencia esos procesos pedagógicos, al describir la relación de estudiante y maestro como la de padre e hijo (Pr 1.8). Además, esas dinámicas educativas se manifiestan en los círculos proféticos, pues las Escrituras aluden a los discípulos de los profetas (Is 8.16; 2 R 6.1-2).

Junto a esas dinámicas pedagógicas relacionadas con la religión, debemos afirmar que también recibían algún tipo de educación formal, los funcionarios y las personas que debían cumplir alguna responsabilidad oficial en los gobiernos. Esa necesidad educativa, se pone en evidencia clara con la institución y el desarrollo de la monarquía en Israel. Posiblemente, esos procesos enfatizaban al comienzo la memorización de información histórica, administrativa y política, y los maestros instaban a sus estudiantes a no olvidar las enseñanzas, particularmente a no subestimar la importancia de los valores de la bondad y la justicia (Pr 3.1,3; 5.1; 29.15).

Con el tiempo, y también con el desarrollo de mejores instalaciones físicas y del uso de instrumentos pedagógicos noveles, la educación fue llegando a los diversos sectores de la sociedad. En las comunidades judías del primer siglo, por ejemplo, la escuela ya no estaba reservada para los jóvenes que se preparaban para cumplir responsabilidades religiosas o políticas. Una de las fuerzas que movió esos procesos pedagógicos democráticos en la sociedad, además del uso de los papiros y los pergaminos, fue la helenización de Palestina, con la diseminación de las obras de los filósofos griegos.

Ese buen ambiente de búsqueda intelectual y reflexión existencial, le brindó a la comunidad judía una magnífica oportunidad para estudiar la Torá y profundizar en sus doctrinas. Mientras que el helenismo intentaba propagar el estilo de vida, las enseñanzas y los valores griegos, los judíos utilizaron esos procesos pedagógicos para profundizar en su fe y reflexionar en torno a los valores que le dieron razón de ser al pueblo de Israel desde sus orígenes.

La literatura judía de la época revela que los rabinos incentivaban la educación de todos los niños, aunque esas recomendaciones no las seguían todos los padres. El énfasis temático en esas escuelas era el estudio de las implicaciones prácticas y concretas de la Ley. El objetivo era analizar ejemplos concretos de actuación en la vida, que sirvieran de modelo ético y moral para las nuevas generaciones.

En la época de Jesús, los niños judíos que asistían a la escuela llegaban generalmente a las sinagogas, donde se llevaban a efecto esos procesos de educación y aprendizaje. Las niñas permanecían en el hogar, aprendiendo las tareas tradicionales de la administración familiar, que tenía una gran importancia para la estabilidad familiar y comunitaria.

El currículo se estructuraba en, por lo menos, tres niveles básicos. El primer ciclo se llevaba a cabo en la *bet sefer* (Casa del libro), para aprender el alfabeto, comenzar a leer y escribir, e iniciar el estudio de la Biblia. Luego se pasaba a la *bet talmud* (Casa de la instrucción), para estudiar específicamente la Tora o Ley oral. Posteriormente, los jóvenes que querían avanzar en sus estudios, llegaban a la *bet midrash* (Casa de la interpretación), en donde se incorporaban a algún grupo de estudiantes que tenían un rabino distinguido de maestro, para proseguir el estudio sistemático y profundo de la Ley. Cada uno de esos niveles requería no solo la capacidad intelectual del estudiante sino la disposición personal y familiar para lograr los objetivos docentes.

De acuerdo con las recomendaciones de algunos rabinos antiguos, a los cinco años los niños deben comenzar el estudio de la Biblia; luego, a los diez, deben estudiar la Misná; a los trece años, es importante observar las ordenanzas y los mandamientos divinos; y posteriormente, a los quince años, se deben estudiar con profundidad y regularidad algunas tradiciones que con el tiempo se incorporaron en el Talmud. Esas recomendaciones rabínicas ponen de relieve que existía un tipo de currículo que orientaba la filosofía pedagógica, guiaba las prácticas de la educación, y contenía los temas y libros que debían exponerse en los procesos.

Esos importantes procesos docentes, no se llevaban a efecto únicamente en salones de clases o edificios particularmente diseñados con esa finalidad. Los espacios abiertos y el aire libre eran contextos comunes en la dinámica pedagógica antigua. Servían de medios audiovisuales para facilitar la comunicación efectiva, el desarrollo adecuado de las ideas, y la ilustración efectiva de las materias. Por esa razón, la educación se llevaba a efecto en campos, caminos, ríos, mares, bajo algún árbol, en las puertas de la ciudad, y hasta en las plazas de mercado.

Los escenarios básicos de las clases y los entornos fundamentales de la enseñanza, eran la vida misma, como se manifestaba tanto en las comunidades urbanas como en las rurales. Esos contextos externos de la educación, hacían que la pedagogía en momentos fuera itinerante, pues la instrucción se impartía en el peregrinar continuo de los maestros con sus estudiantes, y en los viajes a las diversas ciudades. Y en esos procesos, la repetición de las ideas y reiteración de los conceptos eran algunas formas de incentivar la comprensión y el aprendizaje.

La educación de Jesús

Las dinámicas educativas que se llevaban a efecto en el primer siglo fueron el entorno en que Jesús de Nazaret creció y se desarrolló como niño, hasta llegar a ser adulto. Esos procesos contribuyeron de manera destacada en la formación integral de su personalidad como judío, rabino, predicador, sanador y maestro, porque Jesús era un hombre de su tiempo y su cultura. Se crió en medio de esas fuerzas pedagógicas del judaísmo que privilegiaban la Torá en los procesos formativos, informativos y transformativos de los individuos y las comunidades. Y esas metodologías y contenidos fueron los que utilizó, posteriormente, para llamar, organizar e instruir a sus amigos, colaboradores, seguidores y discípulos.

De acuerdo con las narraciones evangélicas, Jesús era un maestro sabio, que tenía una personalidad fuerte, decidida y firme. Las metodologías educativas que utilizaba, lo movían de forma continua por las diversas ciudades, sinagogas, comunidades y campos palestinos de su época. Usaba la imaginación en la presentación de sus enseñanzas, y por esa misma razón, el lenguaje figurado, las descripciones poéticas y las parábolas, eran frecuentes. Además, su deseo por comunicar de manera efectiva y de fomentar el aprendizaje renovador, lo motivó a utilizar la reiteración, como una forma común de enseñanza.

En los evangelios canónicos, no se indica de forma específica que Jesús haya asistido a alguna escuela de forma oficial o formal. Aunque en Nazaret había una sinagoga, en la cual era posible que funcionara una escuela, no estamos seguros cuán extendida estaba la práctica del establecimiento de escuelas fuera de la ciudad de Jerusalén y los centros judíos mayores. Sin embargo, la evaluación detenida de sus actividades y enseñanzas de adulto, ponen de manifiesto claro que recibió un buen modelo pedagógico en algún lugar, que debió haber sido en el hogar y en la sinagoga, que implantó posteriormente en su vida y ministerio.

El modelo pedagógico dialogal, que se revela claramente en las narraciones evangélicas tempranas, indican que Jesús, de niño, «se perdió» en el Templo, y que sus padres lo encontraron, a los tres días, dialogando con los doctores de la Ley, que estaban maravillados de su sabiduría y conocimiento (Lc 2.41-52). Ese recuento de las actividades educativas de Jesús pone en evidencia que el Señor desarrolló su estilo pedagógico temprano en su vida. Este interesante relato de su infancia, revela que en las comunidades cristianas primitivas, particularmente el evangelista Lucas, entendían que la importancia de la pedagogía en la vida de Jesús había comenzado temprano, y que se había desarrollado y hecho más efectiva con los años y la práctica.

Quizá en la pequeña aldea de Nazaret no funcionaba una escuela oficial con los diversos niveles de enseñanza que indicaban los rabinos (p.ej., *bet sefer, bet talmud* y *bet midrash*), pero tenemos constancia neotestamentaria que Jesús sabía leer y escribir, y que analizaba la vida y la existencia con criticidad, desde joven. Esa educación básica la recibió en alguna escuela local, o posiblemente en su hogar, pues una de las responsabilidades básicas de los padres con sus hijos era enseñarles a sus hijos la Torá o Ley.

Las narraciones evangélicas no indican específicamente que de joven Jesús haya ido a Jerusalén a formar parte de algún grupo de discípulos con algún maestro o rabino distinguido de la época. Inclusive, siendo ya un adulto, cuando enseñaba en el Templo de Jerusalén, en una de las celebraciones de la Fiesta de los tabernáculos, los líderes judíos del lugar quedaron admirados por su capacidad, conocimiento y sabiduría, pues no sabían dónde había aprendido todas esas doctrinas e interpretaciones noveles de la Ley (Jn 7.15). Es importante señalar, además, que Jesús se sentía muy cómodo al visitar las diversas sinagogas de la región, y hasta de participar con libertad de sus liturgias y celebraciones (p.ej., Mt 13.54; Lc 4.15-16), donde la gente le escuchaba y se admiraba de su inteligencia.

Ante la comunidad en general, Jesús era un rabino, claramente reconocido como maestro por sus discípulos (Mt 26.25), los seguidores de Juan el Bautista (Jn 1.49), el pueblo (Jn 6.25), y hasta por gente de importancia y prestigio en la sociedad, como Nicodemo (Jn 3.2). Y aunque el término hebreo «rabí», en siglos posteriores, adquirió un significado académico, técnico y profesional, en el primer siglo se relacionaba con maestros apreciados, distinguidos y respetados, por la sabiduría que mostraban en sus enseñanzas y por la prudencia que manifestaban en sus vidas y acciones.

En la tradición de los grandes rabinos, filósofos y maestros de la época, los discípulos de Jesús le seguían, mientras su líder procedía con su programa educativo itinerante en la Palestina del primer siglo. Y además de aprender y crecer espiritual y profesionalmente con su maestro, esos discípulos le apoyaban y ayudaban en algunos servicios básicos, como llevarlo a la barca, buscarle un asno para entrar a Jerusalén y hasta preparar la cena pascual. No solo eran «estudiantes», en el sentido actual del término, sino que formaban una comunidad de apoyo mutuo y colegialidad. Los procesos de educación y aprendizaje no eran estáticos, sino que revelaban las características básicas de los procesos docentes dinámicos y renovadores: Por ejemplo, el diálogo, la observación, el análisis, la reflexión personal y colectiva, y la evaluación crítica y sobria de la vida y la existencia humana.

Una diferencia fundamental, entre los discípulos de Jesús y los seguidores de otros rabinos importantes de la época, es que los maestros antiguos no buscaban a sus alumnos, eran ellos los que se allegaban a algún líder reconocido para solicitar ingreso al grupo de sus alumnos. El caso singular de Jesús, es que identificó y llamó personalmente a sus seguidores en diversos contextos sociales de la Galilea, y les invitó y desafió a incorporarse a su grupo. Además, es muy importante señalar, que Jesús no admite en su grupo de seguidores y alumnos a quienes no están dispuestos a vivir a la altura de sus enseñanzas y valores (Mt 8.18-22).

De singular importancia en el estilo educativo de Jesús, era la importancia que le daba a la oración, junto a las manifestaciones concretas de la misericordia divina que demostraba, vivía y afirmaba. No solo el Señor enseñó la teoría y las virtudes de la oración (Mt 6.5-6), sino que vivió una vida de oración, y dejó ese modelo como uno de los elementos principales en las formas de vida que incentivaba en sus seguidores.

En sus oraciones, Jesús ponía de manifiesto su concepto de Dios, que era la fuerza vital que le movía a responder con sabiduría, a los reclamos más hondos e inmediatos de la gente en necesitad, como las personas enfermas, marginadas, oprimidas y cautivas. De acuerdo con los relatos evangélicos, Jesús encontró en la oración espacios para hablar con Dios asuntos de importancia capital (p.ej., el reino de Dios y el perdón), que posteriormente se convirtieron en los temas principales de sus mensajes, enseñanzas y parábolas.

El mundo de la religión

La vida de Jesús también se vio afectada directamente por el mundo de la religión, por el ambiente espiritual y moral, por los diálogos teológicos y dinámicas éticas que se ponían de manifiesto en las sinagogas, y también por sus viajes y peregrinares al Templo. Como se crió en un hogar practicante de la religión judía, nutrido en las tradiciones legales, proféticas y sapienciales del pueblo de Israel, recibió desde muy temprano en la vida, la información básica y sustancial en torno a esa fe: Por ejemplo, referente a las leyes de las comidas, las regulaciones cúlticas y las fiestas nacionales. Además, desde muy joven, tuvo acceso a las interminables reflexiones en torno a la Ley, en las cuales se enfrascaban intensamente los líderes religiosos de la época, para explicar los mandamientos divinos y para aplicar esas enseñanzas en la vida diaria.

Jesús se crió en Nazaret, en la región galilea del primer siglo cristiano, donde el judaísmo, además de ser una fuerza religiosa significativa, contribuía de forma destacada a las realidades sociales, económicas y políticas del país. La familia de José y María era israelita, y eran parte de la religión y cultura que veía en la liberación de Egipto un hito importante de la historia nacional. El niño Jesús, además, fue circuncidado al octavo día, según las costumbres de su pueblo; y desde temprano en su vida, frecuentaba con sus padres las sinagogas galileas, y participaba de los peregrinares al Templo de Jerusalén con regularidad.

Las narraciones bíblicas, y también las extra bíblicas, confirman todos estos datos, y no ponen en duda en ningún momento su raza, identidad y cultura. Y esos factores étnicos, familiares, religiosos y sociales, tienen una fuerza vital extraordinaria en la formación integral del carácter y la personalidad de los individuos. Todas esas dinámicas convergieron en los procesos educativos y formativos que le brindaron a Jesús su identidad étnica y su infraestructura ética, moral y espiritual.

Las prácticas religiosas en la época de Jesús eran muchas y complicadas, pero tenían dos focos primarios. El primero, y quizá el más importante, se relaciona con las actividades del Templo en Jerusalén. Como parte de ese importante contexto religioso y espiritual, los peregrinares a Jerusalén, para participar de las fiestas anuales judías, jugaban un papel fundamental y protagónico: No solo se trataba del viaje propiamente, y las oportunidades de diálogo, reflexión y educación que proveía, sino de los procesos pedagógicos formales e informales que se asociaban a esos programas anuales, particularmente en el Templo.

Las fiestas eran momentos importantes para recordar, afirmar y celebrar los orígenes y la historia del pueblo de Israel; y también eran instantes fundamentales para reflexionar sobre las implicaciones contextuales de esa singular historia sagrada, de acuerdo con las narraciones escriturales. Y esos objetivos cobran importancia capital, cuando se enmarcan en un momento histórico de ocupación política y militar, y un contexto religioso de legalismo.

El Templo era el único lugar oficial y legalmente reconocido por las autoridades judías donde el pueblo podía presentar sus sacrificios y ofrendas ante Dios. Era el espacio sagrado que contaba con la infraestructura física y cúltica necesaria, para cumplir adecuadamente con las múltiples regulaciones litúrgicas y responsabilidades sacrificiales, para que fueran recibidas por Dios de forma agradable.

Para cumplir con todas esas responsabilidades, además del sumo sacerdote y la aristocracia religiosa, se estima que servían como 7,000 sacerdotes adicionales que funcionaban de forma alterna en los sacrificios y las labores regulares mayores y menores del Templo. La mayoría vivía fuera de Jerusalén, y viajaban a la santa ciudad cuando les correspondía participar en las ceremonias. Era un equipo grande de trabajadores de la religión, que estaban al cuidado minucioso de todos los detalles, incluidos los aparentemente más insignificantes y secundarios de las regulaciones religiosas.

El programa de los sacrificios y las ceremonias religiosas estaba organizado por turnos semanales, y servían en el Templo unos cincuenta sacerdotes por día. Las ceremonias que preparaban eran vistosas y solemnes, y las vestiduras sacerdotales estaban dispuestas de acuerdo con las regulaciones incluidas en la Torá o el Pentateuco. El ambiente era de gozo, celebración y espiritualidad, donde lo emocional y lo espiritual se unían a la solemnidad del espacio y la preparación de la liturgia. De acuerdo con las comprensiones rabínicas, eran momentos para el encuentro entre lo divino y lo humano, era el espacio vital de la visitación divina, era el contexto impostergable del perdón humano.

El Templo no solo era el centro de los sacrificios, con sus diversas virtudes emocionales y espirituales, sino era un espacio sagrado importantísimo para la educación religiosa de los diversos grupos judíos que vivían en los alrededores del Templo, o que llegaban a Jerusalén anualmente para participar de los diversos festivales y celebraciones. Ese era el contexto educativo más importante y vital para recibir las instrucciones religiosas fundamentales y básicas, y en esos mismos foros pedagógicos, se ponían en evidencia clara las variadas perspectivas teológicas de los diversos sectores del judaísmo. Y un buen ejemplo de esas diferencias teológicas y doctrinales, se revela en las comunidades de los fariseos y los publicanos.

En el Templo de Jerusalén, que gozaba, en los años del ministerio de Jesús, de un esplendor físico previamente desconocido, los levitas y los sacerdotes cumplían sus labores con regularidad, dignidad y respeto. Estaban a cargo del cuido no solo de las instalaciones físicas sino que eran responsables de la efectividad y la fidelidad de los complejos procesos relacionados con el sistema de sacrificios. Y ese sistema sacrificial, incluía, desde la selección y preparación de los animales que se presentaban ante el altar, hasta la ejecución propia del sacrificio, y la posterior disposición de las carnes y la sangre. ¡Era un trabajo fuerte, arduo, intenso, tedioso, complejo, extenso y continuo!

El segundo foco distintivo de la religión judía, durante la primera mitad del primer siglo cristiano, se relaciona eminentemente con el conocimiento y aprecio de la Ley de Moisés, y también con el desarrollo de los sistemas de interpretaciones legales que procuraban ayudar e incentivar a las comunidades practicantes y sus miembros, a cumplir rigurosamente las estipulaciones divinas. Los maestros y doctores de la Ley, en los tiempos de Jesús, ya habían identificado y codificado unos 613 mandamientos, que se debían cumplir con fidelidad y pulcritud. Era, en efecto, una tarea compleja trabajar con ese sistema interpretativo que deseaba ayudar a las personas practicantes a entender, apreciar y cumplir con esas importantes regulaciones espirituales...

Para las personas practicantes de le religión judía, todas esas disposiciones legales y cúlticas, tenían implicaciones importantes no solo personales sino familiares y sociales. Cumplir fielmente y de forma adecuada con todas esas regulaciones religiosas, era uno de los objetivos más importantes de la vida, de acuerdo con las enseñanzas rabínicas de esa época.

De importancia capital, para cualquier familia practicante de la religión judía en los tiempos neotestamentarios, era el especial cumplimiento de los mandamientos relacionados con las leyes sabáticas, las regulaciones dietéticas, y las complicadas cuestiones legales de pureza cúltica y religiosa. Era necesario conocer muy bien, por ejemplo, los requerimientos en torno a las comidas, que incluía no solo la identificación precisa de los animales puros e impuros, sino que atendía con cautela y responsabilidad, las formas adecuadas de matarlos y desangrarlos, para mantener la pureza religiosa de las carnes.

Inclusive, en torno a las leyes dietéticas, no se podían mezclar, de acuerdo con las normas y estipulaciones establecidas, las carnes y la leche y sus productos derivados, por ejemplo, mantequilla y queso. Además, todo ese proceso estaba relacionado con un sistema de pureza y limpieza, que incluía, además de los utensilios de cocina y de comida, las manos y hasta el cuerpo de los comensales. Se trataba de todo un muy complicado proceso físico, que implicaba complejas comprensiones religiosas y espirituales de la vida.

Un problema real que tenían los judíos, mayormente los que vivían en la Galilea, era el trato y las relaciones con las personas y comunidades no judías. Esas posibles relaciones se veían afectadas de forma directa, por el potencial de contaminación religiosa que representaba para la comunidad judía el trato con grupos identificados como paganos, helenistas o griegos. En muchas ocasiones, esas preocupaciones religiosas llevaban a los grupos judíos más conservadores y tradicionales, a evitar todo contacto con personas de origen gentil, e inclusive, evadir las visitas a comunidades helenísticas.

Aunque muchas familias judías se preocupaban por seguir todas estas leyes, no debemos pensar que la práctica religiosa en esa época era monolítica, completa, absoluta, total. También había individuos, familias y comunidades que no eran tan estrictos en el seguimiento de la Ley, o que simplemente no vivían de acuerdo con esas normas. Algunas eran familias de origen judío, que habían recibido las influencias helenísticas y no se preocupaban mucho en cumplir estrictamente los estatutos y las leyes de Moisés, y se relacionaban muy bien con el mundo gentil y la sociedad helenística de habla griega.

El pueblo judío que no vivía en Jerusalén y sus alrededores llevaba a efecto sus prácticas cúlticas significativas y regulares en las sinagogas. Y el culto que se celebraba en esos centros educativos, constaba de las siguientes partes: La oración, en la cual se recitaba el *shemá* (Dt 6.4-9; 11.13-21; Nm 15.37-41) y las llamadas dieciocho bendiciones; la lectura de las Escrituras hebreas, tanto la Ley (Hch 13.15) como los profetas (Lc 4.16-19); la enseñanza y explicación del día (Lc 4.20-21; Hch 13.5,14-41; 14.1); y la despedida, que era la bendición sacerdotal que ofrecía algún sacerdote presente o el líder de la sinagoga (Nm 6.24-26).

Las sinagogas, tradicionalmente, han jugado un papel principal en la educación religiosa del pueblo judío. Y ese rol docente también se cumplió en la época de Jesús. Se han encontrado ruinas de edificios de antiguas sinagogas en las ciudades donde había alguna comunidad judía en la diáspora y también en Jerusalén. Mientras que en la Ciudad Santa, el Templo era el centro solemne, único y especial para llevar a efecto los sacrificios y la celebración de las fiestas anuales, y el liderato ceremonial estaba exclusivamente relacionado con los sacerdotes, la sinagoga era el lugar de instrucción cotidiana, y los maestros de la Ley cumplían sus responsabilidades con regularidad en ese lugar.

En el primer siglo de la era cristiana, las funciones de la institución de la sinagoga en el judaísmo se habían multiplicado. Su objetivo básico no era sustituir las actividades oficiales del Templo, sino servir de centro educativo para el pueblo practicante, cuando no podían llegar al Templo, ya fuera por las fechas, las distancias, u otras razones físicas, emocionales, espirituales o políticas.

En Palestina, por ejemplo, había muchas sinagogas durante el ministerio de Jesús, tanto en Galilea como en Judea. Eran estructuras físicas privadas, que sus dueños ponían al servicio de la comunidad para recordar, afirmar las tradiciones culturales y celebrar la historia nacional judía. Y aunque esencialmente constituían centros de reunión, no lugares de culto, las ceremonias sabáticas y de días festivos incluían, como el componente más importante, la lectura de la Torá, que se leía de forma continua y se completaba regularmente en ciclos de tres años.

En relación con cada pasaje que se leía de la Torá semanalmente, se asociaba una sección correspondiente de la literatura profética. Esas lecturas se hacían en hebreo, aunque posteriormente se traducía o se explicaba el texto bíblico al arameo, para facilitar su comprensión y sentido. Las podían hacer algunos miembros de la comunidad que estuvieran capacitados para leer, o algún visitante distinguido que hubiese llegado a la reunión. Ese fue posiblemente el caso de Jesús cuando llegó a la sinagoga de Nazaret, de acuerdo con las narraciones evangélicas (Lc 4.16-30; Mt 13.53-58; Mc 6.1-6). Al llegar a la ciudad donde se había criado, como era sábado, visitó la sinagoga, y se levantó a leer el texto sagrado, en el libro del profeta Isaías (Lc 4.16; cf. Is 61.1-3).

La mayoría de las sinagogas palestinas fueron destruidas por los ejércitos romanos como respuesta a la insurrección popular judía en los años 66-73 d.C. Los hallazgos arqueológicos descubren generalmente los edificios que se construyeron sobre esas ruinas, que ponen de manifiesto una estructura física similar: Un edificio rectangular sin ábside, con columnas en forma de hilera en su interior; los asientos estaban pegados a las paredes; había un estrado, donde se ubicaba una copia de la Torá; y contaba con un lugar donde se guardaban los libros sagrados. La entrada del edificio estaba orientada hacia la ciudad de Jerusalén.

Una de las formas religiosas más comunes para afirmar la piedad en las comunidades judías era el ayuno. Esa práctica, de acuerdo con las Escrituras, comenzó temprano en la historia nacional: En la Ley de Moisés, en la disposición de las celebraciones del día nacional del lamento y el perdón, se indica con claridad que el pueblo debía ayunar específicamente el décimo día del séptimo mes del año (Lv 23.27). Además, el ayuno se llevaba a efecto en momentos de crisis personal o nacional, pues era una forma de presentarse ante Dios.

La intensidad del ayuno podía variar, por las condiciones de la persona o por la naturaleza de la dificultad. Había ayunos sencillos y parciales, en el que la persona practicante se inhibía de algunos alimentos o comía en poca cantidad; otras formas eran absolutas y completas, en las que no se comía ni se tenían relaciones sexuales, ni siquiera se bañaban. Las personas que tenían alguna dificultad de salud estaban exentas de estas prácticas.

En la época de Jesús se habían establecido varias prácticas de ayuno sistemáticas. Los fariseos, por ejemplo, ayunaban todos los lunes y los jueves. Posiblemente, seleccionaron esos días porque pensaban que Moisés había subido y bajado del Monte Sinaí al recibir las tablas de la Ley un lunes y un jueves. Porque esos días eran los de más actividad cúltica y legal en Jerusalén, hay estudiosos que piensan que los fariseos los seleccionaron para poner públicamente de manifiesto ante la comunidad la piedad que profesaban. Jesús reaccionó adversamente ante ese tipo de demostración religiosa, y las denominó como hipócritas (Mt 6.16-18).

Las fiestas solemnes

Las fiestas en el Israel antiguo eran celebraciones que tenían una doble finalidad: En primer lugar, eran educativas; además, eran buenas oportunidades para disfrutar y festejar. El pueblo separaba estas fechas para recordar alguna de las acciones e intervenciones redentoras de Dios en medio de la historia humana o en la naturaleza. Eran espacios de tiempo privilegiados, que se distribuían a través del año, para brindarle al pueblo de Israel una buena oportunidad para rememorar y agradecer los dones y la protección divina.

Jesús de Nazaret, como buen practicante de la religión judía, debió haber participado de todos estos festivales. En efecto, debió haber recordado y afirmado la liberación de Egipto, el peregrinar por el desierto del Sinaí hasta llegar a la Tierra Prometida, y hasta recordar la intervención redentora de Dios en Persia, al celebrar la fiesta de las luces o Purim.

Las fiestas históricas principales, eran tres: Pascua, Pentecostés y Tabernáculos. Eran oportunidades magníficas, en que se esperaban que llegaran al Templo todos los varones del pueblo de Israel, no solo los que vivían en la antigua Canaán, o en las tierras palestinas, sino también los que estaban esparcidos en la diáspora, en diversos lugares del mundo. Se celebraban, además, otros festivales con alguna importancia nacional: Por ejemplo, Día de la expiación, Día de la dedicación y la fiesta de Purim. A estas celebraciones debemos añadir, por la importancia espiritual y nacional que tenían, la fiesta del Año Nuevo, el guardar el Sábado y las ceremonias del primer día de luna nueva en el mes, también conocido como las neomenias.

Estas fiestas, cuyo origen posiblemente era rural, se reinterpretaron con el pasar de los años, y se relacionaron con algún evento de importancia en la historia nacional del pueblo de Israel. Por esa razón, estas festividades, que nacieron en contextos primordialmente locales y agrícolas, se transformaron en celebraciones históricas y nacionales.

Pascua

La primera gran fiesta anual judía era la Pascua (*Pesaj,* en hebreo), que revive y agradece la liberación de los israelitas del yugo que vivían en las tierras del faraón. Esta festividad recuerda y celebra, con regocijo óptimo, la intervención redentora del ángel exterminador, que había enviado el Señor, como parte de las llamadas «plagas de Egipto», para herir mortalmente a los primogénitos egipcios, sin hacer daño a los israelitas.

Estas celebraciones, que se llevaban a efecto junto a la fiesta de los Ácimos, tenían una duración de una semana, y comenzaban el día 14 de *nisan,* que corresponde en nuestros calendarios, a los meses de marzo o abril, o la primavera. Como en el Israel antiguo el calendario era lunar, se enumeraban los días luego de la primera luna nueva. La fiesta de los Ácimos, se caracterizaba por agradecer y consagrar a Dios los frutos de las nuevas cosechas del año. Los días más solemnes e importantes de estas celebraciones, eran el primero y el último, además del sábado que caía entre el 14 y el 21 del mes.

Las narraciones del Pentateuco (p.ej., Ex 12) sirvieron de base para las celebraciones de la Pascua, particularmente luego del exilio en Babilonia. Le cena pascual inicialmente se tomaba en pié, para recordar que la liberación de Egipto fue un evento rápido, a toda prisa, dispuestos para el viaje de liberación hacia el desierto, para llegar a Canaán, la Tierra Prometida.

Con el tiempo, sin embargo, en torno a las fiestas de la Pascua, se fueron elaborando liturgias y ritos que ponían de relieve la naturaleza teológica y la importancia histórica del evento y de la celebración. El cenar juntos, por ejemplo, era una oportunidad magnífica para que la familia, especialmente las nuevas generaciones, pudieran afirmar y evocar el recuerdo de la gesta redentora de parte de Dios.

Pentecostés

Las festividades de Pentecostés, también conocidas como de las Semanas (en hebreo *shebuot*), se celebraban siete semanas luego de la fiesta de los Ácimos. El objetivo básico era agradecerle a Dios las cosechas del trigo, el centeno y la cebada. Tanto Pentecostés como Ácimos, son festivales que tienen un origen rural y agrario, pues celebran, respectivamente, el comienzo y final de la recolección de cereales.

La interpretación teológica de esta celebración, con el tiempo, la relacionó con la renovación del pacto o alianza de Dios con Moisés y su pueblo en el Monte Sinaí. Esta fiesta recordaba, con alegría y dedicación, la extraordinaria revelación divina en el Monte de Dios, y se renovaba el compromiso nacional e individual con los valores y preceptos expuestos en el Decálogo o la Ley mosaica.

La celebración de Pentecostés incluía la preparación de banquetes, en que se invitaban familiares, vecinos y amigos. La educación, en este singular contexto, no solo se llevaba a efecto en el entorno de la familia más íntima, sino que se incorporaban también otras personas de la comunidad. ¡Era la celebración del pacto de Dios con su pueblo!

Tabernáculos

La tercera de las grandes fiestas en Israel era la de los Tabernáculos (*Sukkot* en hebreo). Celebraba inicialmente esta fiesta el final de la cosecha y de la recolección de los productos agrícolas. Se llevaba a efecto en otoño, durante los días del 15 al 22 de mes de *tishré*, que equivale a nuestros meses de septiembre y octubre. Era una celebración de regocijo y felicidad por los frutos de la tierra que Dios le había dado al pueblo.

Esta fiesta se originó en las dinámicas relacionadas con la temporada de recolección de frutos, cuando el pueblo levantaba chozas, cabañas, tabernáculos o tiendas en los campos y en las viñas. Posteriormente, el pueblo reinterpretó estas celebraciones, y las relacionó con el tiempo que pasaron los israelitas en el desierto en el peregrinaje hacia la Tierra Prometida, Canaán. Durante estas fiestas, el pueblo vive acampado en estos tabernáculos temporeros, para rememorar este importante período en la historia nacional.

De singular importancia en esta fiesta es la simbología del agua. En Jerusalén, el sumo sacerdote, cada día de las fiestas, rociaba el altar con agua que se traía del estanque de Siloé. El objetivo es recordar lo que Dios hizo en medio del desierto: ¡Brotó agua de las peñas, para apoyar el peregrinar de los israelitas hacia la Tierra Prometida! Además, el primer día de celebración, se iluminaba el atrio de las mujeres del Templo, con varias lámparas grandes. Era una manera simbólica de recordar la nube de Dios, que guiaba al pueblo en su peregrinar por el desierto del Sinaí.

Día de expiación

El Día de expiación era la oportunidad fundamental y especial que tenía el pueblo de Israel para reconciliarse anualmente con Dios. Esta celebración solemne, le brindaba a la comunidad el carácter de santidad requerido por el Señor, que recibía a través del perdón de los pecados y de todos los actos que les pudo haber separado de Dios. Era un momento significativo y especial para recibir el perdón por todos los pecados que se habían cometido durante el año, y que no habían sido perdonados. El ambiente emocional es de contrición, y la dinámica espiritual, de arrepentimiento.

Ese día, que fue adquiriendo importancia a través de los años, se celebraba el 10 de *tishré*, en los meses de septiembre y octubre, en el otoño. Las características fundamentales de esta celebración eran las siguientes: El ambiente solemne de los actos y la actitud penitencial del pueblo. En ese contexto de piedad y recogimiento, se llevaba a efecto un ayuno riguroso y se evitaban todo tipo de trabajos y esfuerzos.

El propósito fundamental del día, era perdonar todos los pecados de la comunidad, incluyendo los del sumo sacerdote y los principales del pueblo. Además, las ceremonias intentaban expiar las faltas e impurezas que los ritos regulares y tradicionales no habían podido perdonar. El santuario también era purificado de la posible contaminación por el contacto continuo con personas pecadoras. Ese era el único día que el sumo sacerdote podía entrar al lugar santísimo.

Día de la dedicación

La fiesta de la Dedicación, o *Hanukka*, recordaba el día en que Judas Macabeo purificó el Templo de Jerusalén, luego de la profanación al que fue sometido por los actos infames, impíos e impropios de Antíoco IV Epífanes, en el 167 a.C. El mismo Judas, instó a que se recordara ese acto heroico, y se celebrara esa gesta el 25 del mes de *kislev*, en diciembre.

En la época de Jesús, esta celebración se conocía con su nombre griego Encenias, que significa inauguración. Era un día de contentamiento y felicidad total, pues se hacían procesiones, se entonaban himnos y cantaban salmos, para recordar la efeméride histórica, y se ofrecían sacrificios significativos en el Templo. La fiesta también se conocía como de las Luces, pues se encendían lumbreras en el Templo, las casas y las sinagogas.

Fiesta de Purim

Esta fiesta se celebra los días 14 y 15 del mes de *adar*, en febrero y marzo, precedida por un ayuno el día anterior. Recuerda, esta celebración, la intervención salvadora de Dios, al liberar a los judíos del exterminio seguro que les había preparado Amán en el imperio persa, bajo el liderato del rey Asuero. Es una celebración que destaca, no tanto sus orígenes religiosos y espirituales, sino enfatiza elementos más seculares y profanos.

El nombre de Purim se asocia a la forma en que Amán seleccionó el día para llevar a efecto la gran matanza de los judíos: ¡Lo echó a la suerte! En hebreo, *purim* significa «suertes». En la época de Jesús, no parece que esta celebración tuviera gran importancia en el calendario judío oficial.

Fiesta del Año Nuevo

La celebración de Año Nuevo se lleva a efecto en el otoño, el primer día del mes de *tishré*, en septiembre y octubre, de acuerdo con el calendario lunar judío. En el Israel antiguo, esta fiesta estaba posiblemente relacionada a la teología de la realeza del Señor, particularmente de su entronización anual en la ciudad de Jerusalén, desde donde Dios gobernada en el monte de Sión. Es una celebración que pone de manifiesto el señorío divino y destaca su poder sobre la humanidad.

Con el tiempo, estas fiestas se relacionaron con el juicio divino a las naciones. Por esta razón, el ambiente sicológico, emocional y espiritual de estas festividades, es de conversión, arrepentimiento y solemnidad. Las celebraciones de Año Nucvo llegan a su punto culminante con la celebración del Día de expiación, conocido también como el *Yom Kippur.*

La celebración del sabbat

La celebración del día sábado o sabbat era particularmente importante en Israel no solo por la frecuencia semanal de su observancia sino por las implicaciones teológicas, espirituales y educativas que tenía. Era el día especial, prescrito específicamente en los Diez mandamientos, para rememorar el pacto o alianza que Dios hizo con el pueblo, además de su importante afirmación del descanso divino en la creación.

El cumplimiento de este importante mandamiento bíblico debía llevarse a efecto con fidelidad y gozo, y requería el descanso absoluto de todo tipo de trabajo. Era una manera de poner de manifiesto la lealtad del pueblo, y también era una forma de demostrar a las naciones, la naturaleza santa de sus relaciones con Dios. Con la observación del día de reposo, sábado o sabbat, el pueblo de Israel daba un elocuente testimonio público de su identidad nacional y de sus compromisos con el Dios de la creación y del pacto.

El sabbat comienza desde la caída del sol el día viernes, y finaliza a la puesta del sol del sábado. La familia toda participa de la celebración, que requiere una serie de preparativos especiales que incluyen desde la disposición y confección de los alimentos, que seguían una serie de reglas dietéticas específicas, hasta el uso de las ropas, que debían ser las mejores.

El contexto sicológico de la celebración no era el de un período de ocio perezoso, sino espacios de tiempo de calidad que rememoraban la felicidad de haber realizado los trabajos semanales de forma responsable; y era una manera adecuada de seguir el ejemplo divino, que descansó luego de los primeros seis días de creación. Y en el Templo, las actividades cúlticas aumentaban, pues se juntaban los sacrificios regulares diarios, con la inmolación de dos corderos y la presentación de las ofrendas pertinentes.

Neomenias

La celebración del primer día de luna nueva, o *neomenia*, tiene gran importancia en las culturas que fundamentan su calendario litúrgico en las fases de la luna. Ese día, de acuerdo con las estipulaciones de la Ley mosaica, había que sacrificar toros y carneros, además de las inmolaciones regulares por el pecado humano. El énfasis teológico y espiritual del día, estaba en las alabanzas a Dios, que expresaban la gratitud del pueblo por los beneficios y dones recibidos de parte del Señor.

Desde la perspectiva antropológica, esta celebración era de fundamental importancia, pues daba al pueblo y sus líderes religiosos, las claves naturales necesarias para organizar el calendario anual. De esa forma, podían cumplir, de manera efectiva, con las disposiciones y los mandamientos que están asociados a días específicos del calendario.

Otras fiestas judías eran las siguientes: Año del jubileo (Lv 25.8-11; 27.17-24; Nm 36.4), que se celebraba cada cincuenta años; y la santa convocación, el 22 de *tishri*, que cae en el calendario solar entre los meses de septiembre y octubre (Lv 23.36; Nm 29.35-38).

Los diversos grupos religiosos, políticos y militares

En la época de Jesús, diversos sectores religiosos de la comunidad manifestaban algunas diferencias en la interpretación y aplicación de la

Ley de Moisés. Aunque los judíos religiosos afirmaban que la Ley era la manifestación óptima de la revelación del pacto o alianza de Dios con su pueblo, existían discrepancias a la hora de comprender y actualizar de forma concreta sus enseñanzas. Esas diferencias, con el tiempo, se fueron agrandando, hasta el punto que llegaron a separar a los judíos observantes de la Ley en bandos, partidos o grupos religiosos definibles. Además, las nuevas realidades sociales, políticas y económicas del pueblo, por ejemplo, la ocupación romana, requerían aplicaciones noveles de la Ley, en las cuales no todos los sectores del judaísmo coincidían.

Aunque se pueden discernir, en el estudio del judaísmo en la época neotestamentaria, algunos elementos claros de unidad y continuidad teológica y hermenéutica, también son identificables varias diferencias claras en las expresiones religiosas y cúlticas. Inclusive, el estudio de la religión judía de ese período, puede descubrir y analizar varias corrientes de interpretación teológicas de la Ley. Intentaban descubrir el sentido de los mandamientos y las ordenanzas escriturales, en interpretaciones que no siempre coincidían.

Las diferencias en la interpretación de la Ley, no solo se deben a las diversas perspectivas y tendencias teológicas, filosóficas y pedagógicas de sus intérpretes. Algunos estudiosos del tema indican que esa discontinuidad hermenéutica puede relacionarse, de forma directa, con el dominio de los gobernantes seléucidas en Siria y Palestina, luego del siglo 3 a.C.: Ejercieron una presión intensa y constante para propiciar e incentivar que los judíos abandonaran su religión y sus costumbres, e incorporaran los valores, las enseñanzas y los principios éticos y morales que se desprendían del helenismo.

A esas presiones gubernamentales impropias, reaccionaron los Macabeos de forma decidida y violenta. Esa importante insurrección y levantamiento popular, que finalmente logró evitar la helenización total del judaísmo, es símbolo indiscutible de la autoridad moral, la firmeza ética, el valor espiritual, la sabiduría política, y la determinación militar del grupo de combatientes.

Luego del triunfo de los Macabeos, los diversos grupos de judíos piadosos, tradicionalmente conocidos en hebreo como los *hasidim,* no se pusieron de acuerdo en torno a las formas de comprender las relaciones entre el mundo de la política y las diferentes dinámicas que se manifiestan en la religión. Y uno de los temas de mayor contención y dificultad, era teológico y soteriológico: La salvación definitiva del pueblo debía provenir de la intervención divina, no de las decisiones políticas de los gobernantes. Mientras un sector esperaba las acciones divinas en medio de la historia humana y la sociedad, el otro desarrolló el tema de la esperanza apocalíptica y la escatológica.

Con el tiempo, y a la vez que las instituciones nacionales tomaron más fuerza y estabilidad, las diferencias entre los diversos sectores judíos se fueron agudizando, hasta que llegaron a convertirse en puntos concretos de ruptura teológica y política. Al llegar al primer siglo a.C., en el judaísmo palestino surgieron diversos grupos religiosos, políticos y hasta militares, que enfatizaban aspectos diferentes de las interpretaciones de la Ley. ¡Esos fueron los grupos que interaccionaron con Jesús y sus discípulos!

Entre esos grupos, se pueden identificar los siguientes, que muestran alguna identidad ideológica, política, religiosa, económica y social: Esenios, fariseos, zelotes, saduceos, herodianos y samaritanos.

Esenios

Los esenios eran una comunidad de judíos que rechazó el culto oficial en el Templo de Jerusalén, porque de acuerdo con sus creencias, era llevado a efecto por un grupo de sacerdotes que se habían desviado de la correcta interpretación de la Ley desde la época de los asmoneos. Y al darse de baja de las actividades cúlticas en el Templo, algunos posiblemente se refugiaron en unas cuevas en el desierto de Judea, cerca del Mar Muerto, para organizar un culto alternativo, fundamentado en las interpretaciones que ellos entendían correctas de la Ley.

La finalidad teológica de los esenios, era conservar y restaurar la santidad del pueblo, que era dirigido por líderes religiosos errados, corruptos e impuros. El propósito de ese exilio voluntario, de las dinámicas religiosas oficiales en Jerusalén, era eliminar, o por lo menos disminuir, las posibilidades de contaminación espiritual, religiosa, ritual, litúrgica y cúltica, que se producía en el Templo. Ellos se entendían a sí mismos como un templo espiritual, que sustituía, por lo menos de forma transitoria, al Templo, hasta que finalizaran las ceremonias indignas en Jerusalén, llevadas a efecto por esos sacerdotes que ellos consideraban, impuros, indignos e impropios.

Respecto a los esenios, en la actualidad poseemos bastante literatura que nos ayuda a comprender sus formas de vida y sus creencias. En primer lugar, tenemos las obras de Josefo, que describen cómo vivían y exponen varios de sus postulados teológicos más importantes. Además, contamos con los descubrimientos en las cuevas de Qumrán, que nos brindan información valiosa en torno a sus prioridades teológicas, formas de vida, doctrinas fundamentales, interpretaciones bíblicas y prácticas diarias.

Fariseos

Los fariseos surgen de los grupos piadosos judíos, *hasidim,* que rechazaban tenazmente lo que ellos llamaban, la usurpación asmonea del poder político y religioso del pueblo. El nombre en hebreo, *perushim,* alude a los «separados» o «segregados», para destacar la distancia que deseaban tener de las interpretaciones teológicas de la Ley que producían los grupos judíos oficiales de la época.

Para los fariseos, las prioridades teológicas se relacionaban con las interpretaciones de las leyes de pureza ritual, no solo en los ámbitos del Templo, sino que llegaban a las dinámicas sociales y seculares, es decir, fuera de los contextos litúrgicos inmediatos. El celo por cumplir, inclusive, las más mínimas regulaciones litúrgicas, les llevó a compilar una serie de tradiciones que entendían como la Torá oral, que guardaban, apreciaban y afirmaban como provenientes de Dios.

De acuerdo con esas interpretaciones legales y comprensiones teológicas de los fariseos, la Torá oral fue entregada a Moisés junto con la Torá escrita. Esta interpretación teológica, pone claramente de manifiesto, la autoridad legal, espiritual y moral que le daban los fariseos a esas tradiciones orales.

Para la comunidad de los fariseos, la Ley debía regir todas las dimensiones de la vida, y por esa comprensión, poco a poco, las interpretaciones de las leyes de Moisés fueron superando en importancia, para todo efecto práctico, las prácticas cúlticas. Los fariseos sacralizaron sus interpretaciones de la Ley de tal forma, que les llevó a rechazar otras comprensiones de las tradiciones mosaicas. Una vez entendieron que sus interpretaciones teológicas tenían fuerza de ley divina, se rompió la capacidad de comunicación y diálogo fructífero con los otros sectores del judaísmo de la época neotestamentaria.

Junto a la Ley, los fariseos apreciaban el estudio y la aplicación de las enseñanzas de los profetas, los salmos, la literatura sapiencial y el resto de los libros de la Biblia hebrea. Afirmaban la doctrina de la vida después de la muerte, y entendían que las personas serían recompensabas por Dios, luego de un juicio, conforme a las obras que habían hecho en la vida. Además, mantenían la esperanza en la llegada de un Mesías de la casa de

David, que liberaría al pueblo de sus cautiverios y opresiones, y traería la paz a Israel y al mundo.

Por la piedad que manifestaban, los fariseos eran respetados y apreciados por la comunidad judía en general. Inclusive, las autoridades del Templo recibían y apreciaban las recomendaciones y las instrucciones de los fariseos en temas relacionados con las purificaciones, los sacrificios y las ofrendas.

En la época de Jesús, gran parte de los grupos fariseos provenían de los escribas o doctores de la Ley. Con el devenir del tiempo, los fariseos se habían convertido en expertos en las interpretaciones de la Ley, no solo en sus implicaciones y dimensiones jurídicas sino en las dinámicas y prácticas religiosas. De hecho, existían escuelas para enseñar estas interpretaciones farisaicas de la Ley, y eran los fariseos los que tradicionalmente interpretaban la Torá en los cultos semanales de las sinagogas.

Referente al mundo de la política y sus relaciones con los gobernantes de turno, los fariseos expresaban diversas tendencias y posiciones. Todos afirmaban la soberanía divina sobre la naturaleza y la historia humana, aunque algunos toleraban el sometimiento al poder del imperio romano, siempre y cuando las autoridades políticas no se inmiscuyeran en sus prácticas religiosas e interpretaciones teológicas. Un sector de los fariseos no aceptaba ningún tipo de colaboración con gobiernos que no reconocieran a Dios como único rey.

De acuerdo con las narraciones evangélicas, Jesús de Nazaret conocía muy bien este grupo, pues tenía contacto con ellos y hasta visitaba a algunos de sus líderes (Lc 7.36-50). Es posible que el Señor perteneciera a alguna comunidad relacionada con los fariseos (p.ej., Lc 7.36; 11.37; 13.31; 14.1; Jn 3.1; 7.50-51). De esa forma se explicaría su conocimiento interno de las doctrinas del grupo y sus fuertes críticas a ese sector religioso de la comunidad (p.ej., Mt 9.24; 12.14,24; 16.1-12; 22.15; Jn 7.32; 9.16; 11.47-48,57). Quizá rompió con ellos por el fundamentalismo religioso que manifestaban, que les impedía entender que en el mundo de la religión, y en la sociedad en general, lo más importante son las demostraciones concretas de amor y misericordia.

Zelotes

Como los fariseos afirmaban la esperanza en la llegada del Mesías que libraría al pueblo de Israel de sus cautiverios, un grupo de ellos entendió que la resistencia armada y militante era una forma adecuada de propiciar la redención nacional. Ellos estaban conscientes de la importancia política de la religión, e intentaron afirmar la soberanía del Señor en el pueblo de Israel, a través de la violencia y la lucha armada. Es posible que el nombre zelote, que alude a su celo por Dios y el cumplimiento de la Ley, se lo dieran ellos mismos para poner de manifiesto sus doctrinas.

Aunque al inicio, los zelotes eran reducidos en número, con sus demostraciones históricas y políticas en el pueblo, y particularmente por el alzamiento en armas incentivado por Judas el Galileo, el grupo fue adquiriendo fama y respeto entre los algunos sectores judíos. Es importante señalar, en torno a la gesta combativa de Judas, que su fundamento fue primordial y eminentemente teológico: El pueblo de Israel no podía permitir la esclavitud y la opresión de algún pueblo extranjero, pues tenía en el Señor a su verdadero rey y redentor.

Los zelotes entendían que el uso de la fuerza para obtener la liberación nacional era válido; entendían que la resistencia armada era una opción válida y necesaria ante la ocupación romana Y como estaban en la tradición teológica general de los fariseos, también afirmaban que la redención provenía únicamente del Señor.

A esas comprensiones teológicas básicas, añadían que ellos eran solo colaboradores en el proceso histórico de la salvación política del pueblo. En efecto, el celo del grupo incentivaba, inicialmente, el cumplimiento de la Ley, y proseguía en el campo político, pues entendían que podían hacer uso de las armas, si éstas tenían un propósito redentor para el pueblo de Israel. Morir en la lucha era un honor, pues era un martirio e inmolación que santificaba y glorificaba el nombre del Señor.

A la medida que la pobreza y la opresión aumentaba en el pueblo, los zelotes se hacían más populares en la comunidad. Su lucha final contra el imperio romano, sin embargo, no solo terminó en la derrota militar aplastante del grupo, sino en una gran catástrofe nacional. De acuerdo con las narraciones evangélicas, Jesús de Nazaret no siguió las inquietudes y los programas violentos que los zelotes promulgaban. Su comprensión de la violencia no era la que mostraban los zelotes, que entendían que cualquier método violento para finalizar con las manifestaciones opresivas del imperio romano en palestina, eran necesarias y válidas. En el corazón del mensaje de Jesús estaba la paz y la no violencia, que se fundamentan en la implantación de la justicia.

Saduceos

Los saduceos eran un grupo importante que provenía generalmente de los sectores económicos y políticos privilegiados de la sociedad judía palestinense. Pertenecían a la llamada alta sociedad, y eran miembros de familias sacerdotales, aristocráticas y cultas. En esencia, este sector religioso de la comunidad, era el que seguía la antigua línea ideológica de los asmoneos, que guardaban muy buena relación con las autoridades romanas, e interactuaban bien con las fuerzas militares de ocupación nacional.

Con el tiempo, y la sagacidad política, los saduceos se habían convertido en los representantes de la comunidad judía ante las autoridades del imperio romano. Aunque en la época de Herodes el Grande, tuvieron algunas dificultades serias con el gobierno, les fue mucho mejor con sus sucesores.

El nombre de saduceos posiblemente se relaciona con el sacerdote Sadoc, que tuvo gran importancia durante el reinado de David. De esa línea sacerdotal, es que surgen los sadoquitas. Es muy posible que el nombre se lo hayan puesto al grupo algunos adversarios, como una crítica social y política, por la relación y cercanía que tenían con las autoridades romanas de la época.

Los saduceos pensaban que el pueblo de Israel era una nación santa, y esa naturaleza santa estaba garantizada por el pacto o alianza que Dios mismo había establecido en el Monte Sinaí. Esa santidad nacional se afirmaba continuamente y se reiteraba mediante los sacrificios y las ceremonias que se llevaban a efecto a diario en el Templo. Entendían que las celebraciones cúlticas diarias eran suficientes para perdonar los pecados del pueblo, sin que hiciera falta ninguna actividad religiosa adicional, ni que mediaran más regulaciones ni acciones para garantizar la pureza ritual del pueblo judío.

Desde la perspectiva teológica, los saduceos eran amantes de la Ley, pero no creían en los extremos legales en los cuales estaban inmersos los fariseos. No aceptaban la Ley oral, que se componía de las enseñanzas tradicionales de los maestros, como inspirada por Dios, ni afirmaban la importancia de las secciones bíblicas de los profetas y los escritos. No creían tampoco en la vida después de la muerte, como es el caso de los fariseos, ni habían desarrollado una teología fuerte fundamentada en la esperanza escatológica.

La popularidad de los saduceos en la comunidad no era tan grande como la de los fariseos, aunque sí tenían gran poder político y reconocimiento de las autoridades romanas. La influencia que ejercían en la comunidad, se fundamentaba en sus relaciones con el imperio, no en el aprecio y la afirmación que recibían del pueblo judío en general. Rechazaron con vehemencia el mensaje de Jesús, pues amenazaba la estabilidad política, el prestigio social y la seguridad económica que disfrutaban. Entendían que un líder como el predicador de Nazaret, amenazaba sus intereses nacionales ante el imperio romano. Por esa razón, procuraron eliminarlo.

Herodianos

En su mayoría, los herodianos eran un grupo de judíos que se pueden relacionar directamente con los sectores más conservadores y reaccionarios de los saduceos. Como estaban asociados directamente con el poder político que ejercía el imperio romano en Palestina, afirmaban y respaldaban públicamente la figura del Herodes el Grande como su líder, y de sus descendientes, en representación de las fuerzas invasoras de ocupación. Y por esas relaciones cercanas y serviles con las fuerzas militares y políticas romanas, los herodianos no gozaban del aprecio popular y el respeto de las masas de judíos en Palestina.

Con los cambios en la administración política en la región, los herodianos se mantuvieron en las cercanías del poder, y permanecieron en los palacios de los descendientes de Herodes. Rechazaron las enseñanzas de Jesús, pues era una amenaza a la autoridad y el poder político de Herodes y su dinastía, que a su vez representaban a Roma en la región.

Samaritanos

Las diferencias entre las poblaciones que históricamente habitaron los reinos del norte, con su capital en Samaria, y el reino del sur, con Jerusalén como su centro político, eran bastantes, y generaron animosidad y hostilidad entre los grupos. Esos conflictos políticos y religiosos se manifestaron en el período de la reconstrucción del Templo, cuando los judíos que regresaron del exilio en Babilonia no les permitieron a los samaritanos participar en el proyecto de reconstrucción por considerarlos impuros.

Los samaritanos no eran reconocidos como israelitas, porque los asirios, al conquistar el reino del norte, deportaron a su población nativa y la sustituyó con gente de otros lugares del imperio que tenían diversas culturas y procedencias étnicas. Al pasar del tiempo, esas nuevas comunidades en Samaria adoptaron la religión y las costumbres locales, las autoridades en Jerusalén nunca les reconocieron como parte del pueblo de Israel.

Esas dinámicas continuas, de confrontación y rechazo de parte de la comunidad judía, incentivó que los samaritanos desarrollaran sus propias costumbres, teologías, prácticas y tradiciones religiosas. Por ejemplo, tenían un grupo sacerdotal distintivo, con sus prácticas y ceremonias peculiares, y llevaban a efecto sus actividades en el templo que habían construido en el monte Gerizim. Como sus Escrituras Sagradas, aceptaban únicamente la Torá como fuente de autoridad y guía moral y litúrgica.

En la época de Jesús, la región de Samaria estaba intensamente helenizada, y la hostilidad contra los judíos se manifestaba de forma constante. Uno de los caminos para llegar desde la Galilea a Jerusalén pasaba por la región de los samaritanos. Y de acuerdo con las narraciones evangélicas (Jn 4), Jesús tuvo una muy importante conversación con una mujer de esa comunidad, en la cual se ponen de relieve las diferencias, los conflictos y las hostilidades entre los grupos judíos y samaritanos.

Del estudio de ese diálogo con la mujer de Samaria, se desprende que fue ella quien llevó las buenas noticias de Jesús a su comunidad. De singular importancia en la narración, es que Jesús superó las diferencias étnicas y los prejuicios sociales para entablar esa conversación.

Según el Evangelio de Juan, a Jesús le era necesario pasar por Samaria. Esa afirmación, más que una declaración geográfica, es una importante afirmación teológica. La necesidad real de Jesús, no la generaba las diversas alternativas de caminos antiguos, sino el deseo que tenía el evangelista Juan de incorporar en su mensaje la predicación de Jesús a los samaritanos. Esa era una forma de indicar, que el mensaje cristiano superaba los prejuicios y las hostilidades, que tan mal servicio le habían dado a las comunidades samaritanas y judías.

6

El nacimiento de Jesucristo

El nacimiento de Jesucristo fue así:
Estando comprometida María, su madre, con José,
antes que vivieran juntos
se halló que había concebido del Espíritu Santo.

Mateo 1.18

En torno al evangelio, los evangelios y los evangelistas

La palabra castellana «evangelio», que significa «buena noticia», proviene del griego *euangelion*, que pone de relieve una idea relacionada con la transmisión de una noticia importante, significativa y buena. Desde la perspectiva cristiana, lo que se afirma y transmite, son las buenas nuevas de salvación relacionadas con la vida y obra de Jesús, también reconocido como el Mesías o Cristo de Dios. Y la unión entre el nombre propio del protagonista de esas noticias y sus funciones mesiánicas, produjeron la importante designación «Jesucristo».

Aunque el Nuevo Testamento incluye cuatros documentos o libros que se conocen tradicionalmente como los evangelios (Mateo, Marcos, Lucas y Juan), desde el punto de vista de la fe cristiana solo hay un «evangelio», y ese es el mensaje de Jesucristo, el hijo de Dios, que por la voluntad divina tomó forma humana, o encarnó (Jn 1.14), y es el autor indiscutible de la salvación. Estas afirmaciones teológicas constituyen el fundamento más importante de la predicación cristiana a través de la historia.

Los cuatro evangelios que se incluyen en el Nuevo Testamento, presentan la «buena noticia» de Dios a la humanidad, o el «evangelio» de Jesucristo. Fueron escritos con el propósito de exponer la naturaleza y las actividades del originador de esas noticias, basadas en la fe y la seguridad de que Jesús era la respuesta divina a las necesidades humanas. Esos cuatro evangelios canónicos se redactaron para afirmar que Jesús cumplía con las esperanzas mesiánicas del pueblo de Israel, y que anunciaba la llegada del reino de Dios en medio de la historia de la humanidad.

El apóstol Pablo, en esa misma tradición teológica, indica que su «evangelio» es el anuncio y la proclamación de la gracia divina, que consistía fundamentalmente en la aceptación de Jesús como el enviado de Dios, que llegaba al mundo con intensión redentora, no solo al pueblo de Israel sino a toda la humanidad (Ro 1.1,9,16;16.25; 1 Co 15.1; Gl 2.7; 2 Ti 2.8). La gente de diferentes culturas y lenguas, tenía acceso a la salvación por medio de la aceptación de Cristo como Señor y Salvador (Ro 1.5; 5.1; 6.14,22-23).

Los evangelistas fueron las personas que se dieron a la importante tarea de recopilar, estudiar, analizar, revisar y redactar el evangelio de Dios, que consistía, a la vez, de los recuerdos de la vida y obra de Jesús de Nazaret, junto a las interpretaciones de esos dichos y hechos, como su muerte, resurrección y ascensión. No eran escritores independientes y desapasionados, que intentaban redactar la biografía de algún personaje distinguido en la historia.

Eran gente de fe y sentido de dirección, los evangelistas; personas de convicciones serias y profundas; hombres que habían aceptado e incorporado en sus vidas los valores que promulgaba y afirmaba Jesucristo, a quien presentaban en sus escritos; representantes de comunidades de creyentes que trataban de celebrar, afirmar y aplicar las enseñanzas de Jesús en medio de sus realidades cotidianas.

La función primordial de los evangelistas era anunciar la buena noticia de Dios que traía Jesucristo a la humanidad (Hch 21.8; Ef 4.11; 2 Ti 4.5). La intensión básica de sus escritos no era la presentación detallada de todos los eventos y las circunstancias singulares que enmarcaron las palabras y los actos de Jesús. De acuerdo con el Evangelio de Juan, el propósito de los evangelios es que la gente crea que «Jesús es el Cristo, el Hijo de Dios, y para que creyendo tengáis vida en su nombre» (Jn 20.31). ¡Tenían, en efecto, un claro y explícito propósito evangelístico! Sin embargo, aunque la intensión era misionera y teológica, mucha información, en torno a Jesús no se sabría si no contáramos con los evangelios canónicos.

Los evangelistas redactaron sus evangelios para presentar el evangelio de Jesucristo. Y ese evangelio se articula por medio de narraciones en torno a la persona de Jesús de Nazaret, con el propósito de edificar a las iglesias y educar a los creyentes, compartir ese testimonio con diversas personas para que aceptaran esas buenas noticias de Dios, y guardar y asegurar la memoria histórica de los acontecimientos que tenían gran significación espiritual para la comunidad de fe. Y el material que usaron para redactar sus escritos provenía del recuerdo que se había transmitido de forma oral luego de la resurrección de Cristo, y de algunos documentos que recogían parcialmente esas tradiciones orales y las fijaron de forma escrita.

El material que se incluye en los evangelios canónicos alude directamente a la vida de Jesucristo; y las iglesias han aceptado esos documentos como autorizados y fidedignos. Desde el punto de vista literario, por ejemplo, hay sermones, parábolas, oraciones, oráculos, enseñanzas, y episodios de Jesús solo, con sus discípulos y con sus adversarios. Y desde la perspectiva temática, se pueden identificar varias secciones mayores, que corresponden a una introducción general, el cuerpo del material, y la conclusión de la obra.

Las narraciones de la infancia de Jesús, que corresponden a una especie de introducción temática y teológica de los evangelios, incluyen algunos detalles importantes que rodearon su nacimiento. Posteriormente, se encuentra el cuerpo de la obra, o su centro literario, que presenta los discursos y las acciones, los sermones y las enseñanzas, las parábolas y los milagros, y los dichos y hechos de Jesús. Finalmente, se incorporan a los relatos, las narraciones de la pasión, o la conclusión, que describen los días finales de Jesús con sus discípulos, y presentan sus reacciones ante la traición, persecución, arresto, tortura y crucifixión. Estos episodios indican que, luego de la muerte, Jesucristo resucitó y ascendió a los cielos. Toda esta obra se redacta desde la perspectiva de la fe.

Las narraciones de la infancia

La introducción que se provee en los evangelios canónicos referente a la vida de Jesús, fundador y líder del cristianismo, lo ubican en su entorno primario y básico del hogar. Aunque desde la perspectiva teológica, las revelaciones divinas referentes al Mesías comienzan mucho antes, con las profecías veterotestamentarias (p.ej., 2 S 7.1-29; Is 7.14; 9.1-9), las narraciones de la infancia ponen de relieve sus comienzos en la historia de la humanidad. Son relatos que presentan a Jesús en medio de una serie extraordinaria de dinámicas que rodearon su nacimiento.

Una lectura detenida de todos esos relatos pone en evidencia clara que la intensión fundamental de sus autores es mucho más teológica que histórica. El propósito primario de estas narraciones es indicar que el nacimiento de Jesús fue una experiencia singular, única, especial, excepcional, milagrosa. ¡En torno al nacimiento de Jesús, es necesario y determinante indicar que María no tuvo un parto rutinario! Fue un acontecimiento extraordinario que estuvo rodeado de eventos espectaculares, revelaciones maravillosas, experiencias significativas, teofanías asombrosas, virtudes sorprendentes.

De esa forma, desde los inicios mismos de las narraciones, que Mateo describe no como el natural nacimiento de Jesús de Nazaret en el poblado de Belén que estaba enclavado en la región de Galilea en la antigua Palestina, sino como el «nacimiento de Jesucristo» (Mt 1.18), a quien el ángel de Dios describe claramente sin dilación como el que cumplirá lo dicho por el profeta Isaías (Is 7.14-17), pues «salvará a su pueblo de sus pecados» (Mt 1.21).

El objetivo fundamental de estos relatos, es ubicar a nuestro personaje en una dimensión teológica y mesiánica amplia, profética y especial, pues ponen de relieve una serie de milagros que enfatizan la importante tradición de nacimientos de figuras distinguidas del Antiguo Testamento. En el Evangelio de Juan, por ejemplo, el inicio de la vida de Jesús revela esa misma intensión, pues destaca los niveles eternos, creativos y cósmicos de la encarnación: «En el principio era el Verbo, y el Verbo estaba con Dios, y el Verbo era Dios» (Jn 1.1).

La comprensión adecuada del nacimiento de Jesús debe tomar en consideración el grupo de narraciones que describe los nacimientos de figuras distinguidas en la historia del pueblo de Israel. Esos relatos sirven para destacar la naturaleza especial y las funciones divinas que debían llevar a efecto, posteriormente, esos personajes. Son pasajes cargados de simbolismos e imágenes, llenos de significaciones teológicas y espirituales, plagados de imaginación y revelación divina.

En los relatos, por ejemplo, de los nacimientos de Isaac (Gn 18.9-15), Sansón (Jue 13), Samuel (1 S 1) y Juan el Bautista (Lc 1.5-25) se destaca el hecho que la madre era estéril o no estaba en la edad de concebir. Y en las narraciones del nacimiento de Moisés, se enfatizan los peligros que enfrentó el recién nacido y las intervenciones milagrosas que preservaron su vida (Ex 2.1-10). En todos esos pasajes se pone de relieve de manera clara, la manifestación extraordinaria y plena del poder divino, que es capaz de transformar las circunstancias adversas y potencialmente mortales que amenazaban a los niños y convertirlas en ambientes de estabilidad y seguridad que les preservaron la vida.

Los relatos del nacimiento de Jesucristo tienen esa misma intensión teológica: Desde el comienzo mismo de las narraciones, se enfatiza la manifestación de la voluntad divina que es capaz de superar los diversos problemas que enfrenta el nacimiento y el niño. Esos problemas, de acuerdo con el Evangelio de Mateo, pueden ser de corte biológico, por ejemplo, que María no vivía aún con José (Mt 1.18), o de naturaleza criminal, como el programa exterminador del rey Herodes (Mt 2.16-18). Y en medio de todas esas circunstancias desafiantes y adversas, de forma continua y poderosa, se manifiesta la gracia divina que llega para proteger y preservarle la vida al niño.

El protagonista indiscutible pero invisible de todas estos narraciones es Dios, que está detrás de la historia humana preparando las condiciones y el camino para lo que, posteriormente, se revelaría en torno a Jesucristo. La providencia divina juega un papel protagónico en todos estos relatos, pues los autores evangélicos entienden que el niño por nacer se convertirá en un instrumento indispensable para la actualización y contextualización de la voluntad divina en medio de las realidades humanas.

Respecto a los pasajes de la infancia, el vacío informativo que se manifiesta en los evangelios canónicos en torno a Jesús se llena en la literatura apócrifa. Como parte de esta singular literatura, se encuentra un libro en torno a Jesús, que presenta algunos episodios e incidentes durante la niñez, El *Evangelio de la infancia según Tomás*. En esta obra se describe cómo el niño Jesús mató a un compañero de juegos que le molestaba, y cuando los padres se quejaron ante José, les dejó ciegos; se indica cómo resucitó a otro niño amigo que murió al caer del techo de su casa, y cuando lo acusaron de su muerte resucitó al niño para que explicara lo que había sucedido; y se explica cómo sanó la herida mortal que le infringió una serpiente venenosa a su hermano Santiago.

Estas narraciones, que presentan a un Jesús caprichoso y temperamental, que no está consciente de los valores éticos y morales relacionados con el poder divino, no están a la par con la imagen que los evangelios canónicos presentan del fundador del cristianismo. El fundamento histórico de esas narraciones es seriamente cuestionable, pues la misma comunidad, cuando era ya adulto, no se explicaba de dónde había salido el poder y la sabiduría para hacer milagros, pues solo era el hijo de José el carpintero (Mt 13.54-55).

La anunciación

El relato de la anunciación describe las conversaciones del ángel Gabriel con María (Lc 1.26-38; cf. Mt 1.18-22). El ángel le indica directamente a María que estaba embarazada porque había concebido del Espíritu Santo. El propósito fundamental de la narración es establecer, sin lugar a dudas, que tanto el embarazo anunciado por el ángel como el nacimiento predicho de Jesús, eran experiencias milagrosas, en las cuales Dios intervenía de forma extraordinaria y significativa en la historia humana.

El relato de la anunciación a María sigue la tradición de revelaciones angelicales que, en el Antiguo Testamento, se hacía a mujeres estériles [p.ej., Sara (Gn 18.9-15), la madre de Sansón (Jue 13.2-5) y Ana (1 S 1.1-20)]. En todos estos casos, el propósito teológico fundamental es poner de manifiesto, sin lugar a dudas, que no hay nada «imposible para Dios» (Gn 18.14). Son formas narrativas de enfatizar el poder divino, son maneras literarias de afirmar que la voluntad de Dios no se detiene ante ningún obstáculo humano, ni frente a ninguna dificultad física.

En los relatos de la anunciación no se puede obviar el papel que jugó José, que estaba comprometido oficialmente con María, y que es descrito como un hombre «justo» (Mt 1.20-22). ¡Esa es la forma semítica de elogiar las virtudes religiosas, morales y éticas de alguna persona! José, en efecto, se había criado en un ambiente apegado a las tradiciones judías y la Ley. Los relatos bíblicos desean puntualizar que era un hombre responsable.

Sin embargo, dadas las circunstancias tan complejas del embarazo, y las dinámicas biológicas y físicas tan difíciles de creer, un ángel de Dios también se le apareció a José para explicarle lo sucedido y para indicarle que no abandonara a María. Además, le explica el significado del nombre «Jesús», y le anuncia su misión en la vida. La revelación divina provee para que José también entienda la naturaleza y extensión de los acontecimientos. Son formas de manifestar las convicciones en torno al mesianismo de Jesús, que su familia debía entender y apreciar.

Jesús es la forma griega del hebreo «Yeshua» o «Yehoshua», que significa «el Señor salva». La pronunciación del nombre «Josué», en las comunicaciones diarias en la Galilea, tomó la forma dialectal de Jesús. Fundamentado en la explicación del significado de ese nombre, el ángel le reveló a José la importancia del futuro hijo que tendría María. Le indicó, además, que no debía dejarla ni infamarla, porque todo era parte de un extraordinario plan divino.

La comunicación del nombre Jesús tiene gran importancia teológica, histórica y exegética. El Evangelio de Mateo fundamenta la revelación del nombre, en un importante mensaje mesiánico del profeta Isaías (Is 7.14), que se cita en su versión griega: «Una virgen concebirá y dará a luz un hijo y le pondrás por nombre Emanuel» (que significa «Dios con nosotros») (Mt 1.13).

En el idioma hebreo, la palabra traducida al griego, y posteriormente al castellano, como «virgen», alude eminentemente a una mujer que ha alcanzado su madurez física y desarrollo sexual; es decir, la expresión en su contexto profético inicial, se refiere a una mujer que está en edad casadera, sin hacer referencia a su vida sexual. El objetivo de Mateo es destacar que María no había conocido varón cuando descubrió que estaba embarazada por el poder del Espíritu de Dios. ¡El evangelista desea subrayar el componente milagroso del evento! ¡Un portento especial trajo a Jesús al mundo! ¡La primera afirmación teológica en torno a Jesús, aún antes de nacer, fue su concepción extraordinaria por el Espíritu Santo!

En el relato que incluye el Evangelio de Lucas de la anunciación, es a ella que se explica la naturaleza prodigiosa del embarazo. Y en esa significativa revelación angelical, no solo se interpreta el nombre de Jesús, sino que se afirma categóricamente, la importancia del futuro del niño por nacer: Será «grande», o muy importante, pues se conocerá como el Hijo del Altísimo o de Dios, heredará el trono de David, y reinará sobre la casa de Jacob. Además, añade la revelación, que su reino será eterno (Lc 1.31-33), que es una manera de relacionar al niño con las antiguas profecías mesiánicas (2 S 7). En efecto, la anunciación a María pone de relieve la singularidad de la revelación, la particularidad del embarazo, la esencia divina del nacimiento, y la naturaleza mesiánica del niño.

Respecto a este tema de la anunciación, no debemos ignorar ni pasar por alto el hecho que en el Evangelio de Lucas se anuncia también el nacimiento de Juan el Bautista (Lc 1.5-25). En esta ocasión, sin embargo, se trata de la revelación divina a un sacerdote en funciones, Zacarías, y a su estéril esposa, Elisabet (Lc 1.7). De acuerdo con el relato, mientras Zacarías ejercía sus responsabilidades en el Templo, se le apareció repentinamente el ángel Gabriel, como posteriormente lo haría con María. Esta revelación se llevó a efecto a la derecha del altar del incienso (Lc 1.11), que estaba justo al lado del lugar santísimo, símbolo supremo de la presencia de Dios ante el pueblo.

Al notar la confusión del sacerdote, el mensajero divino procede a explicarle la naturaleza del anuncio y las implicaciones de la revelación. Elisabet tendrá un hijo que llevará a efecto una tarea de gran responsabilidad ante Dios y el pueblo, y por esa razón se consagrará a Dios desde el vientre de su madre: Se abstendrá de tomar vino y sidra, que era el voto que hacían los nazareos (Nm 6.15; Jue 13.4,7-14), y será lleno del Espíritu Santo (Lc 1.15-17). También le indicó, que delante de él estará el «espíritu de Elías», que es una manera figurada de referirse al estilo, las formas de comunicación y el mensaje del antiguo e importante profeta bíblico, y que propiciará que muchos de los hijos y las hijas de Israel se conviertan al Señor.

Esta revelación al sacerdote sigue el mismo patrón bíblico ya descrito: Mujeres incapaces de procrear, que reciben el favor divino y se convierten en madres. En la antigüedad, los judíos consideraban la esterilidad como una señal física del rechazo de Dios. La narración tiene el mismo propósito teológico que las anteriores: Poner de manifiesto público el poder divino que es capaz de vencer las dificultades que se interpongan en el camino de la implantación de la voluntad de Dios en el mundo. Y la mudez temporera de Zacarías, es una forma de enfatizar la importancia de tener fe y confianza ante las revelaciones de Dios (Lc 1.20).

Las anunciaciones a María y José, y también a Zacarías y Elisabet, se unen en el Evangelio de Lucas. La joven María, según este evangelio, se trasladó de Nazaret a las montañas de Judea, para visitar a su parienta de edad avanzada, posiblemente para contarle todo lo relacionado con las revelaciones de Dios y su embarazo (Lc 1.39-56). Sin embargo, tan pronto María entró a la casa y saludó, el bebé de Elisabet saltó en el vientre, gesto que fue entendido como un signo divino, que motivó su famoso saludo, lleno del Espíritu Santo: «Bendita tú entre las mujeres y bendito el fruto de tu vientre» (Lc 1.42).

Posteriormente, María responde a la salutación de Elisabet con un elocuente salmo de alabanza al Señor, conocido tradicionalmente como el *Magníficat* (Lc 1.46-55). En el poema se manifiesta la gratitud de María, y se engrandece y alaba el nombre divino por sus intervenciones liberadoras en la historia a favor de las personas humildes. Este cántico, que en su contenido primordial, rechaza la soberbia y arrogancia de la gente poderosa, es un magnífico ejemplo de salmos bíblicos que no están incluidos en el libro del Salterio.

El nacimiento de Jesús

Aunque los cuatro evangelios canónicos tienen el propósito de presentar la vida y obra de Jesús, solo dos de ellos revelan con alguna intensidad y extensión, los detalles de su nacimiento en Belén de Judea (Mt 1.1—2.23; Lc 1.5—2.52). Marcos comienza su obra directamente con la predicación profética de Juan el Bautista, y con el bautismo de Jesús en el Río Jordán, una breve referencia a su tentación en el desierto, y el tema de predicación que utilizó en Galilea, después que Juan fuera encarcelado (Mc 1.1-15). Y Juan comienza su evangelio con un himno extraordinario a la encarnación del Verbo divino, en el cual presenta a Jesús como una figura mesiánica y eterna (Jn 1.1-5).

Los evangelios de Mateo y Lucas, sin embargo, incluyen algunos datos de gran importancia para nuestra comprensión de la naturaleza divina y humana de Jesús. Particularmente, nos ayudan a entender mejor las reflexiones teológicas de las primeras comunidades cristianas en torno a Jesús como el Mesías, el Cristo de Dios. Nos permiten también analizar las diversas tendencias teológicas en las iglesias y nos ayudan a comprender los desafíos a los que debían responder los primeros evangelistas cristianos.

Las narraciones del nacimiento, en efecto, son unas ventanas magníficas para ver cómo los evangelistas presentaron el evento "Cristo", particularmente su resurrección, a sus diversas comunidades de fe. Lo que históricamente sucedió en el nacimiento de Jesús, fue recogido de forma oral por diversos grupos de creyentes, y posteriormente fue interpretado y redactado en narraciones breves que utilizaron Mateo y Lucas en sus evangelios. Lo que tenemos en el Nuevo Testamento para estudiar el nacimiento de Jesús, son esas percepciones espirituales y reflexiones teológicas, que están llenas de fe en el Cristo de Dios, y que no se inhiben al poner de manifiesto esas profundas convicciones religiosas.

Una de las primeras noticias que se incluye en los evangelios en torno a Jesús, es su genealogía. Para la comunidad judía en general, especialmente luego del destierro en Babilonia, esas listas de los antepasados o ascendientes tenían gran importancia, pues constituían una forma concreta de demostrar que pertenecían al pueblo de Israel, además de identificar la tribu y la familia específica con la cual se podían relacionar.

En Mateo, la genealogía de Jesús es la declaración inicial del evangelio, y comienza con David que era el hijo de Abrahán, y prosigue con su descendencia hasta llegar a José, el marido de María. La estructura literaria se dispone en tres grupos de catorce generaciones cada uno: De Abrahán a David; de David a la deportación a Babilonia; y de la Deportación a José (Mt 1.17). En esta estructura, se destaca que Jesús proviene del linaje de David (Ro 1.3-4)

La comprensión y perspectiva genealógica que presenta el Evangelio de Lucas es diferente. En primer lugar, se incluye después de las narraciones del nacimiento, antes de las tentaciones pero luego del bautismo (Lc 3.23-38). Y mientras que en Mateo se destaca la línea patriarcal de Jesús desde Abrahán y David, en Lucas se pone de relieve la descendencia de María y llega hasta Adán.

En efecto, cada evangelio tiene su propia finalidad teológica al presentar los antepasados de Jesús: Mientras Mateo destaca la casa de David, pues Jesús es el cumplimiento histórico de las aspiraciones mesiánicas del pueblo; Lucas enfatiza la línea de María (el pasaje indica que Jesús era «hijo, según se creía, de José»; Lc 3.23), pues en toda su obra destaca el rol de las mujeres en el ministerio de Jesús, además de llegar hasta Adán, que es una manera de destacar el universalismo del evangelio. Mateo enfatiza la línea mesiánica judía, y Lucas subraya el elemento universalista, pues el evangelio llega a todas las naciones.

Un detalle narrativo de gran importancia histórica es la referencia que se hace en Lucas al censo que llevó a José y María, desde Nazaret, en Galilea, hasta Belén, en Judea. El nacimiento de Jesús, de acuerdo con el relato, fue durante el censo general promulgado por Augusto Cesar, mientras Cirenio era el gobernador romano en Siria (Lc 2.1-7). Cada varón empadronado o censado debía ir a la ciudad de sus antepasados.

De acuerdo con las fuentes históricas disponibles, entre ellas los escritos de Josefo, Cirenio llevó a efecto un censo regional por los años 6 ó 7 d.C. Esa es, sin embargo, una fecha tardía para relacionarla directamente con el nacimiento de Jesús, que posiblemente fue algunos años antes de la era cristiana. Quizá, con esta referencia, el evangelista Lucas deseaba ubicar el nacimiento de Jesús en una perspectiva histórica comprobable, aunque las fechas precisas del nacimiento y del censo son difíciles de armonizar.

La estadía de José y María en Belén, además, tiene una muy importante función teológica en la narración. Era fundamental, desde la perspectiva de las profecías mesiánicas, que el niño Jesús naciera en Belén, aunque la familia vivía en Nazaret, que estaba en la región de Galilea, al norte palestino. El propósito básico del relato es afirmar que los antiguos oráculos en torno a la llegada del Mesías se estaban cumpliendo. El profeta Miqueas había anunciado que el Mesías y Señor esperado vendría de la casa de David, y que específicamente procedería de Belén (Miq 5.2; cf. Mt 2.6; Jn 7,42).

De singular importancia teológica y espiritual es el entorno de humildad que rodea las narraciones del nacimiento de Jesús. De acuerdo con los relatos que se incluyen en el Evangelio de Lucas, los ángeles de Dios se revelaron en primer lugar a los pastores en el campo, no al rey Herodes; no había un lugar adecuado para la familia en la ciudad; el niño nació en un pesebre inhóspito, espacio para los animales; y los sabios del Oriente no llegaron al palacio real, fueron directamente al niño. Ese sentido de sencillez y sobriedad, también se pone de manifiesto en el resto del evangelio, que enfatiza la buena noticia: Dios humilla a la gente soberbia, orgullosa y arrogante, mientras realza, ensalza y afirma a la gente sencilla, humilde y pobre (Lc 1.46-55).

Respecto a los ángeles que anunciaron el nacimiento de Jesús, es importante destacar el mensaje que presentaron. La revelación a los pastores, que declaraba el nacimiento de Jesús, lo identifica claramente como el Mesías: «Os ha nacido hoy, en la ciudad de David, un Salvador, que es Cristo el Señor» (Lc 2.11). Y, posteriormente, entonan una alabanza que glorifica a Dios en los cielos y afirma la paz en la tierra, que son temas que identifican y anuncian la inauguración de la era mesiánica en medio de la historia humana (Lc 2.14).

En esa misma tradición de afirmaciones mesiánicas y de humildad, debe entenderse la presentación del niño Jesús en el Templo (Lc

2.22-39). José y María cumplían de esta forma con las regulaciones judías de la época: Participaban de los ritos de purificación luego de los partos. Además, una lectura atenta de este singular episodio pone en evidencia que detrás de esta narración puede haber una alusión a la presentación de Samuel ante Dios (1 S 1.24-28). Samuel, que era un regalo de Dios a su madre estéril, es el prototipo ideal de juez, profeta y sacerdote. No podemos ignorar, respecto a esta figura cimera del judaísmo, el hecho que, según el testimonio bíblico, fue el que ungió a los primeros dos reyes de Israel.

El anciano Simeón, en estas narraciones, subraya y afirma el carácter universal del evangelio. Como le había sido prometido, el Espíritu Santo le llevó al Templo en el momento oportuno de la presentación del niño Jesús, para que pudiera ver al Mesías (Lc 2.26-27). Y como respuesta a esa extraordinaria revelación y cumplimiento de las promesas de Dios, el anciano entona un cántico, en la tradición de los salmos bíblicos, y similar a los poemas previos relacionados con María y Zacarías, que tradicionalmente se conoce como el *Nunc Dimitis* (Lc 2.29-32).

El salmo de Simeón evoca los temas tradicionales del profeta Isaías, especialmente su espíritu universalista y su teología inclusiva. De acuerdo con el cántico, la salvación de Dios, con el nacimiento del Mesías, no solo llegará al pueblo de Israel, que esperaba ese gran acontecimiento, sino a todas las naciones. Esa comprensión teológica amplia de Lucas, es una característica literaria y temática en toda su obra. Además, para ubicar este episodio en el contexto de la vida de Jesús, se anuncia la pasión de Jesús y los sufrimientos de su madre. Una vez más se ponen de manifiesto la importancia que Lucas brinda a las mujeres en su evangelio (Lc 2.36-39).

Un fenómeno astral significativo

En ese entorno histórico, religioso y político, el Evangelio de Mateo incluye una narración de singular significación teológica (Mt 2.1-12). Junto a los relatos evangélicos que indican que Jesús nació en la pequeña ciudad de Belén, se incluye un detalle referente a la visita de un grupo de sabios (tradicionalmente conocidos como «magos») provenientes del Oriente. Ese episodio se ubica en el contexto histórico preciso de la administración de Herodes el Grande, que gobernó Judea como vasallo de Roma por varias décadas (37-4 a.C.). Y esa referencia histórica (véase también Lc 3.1) nos permite fijar el nacimiento de Jesús por lo menos dos años antes de la muerte del monarca, c.7-4 a.C.

Esos sabios eran personas que estudiaban las estrellas que provenían de algún país oriental, que no se identifica con precisión en los relatos bíblicos. Eran esencialmente astrónomos que se dedicaban a observar e interpretar el movimiento de los astros. El relato bíblico no indica el número, aunque tradicionalmente se ha dicho que eran tres, porque llevaron tres presentes al recién nacido: Oro, incienso y mirra.

Referente al número de sabios, además, es importante indicar que en la antigüedad la gente no viajaba sola, sino en caravanas; además, hay que recordar que el número tres es signo de perfección o totalidad en las tradiciones bíblicas. La simbología detrás del relato, es una posible alusión anticipada a que los pueblos no judíos distantes del oriente llegaran a reconocer y adorar al niño. Un grupo «perfecto» o «completo» de representantes de diversas comunidades del mundo, reconocen, de acuerdo con el evangelista Mateo, al Salvador de la humanidad.

El evangelio indica que esos sabios fueron guiados por una estrella que les llevó de las ciudades lejanas del Oriente específicamente hasta Belén, muy cerca de Jerusalén, que constituía la sede del gobierno del rey Herodes.

Las posibles explicaciones físicas de ese fenómeno astronómico, que pone de manifiesto claro varias implicaciones teológicas, son las siguientes: Algunos estudiosos, en primer lugar, indican que esa estrella se refiere más bien a un cometa, o una supernova, que observaron y documentaron los astrónomos chinos en marzo o abril del año 5 a.C. Otros asocian el fenómeno al cometa Halley, que se hace visible en el Oriente Medio cada 75 años, y que se pudo ver en Palestina en el año 12 a.C. De esta manera se explica la aparición celestial del fenómeno físico, aunque la fecha del cometa Halley no puede relacionarse con las fechas disponibles y probables del nacimiento de Jesús.

Inclusive, otras explicaciones son más de carácter simbólico y teológico. Hay quienes entienden que ese fenómeno es similar a la columna de fuego que guiaba a los hijos e hijas de Israel, en su peregrinar por el desierto al salir de Egipto hacia las tierras de Canaán. En ambos casos, el fenómeno visual era intermitente, pues aparecía y se desvanecía por tiempos, además de estar orientado hacia la Tierra Prometida.

También hay estudiosos que indican que la estrella era más bien un ángel que transmitía un mensaje divino. Hay que recordar que en las Sagradas Escrituras algunos autores utilizan la palabra «estrella» para describir a los ángeles (p.ej., Ap 1.20). Y en esa misma tradición angelológica, se debe reconocer que tanto los escritores judíos como los cristianos antiguos aludían a los ángeles como agentes divinos que guiaban y orientaban a las personas.

Una teoría muy interesante, respecto a la llamada «estrella de Belén», es la que se relaciona con la alineación de los planetas Júpiter y Saturno en la constelación de Pises en el año 7 a.C. Esta teoría se fundamenta en narraciones antiguas que han sido científicamente corroboradas por cálculos astronómicos contemporáneos. Desde el Oriente Medio, específicamente desde la región de Palestina, esa alineación celestial se veía como una «gran estrella» en medio de los cielos. Ese avistamiento, que se produjo alrededor de los días 29 de mayo, 20 de septiembre y 5 de diciembre, de acuerdo con esta teoría, sería el fundamento de la narración evangélica que relaciona los sabios, la estrella que les guía, y el nacimiento del Mesías en Belén. Esta singular alineación se produce una vez cada miles de años.

Respecto a esa singular teoría, debemos añadir que, en las comprensiones regionales del horóscopo antiguo, esos astros tenían una gran tradición simbológica: Júpiter representa a los reyes; Saturno alude al pueblo judío, de acuerdo con fuentes literarias que provienen de Roma y Babilonia; y la constelación Pises, que significa pez, representa las tierras al este del Mar Mediterráneo, la antigua Canaán, Palestina o Israel. Con esa información de trasfondo, piensan los promotores de esta teoría, los sabios del Oriente entendieron que había nacido el rey de los judíos en Belén, que está ubicada en el centro de las tierras palestinas o de Israel.

De acuerdo con esta teoría, el nacimiento de Jesús se debe haber producido en el año 7 a.C., entre el 29 de mayo y el 5 de diciembre.

Ese fue el contexto histórico, social, político y religioso que enmarcó el nacimiento, la vida y el ministerio de Jesús, y el origen y desarrollo de las primeras iglesias. En ese mundo culturalmente helenístico, políticamente romano y religiosamente judío, se guardaron las memorias orales de las enseñanzas de Jesús de Nazaret, que con el tiempo se transformaron en las narraciones literarias que se incluyen en los evangelios canónicos.

Herodes y la matanza de los niños

Las narraciones del nacimiento de Jesús que se incluyen en el Evangelio de Mateo, incluyen un episodio de gran fuerza histórica y teológica. ¡Herodes se sintió amenazado por el nacimiento de un niño que era reconocido por algunos representantes internacionales como el futuro rey de los judíos! Esas noticias deben haber preocupado grandemente al monarca, que como respuesta ordenó la matanza de los niños de menos de dos años nacidos en Belén. Esa decisión infanticida de Herodes se conoce tradicionalmente como «la matanza de los niños inocentes» (Mt 2.16-18).

Para el evangelista, la decisión del rey estaba relacionada con un oráculo antiguo que se encuentra en el libro del profeta Jeremías (Mt 2.18; cf. Jer 31.15), que alude a las angustias, los sufrimientos, las lamentaciones y los gemidos por un grupo de niños que había perecido. Esa profecía, posiblemente, se relaciona con el exilio de los israelitas a Babilonia, que eran descendientes de José, hijo de Jacob y Raquel.

Sin embargo, la lectura cuidadosa del relato no puede ignorar la relación temática que muestra con la decisión del faraón de Egipto que intentó frenar el crecimiento de los hijos de Israel, con otra matanza de niños indefensos. Ese fue el contexto del nacimiento de Moisés, que fue milagrosamente salvado de esa muerte por la intervención divina. Posteriormente, ese niño salvado por Dios de la matanza ordenada por el rey de Egipto, se convertiría en el liberador y guía del pueblo de Israel.

La narración pone en evidencia clara la relación que muestra Mateo entre Jesús y Moisés. ¡También Jesús fue salvado de la matanza ordenada por el rey Herodes y posteriormente se convirtió en el libertador del pueblo de Israel! Esos paralelos enfatizan la importancia que el evangelista le da a Jesús como un nuevo Moisés, como la nueva figura de autoridad moral y religiosa que interpreta y actualiza las antiguas leyes mosaicas.

Las referencias fuera del testimonio bíblico de esa orden criminal del rey Herodes contra los niños inocentes de Belén no se han descubierto. Sin embargo, ese gesto irracional está en consonancia con las comprensiones que se tienen en la actualidad del gobernante, que era arrogante, cruel, inmisericorde, déspota, temperamental, agresivo, implacable, criminal y violento.

Ejemplos claros de ese comportamiento sicópata y enfermizo de Herodes, son los siguientes: Solo unos días antes de morir ordenó ejecutar a su hijo mayor, que le sucedería en el trono; ordenó también quemar vivos a dos estudiosos judíos que habían destruido un águila de oro, representante del imperio romano, que estaba ubicada en el Templo de Jerusalén; e, inclusive, ordenó la ejecución de los dos hijos que tenía con su esposa preferida.

Belén era una ciudad muy pequeña en esa época. Algunos estudiosos estiman que vivían en sus comunidades como mil personas. La mortalidad infantil, en un período donde la falta de higiene imperaba, se piensa llegaba a ¡un treinta por ciento de los partos! Y bajo esas condiciones, posiblemente, habría en Belén como 15 a 20 niños de menos de dos años de edad.

El episodio de la huida a Egipto de José y María con el recién naci-do (Mt 2.12-15), prosigue la relación temática en el Evangelio de Mateo, entre Moisés y Jesús. Son similares las penurias que vivió el antiguo pue-blo de Israel, que se sentía oprimido por las decisiones políticas de Egip-to, y los dolores del pueblo judío que vivía en la Palestina humillada y ocupada por el imperio romano, que era representado directamente por el gobierno del rey Herodes.

Entre los paralelos y las similitudes de Moisés y Jesús, que Mateo esperaba que sus lectores identificaran, se encuentran los siguientes: Am-bos superaron una orden de aniquilación de niños; Moisés dejó Egipto cuando su vida corría peligro a manos del faraón, al igual que Jesús que salió de Belén por temor a Herodes; Dios le ordenó a Moisés que regresa-ra a Egipto luego de la muerte del faraón, al igual que ordenó a la familia de Jesús que regresara a Nazaret después de la muerte de Herodes; final-mente, Moisés liberó a los israelitas de la esclavitud de Egipto, y Jesús les liberó de la esclavitud del pecado.

El joven Jesús en el Templo

Un episodio adicional en torno a Jesús, antes de comenzar su minis-terio público, lo ubica de joven en el Templo. Únicamente Lucas alude al incidente, que tiene cierta importancia teológica. De acuerdo con la na-rración, la familia de Jesús había ido a Jerusalén, y cuando finalizaron las actividades oficiales, regresaron a Nazaret. Luego de varios días de viaje, se percataron que Jesús no estaba en la caravana, y decidieron regresar a buscarlo.

Y, en efecto, lo encontraron en el Tempo, sentado con los doctores de la Ley y especialistas, escuchándolos y haciendo preguntas. El objetivo del pasaje es incorporar una respuesta teológica y vocacional de gran im-portancia para Jesús. Ante el reclamo de su madre, Jesús responde: «¿Por qué me buscábais? ¿No sabíais que en los negocios de mi Padre me es ne-cesario estar?» (Lc 2.49). Esta importante declaración teológica de Jesús, de acuerdo con el evangelista Lucas, tiene la intención de afirmar que la conciencia mesiánica de Jesús ya estaba presente desde antes de su bautis-mo, desde su temprana juventud.

Jesús, el hijo de José y María, debe haber tenido una infancia normal en su natal Nazaret. Posiblemente, jugaba con sus amigos en la comunidad los juegos de niños más populares de esa época. Varios de esos juegos se han identificado con alguna precisión por las referencias literarias encontradas en documentos antiguos, o por las imágenes descubiertas en varias excavaciones arqueológicas.

Entre esos juegos se pueden identificar los siguientes: Tiraban bolas de cuero o lana al suelo, y las movían con algún pedazo de palo de madera; tenían también canicas de barro o roca, y las movían con las manos; y también jugaban algunos tipos de juegos de mesas, aunque las tablas para el juego se dibujaban en el suelo.

La transición entre los episodios de la natividad y el desarrollo del ministerio de Jesús como adulto, de acuerdo con Lucas, se pone claramente en evidencia la siguiente declaración: «Y Jesús crecía en sabiduría, en estatura y en gracia para con Dios y los hombres» (Lc 2.52). De esa manera el Evangelio de Lucas mueve sus narraciones de las etapas introductorias al cuerpo de la obra.

La lectura detenida y la evaluación sosegada de todas las narraciones evangélicas de la infancia de Jesús revelan las intensiones teológicas de los evangelistas. Estos episodios subrayan las comprensiones mesiánicas de Jesús que tenía la comunidad cristiana primitiva, de la que se hacen eco los evangelios canónicos. Los detalles históricos precisos y concretos del nacimiento de Jesús en los evangelios, ceden el paso a las comprensiones teológicas amplias y explicaciones espirituales más profundas, que ponen en clara evidencia la reflexión de años y la ponderación madura en torno al significado de la figura de Jesús de Nazaret.

Jesucristo es el objeto temático y teológico principal de todas estas narraciones. Y en estos relatos se destaca fundamentalmente la providencia divina sobre el niño Jesús y su familia, que le protegió y preparó para que con el tiempo pudiera llevar a efecto su tarea docente y liberadora. Además, se subraya que los detalles que enmarcan su nacimiento, corroboran que Jesús es el Mesías esperado.

7

Mensajes y enseñanzas

Viendo la multitud, subió al monte y se sentó.
Se le acercaron sus discípulos,
y él, abriendo la boca, les enseñaba…

Mateo 5.1-2

Predicación desafiante y transformadora

El proceso de formación integral de Jesús de Nazaret se fundamentó no solo de las dinámicas educativas formales y curriculares en la sinagoga, sino de la pedagogía que se desprende de las observaciones y reflexiones relacionadas con la geografía palestina, la contemplación de la naturaleza, el disfrute de la cultura, la afirmación de los valores que se articulan en las instituciones y en las experiencias religiosas, y las instrucciones y los principios éticos que se reciben en el hogar. Esa constelación de experiencias y dinámicas, fue el gran marco de referencia que cinceló, de forma significativa, indeleble y singular, la figura del joven predicador judío de la Galilea.

Con ese cúmulo de experiencias y trasfondos, Jesús decidió peregrinar los campos y las ciudades palestinas, hasta llegar a Jerusalén. Llegó a la ciudad santa, con un proyecto de vida transformador y un mensaje liberador, que respondía a los reclamos más hondos del pueblo. En esos viajes, el rabino nazareno llevó a efecto una tarea pedagógica, que afectó positivamente no solo a sus discípulos inmediatos sino a muchos más seguidores a través del tiempo y la historia. Esa labor educativa itinerante, le permitió escuchar el clamor de la gente desposeída, ver el dolor de las personas marginadas y heridas, comprender las lágrimas de las personas enfermas, oprimidas y cautivas, analizar las implicaciones, los desafíos y las desesperanzas producidas por la ocupación romana, y propiciar el entendimiento de la naturaleza y extensión de su misión como rabino, predicador, educador, sanador, liberador y profeta. ¡Descubrió Jesús, en sus viajes y enseñanzas, las necesidades espirituales más hondas e imperiosas del pueblo!

Las personas que entraban en contacto con Jesús, no solo reconocían la importancia inmediata de sus mensajes y la pertinencia de sus enseñanzas, sino que notaban ciertas peculiaridades éticas que no se ponían de manifiesto necesariamente en la pedagogía de otros maestros y rabinos de su época. Aunque sus discursos incluían temas y asuntos que también eran expuestos por otros líderes religiosos, su estilo elocuente, sus nuevos énfasis, sus prioridades noveles, y sus respuestas sabias a los reclamos de los sectores más heridos y desamparados por las instituciones políticas, religiosas y sociales de su tiempo, hicieron que la gente sencilla le siguiera, que los líderes inteligentes lo entrevistaran, que las mujeres y los niños le apreciaran, y que las autoridades políticas y religiosas le temieran.

En torno a Juan el Bautista y las tentaciones

De singular importancia es el descubrimiento que los cuatro evangelios canónicos coinciden en indicar que el ministerio de Juan el Bautista se llevó a efecto antes que Jesús comenzara su predicación del reino en la Galilea (Mt 3.1-12; Mc 1.1-8); Lc 3.1-9,15-17; Jn 1.19-28). Aunque cada evangelio tiene su peculiar intensión teológica, y pone de manifiesto una estructura literaria y temática definida que responde a sus objetivos, coinciden en indicar que el Bautista precedió y «preparó el camino» para que Jesús pudiera llevar a efecto su ministerio de forma efectiva en Palestina.

Es significativo notar, además, que los sinópticos están de acuerdo en indicar que el elemento clave del ministerio de Juan era su particular énfasis en el bautismo. Inclusive, Marcos, que posiblemente es el más antiguo de los evangelios, indica con claridad que Juan no solo bautizaba sino que predicaba explícitamente lo que denomina «el bautismo de arrepentimiento» (Mc 1.4), que era una forma figurada de destacar el tema de la conversión genuina a Dios. Ese singular tipo de bautismo, tenía la finalidad precisa de lograr el perdón de los pecados de la gente, no solo la pureza religiosa tradicional.

Las actividades bautismales de Juan tienen posiblemente más de un origen histórico y teológico. De un lado, se pueden relacionar con la antigua costumbre judía de «bautizar» a los prosélitos, como un tipo de rito de iniciación, que marcaba el momento de ingresar oficialmente a esa nueva comunidad de fe, aunque algunos estudiosos piensan que esta práctica fue posterior a las actividades de Juan. Otros, sin embargo, asocian las actividades del Bautista con las prácticas de purificación que se llevaban a efecto entre los esenios, particularmente en la comunidad de Qumrán, ubicaba no muy lejos de donde Juan predicaba y bautizaba. De acuerdo con algunos documentos descubiertos en Qumrán, en las cuevas del Mar Muerto, ese grupo sectario de judíos llevaba a efecto una serie de baños rituales, o abluciones, para lograr un estado adecuado de pureza ritual y espiritual. No debemos ignorar el hecho que, posiblemente al comienzo de la era cristiana, por el valle del Jordán, florecieron algunos grupos religiosos que, en oposición al sacerdocio oficial de Jerusalén, llevaban a efecto ciertas ceremonias de purificación, entre las que se pudieran incluir prácticas bautismales.

Desde que se descubrieron las cuevas de Qumrán, y comenzaron los estudios sistemáticos de los documentos del Mar Muerto, no han faltado académicos que presenten y destaquen las relaciones entre Juan el Bautista y los qumramitas. Llaman la atención las similaridades teológicas, temáticas, exegéticas y prácticas de ambos, que, en efecto, son significativas.

Entre esas continuidades, podemos mencionar, a modo de ejemplo, la importancia que el Bautista y los qumramitas daban a los baños rituales que practicaban, el énfasis escatológico y apocalíptico en los mensajes que afirmaban, y las formas de vida ascética que les caracterizaba. Sin embargo, aunque se descubren fácilmente similitudes reconocibles, debemos recordar que en esa época había diversos grupos con esas mismas características teológicas y prácticas litúrgicas, que estaban en la misma región del desierto de Judea, en las inmediaciones del Mar Muerto y el Río Jordán.

La característica teológica fundamental del bautismo de Juan es el componente escatológico. Para el Bautista, el juicio final era inminente, el fin del mundo se acercaba, y la era escatológica estaba próxima, y ante esas realidades apocalípticas, se necesitaba un verdadero arrepentimiento, una conversión real y significativa.

De acuerdo con el Evangelio de Mateo, los líderes religiosos, particularmente los fariseos y saduceos, no podían justificar que eran el pueblo escogido de Dios fundamentados en que eran descendientes de Abrahán. En Lucas, la gente respondió inicialmente, de forma positiva, a la predicación del Bautista. Llegaban las multitudes ante Juan para ser bautizadas, junto a varios publicanos y algunos soldados (Lc 3.7-14).

El mensaje de Juan era fuerte, decidido, valiente y agresivo: «¡Generación de víboras!, ¿quién os enseñó a huir de la ira venidera? Haced, pues frutos dignos de arrepentimiento…» (Lc 3.7-8). El fundamento ético de su predicación destacaba la importancia de la justicia y la responsabilidad social de la gente. No estaba tan interesado el Bautista en subrayar los componentes litúrgicos y cúlticos de la experiencia religiosa, sino en poner de manifiesto la necesidad de vivir de acuerdo con los valores éticos y morales que se relacionan con la implantación de la justicia.

El Bautista era un predicador elocuente y entusiasta. Su mensaje estaba en la tradición de los profetas de Israel. Su énfasis en la justicia social era un elemento atrayente para la comunidad desposeída, a la vez que era causa de preocupación ante las autoridades romanas y sus lacayos judíos.

Sin embargo, aunque su mensaje era profético y desafiante, los evangelios sinópticos concuerdan que Juan el Bautista no era el Mesías. Y para explicar la relación entre el Bautista y el Mesías, citan un mensaje del profeta Isaías: «Voz del que clama en el desierto: "Preparad el camino del Señor, enderezad sus sendas…"» (Lc 3.4; cf. Is 40.3-5). Juan, de acuerdo con los evangelios canónicos, tomó esa palabra profética y la incorporó en sus mensajes, la incluyó en su plataforma religiosa.

Fundamentados en Isaías, los evangelistas afirmaban que el Bautista vino a preparar el camino del Mesías. El Evangelio de Juan, inclusive, para enfatizar ese rol preparatorio en relación con el ministerio de Jesús, indica que el Bautista mismo dijo, y testificó: «Este es de quien yo decía: "El que viene después de mí es antes de mí, porque era primero que yo"» (Jn 1.15).

Juan el Bautista era, en efecto, testigo del Mesías, y su ministerio consistía en dar testimonio de la luz, en una alusión a Cristo (Jn 1.6-8). Ya Mateo había indicado que el Bautista no era digno de llevar el calzado de Jesús (Mt 10), para poner de manifiesto su actitud humilde y sumisa ante el Cristo de Dios, para enfatizar su rol de precursor del ministerio de Jesús de Nazaret.

Entre los factores que indujeron a las multitudes a seguir el Bautista y procurar el bautismo, están esos gestos de humildad y de reconocimiento divino. Y entre las personas que se allegaron al bautista para ser bautizados, en esas actividades multitudinarias del desierto, se encontraba un joven predicador y rabino palestino, de la región galilea, específicamente del pequeño poblado de Nazaret. Llegó atraído por la fama, posiblemente quedó impresionado por el mensaje, y definitivamente, respondió positivamente al llamado a ser bautizado.

El bautismo de Jesús es una narración evangélica de gran importancia teológica. En este episodio, se afirma públicamente, antes de comenzar su ministerio itinerante, que Jesús era el Hijo de Dios y que Dios mismo se complacía de sus acciones y vida. Para Marcos, el bautismo de Jesús fue el momento de descubrir su verdadera naturaleza mesiánica (Mc 1.10-11), pues los cielos se abrieron y se escuchó la voz que le reconocía como su amado hijo. Esa misma teofanía es descrita en el Evangelio de Lucas de una forma más impresionante: ¡El Espíritu Santo descendió sobre Jesús en forma de paloma! (Lc 3.22). Y en Mateo ese mensaje se dirige al público, pues Jesús es el hijo amado de Dios (Mt 3.16-17).

La identificación de Jesús como el hijo amado de Dios proviene de las imágenes del Salterio, particularmente del Salmo 2.7. Los evangelistas tomaron ese pasaje y lo leyeron de forma profética y mesiánica, y lo aplicaron a Jesús en su bautismo. En el idioma griego, la palabra que significa «amado», también puede traducirse por «único» y «especial».

El relato del bautismo de Jesús prepara el camino para que los evangelios sinópticos incluyan las narraciones de la tentación. La naturaleza espiritual y emocional de las tentaciones es difícil de comprender o explicar, aunque la intensión teológica es definitivamente clara: El Mesías fue tentado directamente por el diablo, pero salió airoso de esas batallas espirituales.

Este singular episodio de la vida de Jesús afirma, además, que desde el comienzo mismo de su ministerio hubo fuerzas demoníacas que intentaron detener su programa de salvación, sanidad y liberación, pero que frente a esas dificultades, Jesús, con la fuerza, la autoridad y el poder que le daba la Palabra de Dios, triunfó contra esas dinámicas satánicas que le querían desviar del cumplimiento de la voluntad de Dios en su vida.

En los evangelios de Mateo y Lucas las tentaciones son tres, y esas narraciones revelan similitudes importantes. Aunque el orden de las tentaciones no es el mismo, en ambos evangelios Jesús es tentado en tres ocasiones. Posiblemente, el orden de las tentaciones que presenta Mateo es el original, pues va en forma progresiva desde el convertir las piedras en pan, tirarse del alero del Templo, hasta ofrecerle todos los reinos del mundo y sus glorias (Mt 3.1-11; cf. Mc 1.12-13; Lc 4.1-13). Las formas en que Jesús venció las tentaciones, revela el uso de una forma de estudio antiguo que se conoce como *midras*, que utiliza un versículo de las Escrituras para explicar otros pasajes.

La lectura teológica de todo el relato pone de manifiesto su verdadera naturaleza teológica y su finalidad mesiánica. La referencia a los cuarenta días de ayuno de Jesús, es una clave hermenéutica importante en el pasaje. Moisés pasó cuarenta días en el Sinaí, antes de recibir las tablas de la Ley (Ex 24.18—31.18). Además, los israelitas, junto a Moisés, peregrinaron por el desierto por cuarenta años, antes de llegar a la Tierra Prometida. El libro del Deuteronomio, identifica ese período como uno de «prueba en el desierto» (Dt 8.2). De esta forma la narración ubica a Jesús como un nuevo Moisés que luego de un período de prueba importante lleva al pueblo a disfrutar la voluntad divina.

Respecto a las tentaciones, es menester notar que los versículos de la Torá que Jesús usa para vencer estas tentaciones de Satanás, son los mismos que utilizó Moisés, de acuerdo con el Deuteronomio, en su peregrinar por el desierto, antes de llegar a las tierras de Canaán. La expresión, «no solo de pan vivirá el hombre» alude al Maná que Dios le dio al pueblo (Dt 8.3), tentar a Dios es la actitud de los israelitas en Massá (Dt 6.6), y el mostrar los reinos del mundo, puede ser una alusión al episodio cuando Moisés vio la Tierra Prometida desde el monte Nebo (Dt 32.49; 34.1).

Las tentaciones en el Evangelio de Marcos tienen una finalidad teológica diferente. En primer lugar, hay que notar que en este evangelio no se indican el número de las tentaciones, solo se dice que Jesús permaneció en el desierto por cuarenta días para ser tentado por Satanás, que estaba con las fieras y que los ángeles le servían (Mc 1.12-13). Es una narración breve, pero de gran significación teológica y espiritual.

El número cuarenta alude al período de prueba, un tiempo adecuado de preparación para enfrentar con valor las tentaciones en el desierto, y también para vencer las posteriores dificultades en la vida. La referencia a las fieras, es quizá una alusión al jardín del Edén, donde, de acuerdo con el testimonio bíblico (Gn 2.4b-25), Adán vivía en paz con los animales, incluyendo los salvajes. Esa imagen es una forma de decir que, al superar las tentaciones que Adán no pudo vencer, se restituía la armonía con la naturaleza, que se había perdido con el pecado. Y el comentario que los ángeles le servían, hay que entenderlo a la luz de las tradiciones judías, que afirmaban que los ángeles también servían a Adán y Eva. En Marcos, en efecto, las tentaciones ubican a Jesús en el entorno del Edén, como la persona que es capaz de restablecer las buenas relaciones con Dios, que tienen implicaciones con la naturaleza y con el mundo espiritual.

Y con esa gran introducción teológica, los evangelios indican que Jesús comenzó su ministerio en Galilea. La finalidad teológica de los evangelistas es presentar la vida y obra de Jesús de Nazaret, a la vez que indican que es el cumplimiento de las profecías del Antiguo Testamento y el cumplimiento de las aspiraciones mesiánicas del Pueblo. Para los evangelistas, Jesús de Nazaret era el Cristo de Dios, el Mesías esperado, el Hijo de Dios, el Hijo de David... No están interesados los evangelistas en presentar una vida de Jesús sin pasión o teología, articulan la fe de las comunidades que habían entendido y aceptado la buena noticia de Dios en la figura de Jesús.

Ministerio en Galilea

Jesús de Nazaret decidió iniciar su tarea pedagógica en el norte de la Palestina, específicamente en la región de Galilea, donde se había criado. Además, era un lugar que conocía muy bien sus comunidades, geografía, caminos, lagos, costumbres y meteorología. Según las narraciones evangélicas, luego de la muerte de Juan el Bautista, Jesús, que estaba en Judea, decidió regresar a su contexto familiar primario, que ciertamente le brindaba seguridad y confianza en un momento de gran crisis política y de serias persecuciones ideológicas (Mt 4.12).

El Evangelio de Mateo indica directamente que, en primer lugar, luego del asesinato del Bautista, Jesús volvió a Nazaret (Mt 4.13), antes de moverse a Capernaún, cerca del Lago de Galilea. Marcos solo indica que se fue a la Galilea (Mc 1.14), mientras que Lucas añade que enseñaba en las sinagogas antes de regresar a Nazaret (Lc 4.15). Y en el Evangelio de Juan se afirma que Jesús ya había comenzado a reclutar algunos discípulos mientras estaba en Judea, en la región donde Juan el Bautista llevaba a efecto su ministerio de predicación profética y bautismos de arrepentimiento (Jn 1.42-43).

Comenzar en Galilea le brindaba a Jesús algunas ventajas que no se deben pasar desapercibidas. En primer lugar, esa región estaba lejos de Judea, el escenario primario de Juan el Bautista y sus discípulos, donde generaban ansiedad y tensión ante las autoridades romanas y herodianas. Además, Galilea estaba distante de Jerusalén, donde vivían los maestros e intérpretes más estrictos de la Ley.

En el norte, sin embargo, las ciudades y comunidades pequeñas, eran más tolerantes y abiertas al diálogo, por la distancia del Templo y sus sacerdotes, y por las influencias importantes del helenismo en la región. Como vivían rodeados de gentiles y cerca de los samaritanos, las dinámicas sociales y relaciones comunitarias entre los diversos sectores religiosos, eran más sobrias y respetuosas que en la ciudad de Jerusalén.

Galilea, en efecto, es una región esencialmente pequeña. Su extensión es como de ochenta kilómetros (50 millas) de norte a sur, y de cincuenta kilómetros (30 millas) de este a oeste. Esas dimensiones geográficas, que no son extensas, propiciaron que las pequeñas comunidades judías que vivían en la región desarrollaran sistemas efectivos de comunicación y apoyo mutuo. El Lago de Galilea, inclusive, que era el centro físico de las actividades regionales, servía de anfiteatro para los mensajes de Jesús. Y como las condiciones del tiempo en la región, la mayor parte del año, eran generalmente agradables y estables, el joven rabino podía llevar a cabo su tarea vocación itinerante durante más tiempo.

Aunque estaban rodeados de comunidades paganas, los judíos de la Galilea esperaban la llegada del Mesías. Particularmente, anhelaban que el Mesías finalizara de una vez y por todas con la ocupación romana, que era la fuente de muchas dificultades sociales y políticas, y era el fundamento de los resentimientos nacionalistas contra Roma en general, y contra la Casa de Herodes en particular.

Inclusive, de acuerdo con el Evangelio de Mateo, el profeta Isaías afirma la importancia de la «Galilea de los gentiles», para la llegada final y definitiva del Mesías (Is 9.1-2). El apelativo de «los gentiles» alude al ambiente no ortodoxo que rodeaba a las comunidades judías en la región.

La referencia a Zebulón y Neftalí, que eran dos de las tribus de Israel que tradicionalmente estaban ubicadas en Galilea, pone de relieve la importancia regional en las profecías mesiánicas. Además, en ese mismo capítulo, el profeta brinda con claridad los nombres del Mesías, que aluden significativamente a su importante tarea pedagógica y liberadora: Admirable consejero, Dios fuerte, Padre eterno y Príncipe de paz (Is 9.6-7).

Predicaciones en las sinagogas

Durante la época de Jesús, se estilaba que durante las celebraciones sabáticas algún predicador o maestro se dirigía al grupo para explicar, comentar y aplicar las lecturas que se hacían de la Ley o la Torá, y también del resto de las Escrituras, particularmente de los profetas. Esas lecturas de la Torá se hacían en ciclos de tres años y medio; posteriormente también se leían algunas porciones de la literatura profética. Era un ambiente de reflexión y estudio, pues las lecciones en torno a la Ley eran de vital importancia para las prácticas religiosas del pueblo. Además, en ese contexto religioso y educativo, es que se nutrían las esperanzas mesiánicas de la comunidad judía.

Ya para el primer siglo de la era cristiana, el hebreo había caído en desuso en las comunidades judías como idioma diario de comunicación, y había sido sustituido por el arameo, que era la lengua que se hablaba en los hogares judíos y en los mercados de las comunidades. El hebreo se mantuvo como una lengua litúrgica, reservada para los actos religiosos o algunas discusiones rabínicas. Ante esa realidad, en las sinagogas se leían los textos bíblicos tradicionales en hebreo, y el maestro, rabino o encargado de la explicación del día, traducía oralmente los pasajes, y los explicaba en el idioma arameo, para propiciar la comprensión adecuada de las enseñanzas.

Las explicaciones orales en las sinagogas, intentaban poner de relieve el sentido básico y la comprensión de los textos leídos, y procuraban, además, aplicarlos a la vida diaria del pueblo. Sabemos que Jesús de Nazaret participó de esos procesos educativos, pues en varias ocasiones, de acuerdo con los evangelios, cumplió esas responsabilidades rabínicas en las sinagogas (p.ej., Lc 4.16-21).

Las aplicaciones y contextualizaciones del mensaje escritural, que se hacían como parte del culto sinagogal, con el tiempo se fueron sofisticando y profesionalizando. Y con el paso de los años, esos estilos pedagógicos y metodologías de enseñanza, que comenzaron breves, sobrias, parcas y rígidas, propiciaron mejores procesos de comunicación, que facilitaban las dinámicas de enseñanza y aprendizaje. En ese contexto pedagógico general, la imaginación, el idioma figurado y las ilustraciones creativas comenzaron a adquirir valor y aprecio, no solo como recursos retóricos gratos y embellecedores, sino como instrumentos educativos necesarios para facilitar la efectividad de los procesos docentes.

En ese gran contexto pedagógico y homilético de las sinagogas, las parábolas fueron adquiriendo importancia de forma gradual, continua y sistemática. Las explicaciones legales que se fundamentaban generalmente en las interpretaciones rigurosas de los detalles y las peculiaridades de la Ley, dieron paso a formas de comunicación más dinámicas, creativas y útiles en la tarea educativa. Y aunque las parábolas no eran un género literario nuevo en el pueblo judío y la literatura hebrea (véase, p.ej., 2 S 12.1-25; Is 5.1-7), luego del primer siglo cristiano, adquirieron gran prominencia y reconocimiento.

En la actualidad se conocen como dos mil parábolas rabínicas, que revelan la importancia del género en los primeros siglos del cristianismo. Generalmente, comienzan con una fórmula estercotipada (p.ej., «a qué se parece»), y prosiguen con algunas comparaciones e ilustraciones que están orientadas a explicar asuntos de gran importancia, tanto para el educador como para el educando; además, incorporan un elemento de sorpresa y novedad, que le brindan al proceso, un importante sentido de suspenso, innovación, novedad y virtud.

En muchas ocasiones, los rabinos utilizaban las parábolas inmediatamente luego de leer algún pasaje bíblico en la sinagoga. Hacían uso de ese género literario, particularmente, cuando se leía la Torá, con la finalidad de aclarar, explicar y afirmar el contenido del texto, y también para contribuir positivamente en los procesos de comprensión, actualización y aplicación del mensaje.

Enseñanzas de Jesús

Jesús de Nazaret era un maestro que enseñaba a multitudes y a individuos; y también respondía a los reclamos y aspiraciones de gente culta, prestigiosa y adinerada, como a los clamores de personas enfermas, marginadas y oprimidas. Su verbo elocuente y sus palabras sobrias, estaban al servicio de la gente en necesidad; y sus acciones simbólicas, en la mejor tradición de los profetas, tenían la intensión de relacionar los oyentes con nuevos matices religiosos, énfasis temáticos noveles, y prioridades teológicas alternas. Y aunque el lenguaje que utilizaba era a menudo común y popular, con el que la comunidad judía podía relacionarse sin muchas dificultades, el contenido de su programa docente desafiaba las posturas tradicionales que tenían tanto los líderes religiosos como los políticos.

Referente a sus enseñanzas, es importante reiterar que Jesús no inventó el género parabólico, sin embargo, lo convirtió en uno de los vehículos más importantes de comunicación de sus doctrinas. Cerca de una tercera parte de los discursos del rabino galileo, de acuerdo con algunos estudiosos contemporáneos del tema, se llevaron a efecto a través de parábolas.

Otros rabinos de su época, según revelan los ejemplos y los textos disponibles, utilizaban parábolas en sus discursos. Sin embargo, lo que distingue a Jesús de sus colegas es, posiblemente, la creatividad, el contenido y la cantidad de sus ejemplos. Inclusive, parece que algunas de las parábolas que se incluyen en los evangelios canónicos provienen de su propia invención, pues responden a situaciones específicas que requieren respuestas precisas (p.ej., Lc 15.1-7; 8-10; 11-32).

Jesús era parte de una sociedad que apreciaba la narración de historias, que gustaba de la comunicación a través de ejemplos de vida, que disfrutaba las enseñanzas mediante el uso de imágenes. En ese mundo judío, durante el período neotestamentario, no reinaba la especulación, ni abundaba la filosofía griega, ni los modos de comunicación prioritarios eran los de la prosa seca, descriptiva y racional. Eran sociedades pragmáticas y comunidades concretas, que estaban acostumbradas a participar activamente del proceso educativo, como si fueran parte de los personajes de alguna historia, como si formaran parte del asunto de las narraciones, como si estuvieran incluidas en las ilustraciones que se articulaban. Los educandos esperaban palabras y discursos que dibujaran en sus mentes los valores que se querían destacar, estaban acostumbrados a las metáforas, al uso de la imaginación, al lenguaje figurado, a las expresiones poéticas.

La palabra griega que se traduce habitualmente como «maestro» es *didaskalos*, que a su vez, se vierte en hebreo como «rabí», y alude a una persona de gran reconocimiento en la comunidad (Mt 23.8; Jn 1.38). Era esencialmente un título de honor y singularidad, que en el primer siglo cristiano se brindaba solo a maestros de la Ley que se distinguían por la creatividad de sus enseñanzas y por el aprecio que tenían en medio de sus comunidades, particularmente entre sus discípulos.

Jesús de Nazaret era un buen maestro, un rabino reconocido que, mientras viajaba de ciudad en ciudad, junto a sus discípulos, fue recibiendo el aprecio público primeramente en la Galilea, y luego en Judea y Jerusalén. El pueblo reconocía su gran capacidad comunicativa, afirmaba su compromiso con la gente desposeída y marginada de la sociedad, y admiraba su gran imaginación y creatividad al articular sus enseñanzas en parábolas, que no se ajustaban necesariamente a lo acostumbrado en las sinagogas, ni seguían de cerca el modelo educativo que utilizaban otros rabinos.

Su estilo pedagógico le movía a comunicar en categorías sencillas que el pueblo pudiera entender y apreciar. Cuando decidió hablar en contra de la corrupción, el desacierto y la inmoralidad de los líderes religiosos, en vez de brindar un discurso ético sobre valores en la administración pública, llamó a los fariseos «sepulcros blanqueados» (Mt 23.27); o sencillamente, al presentar el tema de la importancia de los frutos en la vida, maldijo una higuera (Mt 21.18-22). Esas enseñanzas, lejos de ser disertaciones abstractas o hipotéticas de algún tema de importancia, Jesús las convirtió en ejemplos y vivencias con las cuales el pueblo se podía relacionar.

Al interpretar el valor de sus enseñanzas, y también al evaluar las narraciones evangélicas, nos percatamos que el pueblo y sus líderes reaccionaron de diversas formas a las palabras y los discursos de Jesús. Sabemos que las multitudes le apreciaban y quedaban maravilladas con su elocuencia y con el desarrollo de los temas que proponía (Mt 7.28); también, tenemos noticias de respuestas agresivas, rechazos absolutos y reacciones adversas, que casi le cuestan la vida (Lc 4.29). De cualquier forma, la gente no ignoraba a Jesús, y los líderes estaban atentos a sus doctrinas.

En efecto, en un mundo ocupado por las fuerzas militares de Roma, herido por religiosos legalistas, y oprimido por una sociedad de dependencia fiscal y atropello político, Jesús no podía ser ignorado, pues hablaba al corazón de las necesidades del pueblo, y desafiaba las diversas estructuras oficiales de la época. La gente reconocía no solo la autoridad moral y las virtudes éticas de sus enseñanzas, sino que apreciaba su gran capacidad de comunicación. Aunque comenzó con un grupo reducido de seguidores, doce discípulos, con el tiempo lo acompañaban multitudes de cuatro y cinco mil personas (Mc 6.44).

En esa sociedad judía, para transmitir sus enseñanzas de forma efectiva, Jesús usó el drama, la exageración, el humor, la imaginación. Para mantener atenta su audiencia y propiciar el diálogo y el aprecio a sus doctrinas, hizo uso de los recursos retóricos que tenía a su disposición. Al afirmar que las enseñanzas de los fariseos bordeaban el absurdo y la irracionalidad, Jesús les dice con autoridad inusitada, que filtraban el mosquito y se tragaban el camello, que son los animales impuros más pequeños y grandes, respectivamente, de acuerdo con la Ley (Mt 23.24). Los oyentes deben haber entendido muy bien el sarcasmo, y posiblemente la respuesta fue de risa.

Esa singular enseñanza revela la gran capacidad creativa e imaginación de Jesús. Utilizó dos palabras similares en arameo, que era su idioma vernáculo, para lograr su objetivo: Mosquito es *galma*; y camello, *gamla*. ¡Con solo cambiar el orden de una letra presentó su caso e ilustración! Los fariseos, interesados en cumplir fielmente los mandamientos divinos, estaban pendientes de las nimiedades y pequeñeces de la vida, pero ignoraban lo sustantivo, medular y fundamental de la Ley.

Algunas de sus enseñanzas no debían tomarse de forma literal, pues tenían una finalidad moral. Por ejemplo, el objetivo claro de Jesús en uno de sus discursos, no es que las personas se corten las manos o le hagan daño al cuerpo. ¡No quería que la gente se mutilara y se hiriera! (Mc 9.43-47). La finalidad es que entendiera los graves peligros que se relacionan con el pecado humano. La exageración tiene en este caso, una función educativa de gran importancia: Poner de manifiesto, mediante el recurso pedagógico de la hipérbole, las dificultades que se relacionan con la maldad humana.

Respecto a la metodología educativa de Jesús, debemos recordar que, además, en la época que fue testigo de su misión, leer y escribir no eran actividades muy comunes en la sociedad. Inclusive, los maestros y rabinos no organizaban sus mensajes y enseñanzas por escrito. Esa era responsabilidad de sus estudiantes, que se preocupaban posteriormente de preservar en documentos, las lecciones y los valores aprendidos. Ese fue el caso específico de Jesús de Nazaret y sus discípulos, y también esa fue la dinámica entre varios rabinos famosos de la época y sus seguidores, por ejemplo, Gamaliel, Hillel y Shammai.

Entre los sermones más famosos e importantes de Jesús, que incluyen y revelan sus enseñanzas más significativas, se encuentran los siguientes:

• Sermón del monte (Mt 5.1—7.29)

• Sermón del llano (Lc 6.20-49)

• La vida de la comunidad (Mt 18.1-35)

• En torno a los fariseos y los maestros de la Ley (Mt 23.1-39)

• El fin de los tiempos y la historia (Mt 24.1—25.46)

- El pan de vida (Jn 6.25-59)

- El agua de vida (Jn 7.14-52)

- Mensaje en la fiesta de los Tabernáculos (Jn 8.12-52)

- El buen pastor (Jn 10.1-18)

Las parábolas

Un componente sustancial de los mensajes de Jesús se presenta en los evangelios en forma de parábolas. Respecto a este tema, es importante reafirmar, que algunos estudiosos piensan que sobre el treinta por ciento de sus enseñanzas, se articulan en este singular género literario, que cobró fuerza en los primeros siglos del cristianismo. Y la importancia de ese género no solo se revela en la cantidad que se incluyen en el canon de los evangelios, sino en los temas que se exponen en esas narraciones. Posiblemente, en esas parábolas evangélicas, es que encontramos lo fundamental del mensaje redentor, valores éticos y principios morales, que el joven rabino de Galilea compartió con sus discípulos y presentó a sus audiencias.

Una singularidad del género parabólico en general, y de las parábolas que Jesús presentó en específico, según los evangelios sinópticos, es que son una especie de cuentos o narraciones breves, de fácil recordación. Esas características literarias y retóricas, permitían a los discípulos y oyentes del mensaje, recordar lo escuchado con un alto grado de precisión y retención, pues esos relatos cortos tenían introducción, trama central, conclusión, y tema prioritario. ¡Los discursos filosóficos o teológicos son densos, complejos, difíciles de recordar, complicados para entender!

Por esas características estilísticas y temáticas, cuando estudiamos las parábolas de Jesús, llegamos posiblemente al corazón de su mensaje, según se manifiesta en las Escrituras. Esos discursos de Jesús contienen las recomendaciones fundamentales para vivir a la altura de las exigencias de lo que Jesús denominó el reino de Dios o el reino de los cielos, de acuerdo al Evangelio de Mateo. Además, el estudio sobrio y detallado de esas narraciones, ponen de manifiesto las diferencias fundamentales entre los valores que afirmaban los líderes religiosos de la época, y los que enfatizaba Jesús.

Otro aspecto destacado al estudiar las parábolas, que muestra claramente la importancia de este material evangélico, es que revelan los diversos contextos de flora, fauna y geografía en los cuales Jesús vivió, viajó y trabajó. Las escenas que se presentan en estas narraciones ponen de manifiesto, con bastante certeza, los diversos entornos de los paisajes palestinos del primer siglo, tal como se manifiestan en los descubrimientos arqueológicos de la región, y al estudiar otra literatura de la época.

La referencia a la red barredera, por ejemplo, que separa lo bueno de lo malo (Mt 13.47-50), revela el mundo de la pesca en el Mar de Galilea del primer siglo. La parábola del sembrador, pone de manifiesto las dinámicas agrícolas de la época (Mt 13.3-23; Mc 4.3-30; Lc 8.5-15). Y en la parábola de los trabajadores de la viña, se expone el mundo de los obreros agrícolas en la Palestina neotestamentaria (Mt 20.1-16). En efecto, el trasfondo de las parábolas, pintan adecuadamente el ambiente en el cual Jesús pronunció esos discursos de gran significación pedagógica, filosófica y teológica.

Definir lo que es una parábola no es una tarea sencilla. Dependiendo de los estudiosos, son los aspectos y las características que se destacan. Sin embargo, el consenso académico es que, entre sus componentes básicos y principales, se podrían mencionar los siguientes: Se trata de una narración generalmente breve, que puede incluir ejemplos, comparaciones, simbologías, metáforas y símiles; puede incorporar, además, varios niveles de sentido; muestra sencillez en la presentación de los personajes y los temas; y puede incorporar valores y enseñanzas de gran importancia ética, espiritual y moral. Y junto a esas características formales, debemos añadir el significativo, revelador y útil elemento de la sorpresa, que le brinda al relato un valor educativo adicional extraordinario, un elemento pedagógico innovador, un componente docente magnífico.

Parábola es el vocablo castellano, que a su vez vierte el griego *parabole*, que los evangelios sinópticos utilizan para identificar directamente una serie de discursos y mensajes de Jesús. En el mundo griego clásico, *parabole* era esencialmente una comparación, y significa, literalmente, «poner al lado». En esa tradición, la Versión de la Septuaginta utiliza esa misma palabra griega para traducir el hebreo *mashal*. Desde esta perspectiva inicial, la parábola es un tipo de comparación metafórica o ilustración, es una expresión literaria figurada, similar a los proverbios, las alegorías y los aforismos. En efecto, es un tipo de lenguaje simbólico, visual, polivalente, pictórico, comparativo y figurado, que Jesús dominaba muy bien, según se pone de manifiesto en los evangelios. Y como utilizaba ese estilo y recurso con autoridad, regularidad y frecuencia, el Evangelio de Marcos indica, de forma directa y clara: Jesús «sin parábolas no les hablaba; aunque a sus discípulos se lo explicaba todo en privado» (Mc 4.34).

Respecto a la palabra «parábola», específicamente, conviene indicar, además, que se utiliza para designar algún relato que tiene una significación adicional y más profunda de la que se nota en su superficie semántica de la comunicación. Y en el particular caso de Jesús, pensamos que las parábolas contienen el lenguaje clave, la prioridad de su enseñanza, lo esencial de su proclamación, lo indispensable de su doctrina. Estudiar las parábolas nos acerca, de primera mano, a lo que Jesús directamente dijo, enseñó y predicó.

Algunas pistas y guías que pueden contribuir positivamente a comprender mejor las dimensiones e implicaciones del mensaje de Jesús en las parábolas, son las siguientes:

- Identifique alguna palabra y tema en la parábola, que ya se ha explorado en el Antiguo Testamento o que se ha expuesto en otros mensajes de Jesús. De esta forma se puede relacionar el asunto expuesto con el mensaje bíblico en general, y con otras enseñanzas de Jesús, en particular.

- Compare la narración con otras versiones, si existen, de la misma parábola en otros evangelios. En ocasiones, las parábolas de Jesús se citan en más de un evangelio, y el estudio comparativo nos provee un panorama literario y temático más amplio para comprender el mensaje.

- Evalúe el contexto inmediato en el cual se incluye la parábola. De importancia capital en el estudio de las parábolas, son los relatos que se incluyen inmediatamente antes y después de la narración. Ese estudio contribuye a ubicar la parábola en los propósitos teológicos del evangelista y en la finalidad educativa de Jesús.

- Y, sobre todo, note el final de la parábola. En esas frases y afirmaciones últimas puede estar el secreto de la comprensión y actualización del mensaje. De singular importancia en el estudio de las parábolas, es la forma que culmina, pues en esas palabras y desafíos finales se incluye el elemento sorpresa, que pone ciertamente de manifiesto, en muchas ocasiones, el propósito ético y moral de la enseñanza, y la finalidad teológica y espiritual del mensaje.

El número de parábolas que se incluyen en los evangelios no se ha definido con precisión. El problema estriba, fundamentalmente, en que los estudiosos del asunto no se ponen de acuerdo en torno a la definición precisa del género y referente a la naturaleza literaria de algunos relatos evangélicos. De acuerdo con varios analistas del tema, Jesús pronunció como cuarenta y dos parábolas, mientras que para otros, ese número podría llegar hasta sesenta y cinco.

Inclusive, referente al tema de cuántas parábolas Jesús pronunció, según las narraciones canónicas, algunos académicos no encuentran ninguna parábola en el Evangelio de Juan. Esa opinión posiblemente debe ser revisada, a la luz del análisis literario del relato del buen pastor (Jn 10.1-18), y también referente al mensaje joanino de la vid verdadera (Jn 15.1-8). Hay que tomar en consideración también, que varias parábolas aparecen, con algunas variaciones, en los tres evangelios sinópticos.

Una lista parcial de las parábolas de Jesús en los evangelios, es la siguiente:

- El buen samaritano (Lc 10.30-37)

- El espíritu impuro que vuelve (Mt 12.43-45)

- El fariseo y el publicano (Lc 18.9-14)

- El hijo pródigo (Lc 15.11-32)

- El juicio a las naciones (Lc 25.31-46)

- El buen pastor (Jn 10.1-16)

- El rico y lázaro (Lc 16.19-31)

- El sembrador (Mt 13.3-8,18-23)

- El tesoro escondido (Mt 13.44)

- El trigo y la cizaña   (Mt 13.24-30)

- La levadura (Mt 13.33)

- La lámpara sobre un almud (Mt 4.21-22)

- La oveja perdida (Lc 15.1-7)

- La perla de gran precio (Mt 13.45-46)

- La red (Mt 13.47-50)

- La semilla de mostaza (Mt 13.31-32)

- La vid verdadera (Jn 15.1-6)

- Las diez vírgenes (Mt 25.1-13)

- Los labradores malvados (Mt 21.33-44)

- Los talentos (Mt 25.14-20)

De sembradores, samaritanos y pródigos

Aunque las parábolas de Jesús transmiten enseñanzas y valores de gran importancia teológica, religiosa y espiritual, y sus presentaciones producían en los oyentes un sentido de admiración, asombro, pertenencia y pertinencia, hay algunas que sobresalen por la creatividad de la pedagogía y relevancia del mensaje, o sencillamente, por la popularidad que han tenido a través de las edades.

Entre esas parábolas distinguidas, están las siguientes: El sembrador (Mt 13.3-8,18-23; Mc 4.3-8,14-20; Lc 8.4-15), el buen samaritano (Lc 10.25-37) y el hijo pródigo (Lc 15.11-32). Estas narraciones, en efecto, transmiten algunos conceptos espirituales, valores morales y principios éticos que sobrepasan los límites del tiempo, las distancias culturales, las tendencias teológicas, las singularidades sociales, y los criterios metodológicos.

El sembrador

En el Evangelio de Mateo, que dispone y organiza su escrito en cinco grandes discursos de Jesús (Mt 5.3—7.27; 10.5-42; 13.3-52; 18.3-35; 24.4—25.46), la parábola del sembrador inicia el tercer gran mensaje. El tema principal, es el reino de Dios (Mt 13.3-52), y el contexto geográfico del relato son los campos del norte palestino y el Mar de la Galilea.

De acuerdo con este evangelista (Mt 13.52), una de las conclusiones de la parábola es que los escribas doctos en el reino de los cielos, deben ser como los padres que sacan cosas nuevas y viejas de sus tesoros. Es decir, el maestro de la Ley debe enseñar cosas nuevas a sus discípulos, sin olvidar, subestimar u obviar los temas tradicionales y las enseñanzas antiguas. El propósito clave de la parábola, es poner de manifiesto el poder transformador del evangelio.

Por su parte, el Evangelio de Lucas ubica la misma parábola (Lc 8.4-15) en medio de una serie importante de actividades y enseñanzas en Galilea (Lc 4.14—9.50), que posiblemente llegan a su punto culminante con la gran confesión de Pedro, que declara a Jesús como el Cristo de Dios (Lc 9.18-20). En este evangelio, la parábola del sembrador precede, entre otras narraciones, a la liberación del endemoniado gadareno (Lc 8.26-39), la sanidad de la mujer del flujo de sangre y la resurrección de la hija de Jairo (Lc 8.40-56), la misión de los doce discípulos (Lc 9.1-6), y la muerte de Juan el Bautista (Lc 9.7-9).

La semilla de la parábola, en Lucas, que significa «la palabra de Dios» (Lc 8.11), se ubica en el contexto del ministerio amplio de Jesús (p.ej., sanidades, resurrecciones y liberaciones), antes de comenzar su viaje final y definitivo a Jerusalén (Lc 9.51—19.27). De esta forma se enfatiza el compromiso de Jesús con la palabra divina y se recalca que las virtudes de esa palabra tienen implicaciones transformadoras. La palabra divina, en este nuevo contexto, tiene el poder de sanar, liberar y resucitar, que eran formas figuradas de destacar el poder divino sobre las fuerzas que cautivan y destruyen a las personas y las comunidades.

El Evangelio de Marcos, por su parte, que posiblemente es el más antiguo de los canónicos, coloca la parábola del sembrador (Mc 4.1-9) en medio de una serie importante de mensajes que subrayan la importancia del reino de Dios en el mensaje de Jesús (Mc 3.13—6.6). Desde la elección de sus doce discípulos o apóstoles (Mc 3.13-19) hasta su llegada a la ciudad de Nazaret, el tema que se destaca, explícita e implícitamente, es el poder divino que se manifestaba en el ministerio de Jesús. Y ese poder, es capaz de identificar las blasfemias contra el Espíritu Santo (Mc 3.19b-30), liberar endemoniados (Mc 5.1-20), y sanar y resucitar personas (Mc 5.21-43). La semilla, una vez más, es la palabra de Dios, según es interpretada, expuesta y aplicada por Jesús.

La palabra divina, de acuerdo con la parábola del sembrador, contiene el mensaje redentor y liberador para la humanidad, aunque el proceso redentor tiene obstáculos, desafíos y dificultades. La revelación salvadora, cae en varios tipos de terrenos, que equivale a las diferentes respuestas que recibe de la gente. De todos modos, es deber del sembrador sembrar, pues la germinación, el crecimiento y el desarrollo de la semilla, que produce los frutos esperados y necesarios, lo genera y propicia, Dios mismo.

El buen samaritano

La parábola del buen samaritano (Lc 10.25-37), quizá una de las más famosas de Jesús, se incluye únicamente en el Evangelio de Lucas. El propósito fundamental del mensaje, es poner meridianamente claro el poder de la misericordia y la virtud de las manifestaciones concretas del amor. Y el mensaje de Jesús se presenta como respuesta específica a un intérprete de la Ley que inquirió, como para probarlo y desafiarlo, en torno a cómo heredar la vida eterna (Lc 10.25).

El interés del escritor en esta parábola puede venir de dos realidades básicas. En primer lugar, el evangelio se atribuye a Lucas, que era un profesional de la salud, y el personaje herido de la parábola, necesitaba urgentemente un médico que le atendiera. Además, Lucas era de origen griego, en un movimiento cristiano que se originó en comunidades judías. En ese sentido, los samaritanos y los griegos generaban el mismo nivel de hostilidad, rechazo y antipatía, entre los judíos en general y los ortodoxos en particular, para ese tipo de intérprete de la Ley que se describe en la parábola.

De acuerdo con Lucas, ya Jesús había emprendido su viaje final a Jerusalén, cuando se articula esta parábola. Esa dinámica de preguntas y respuestas, es un buen indicador de que la comunidad que le seguía conocía sus enseñanzas, y también revela que los líderes religiosos se sentían amenazados y desafiados por sus mensajes y doctrinas. Inclusive, de acuerdo con este evangelio, la parábola del samaritano se articula luego de Jesús poner de relieve el costo del discipulado, y posteriormente de haber formulado los mensajes de juicio contra las ciudades de Corazín y Betzaida (Lc 10.13-16). Cuando se presenta esta parábola, Jesús ya había explorado los temas del juicio divino y el servicio a los necesitados. Además, su primera reacción fue referir a su interlocutor a la doctrina oficial judía, a la Ley de Moisés.

El evangelista presenta muy bien el ambiente: El camino de Jericó a Jerusalén no es muy largo, como unos 25 kilómetros, pero es empinado: Sube desde el Jordán a la ciudad, como unos 1,000 metros. Además, por cruzar parte del desierto de Judea, el trayecto estaba plagado de peligros naturales y dificultades físicas, y por la soledad de sus parajes, era famoso por los asaltantes y bandoleros que le frecuentaban. El presupuesto importante del relato, es que el personaje herido era un hombre judío.

La narración no es compleja: El viajero de Jericó a Jerusalén fue asaltado y dejado por muerto en el camino. El sacerdote y el levita, representantes oficiales del Templo y la religión, pasaron junto al moribundo y lo ignoraron, dejándolo solo a merced de las inclemencias del tiempo, con su salud precaria y su cuerpo herido. Posteriormente, llegó un samaritano, de acuerdo con la parábola, que representa a los enemigos tradicionales de los judíos, que le socorrió pues «fue movido a misericordia» (Lc 10.33). La pregunta clara, directa, certera y firme al intérprete de la Ley es la siguiente: ¿Quién es el prójimo del judío herido y maltrecho?

En esta parábola se pone claramente de manifiesto el elemento sorpresa, pues ante la respuesta pronta y efectiva del interpelado, Jesús le indica que debe hacer lo mismo, que manifieste la misericordia y el amor a quienes están heridos por las diversas vicisitudes de la vida. Esa fue una forma clara y sabia de destacar el tema de la misericordia, en contraposición a las prácticas religiosas tradicionales. La misericordia, en la teología de Jesús, no es un buen tema para desarrollar una conferencia extensa sobre sus virtudes y valores, sino un principio rector e indispensable en la vida. La misericordia no es un tópico para dialogar, sino un valor para manifestar.

Para Jesús, según esta parábola, como también se desprende de otros mensajes y enseñanzas, lo más importante en la vida y las prácticas religiosas, era responder a la gente en sus necesidades, angustias, dolores, reclamos, enfermedades, cautiverios y desesperanzas. La experiencia religiosa saludable y grata, es la que apoya y ayuda a las personas en medio de sus vicisitudes y clamores, no la que los ignora, los rechaza, o subestima.

El hijo pródigo

La tercera de las parábolas más famosas de Jesús, es tradicionalmente conocida como *El hijo pródigo* (Lc 15.11-32). El mensaje básico del relato trata principalmente el tema del perdón, la misericordia y el amor, que sobrepasan decididamente los límites de la falta y superan la naturaleza de la ofensa. En la disposición temática y literaria del evangelio, está ubicada junto a otras dos parábolas que ponen de manifiesto el tema de la pérdida: La oveja perdida (Lc 15.1-7), la moneda perdida (15.8-14), y finalmente, el hijo perdido o pródigo (15.11-32). El contexto amplio del relato es un grupo de enseñanzas de Jesús, que destacan, entre otros temas importantes, el costo del discipulado (14.25-33) y los problemas de la infidelidad (16.1-15).

Esta parábola debe haber causado conmoción, confusión y consternación entre los oyentes, pues el acto de pedir la herencia a un padre vivo, era casi inimaginable en el mundo judío neotestamentario. Y aunque las leyes judías podían contemplar algunos casos extremos, en los cuales se podía solicitar alguna parte de las herencias antes de la muerte del padre (Dt 21.17), la sabiduría popular, las instrucciones rabínicas, y las recomendaciones oficiales, comunes, claras y firmes, eran a no repartir los recursos familiares antes de tiempo, para evitar que los padres tuvieran que depender de la benevolencia de los hijos.

Ese es el contexto social, familiar, emocional y jurídico de la parábola, que presenta no solo a un hijo agresivo e impertinente, sino a un padre que responde rápidamente a la solicitud del hijo, y le da la porción que le corresponde, una tercera parte de los bienes, posiblemente en efectivo. Al recibir su dinero, el joven aguerrido, soñador y aventurero, de acuerdo con el relato, se va a unas tierras distantes, y malgasta sus recursos. La crisis en la narración llega a un punto de gran importancia retórica, al indicar que el joven, en medio de su dificultad económica y moral, deseaba alimentarse con la comida de los cerdos, que revela la gravedad de su condición.

Y el joven, al percatarse que estaba solo, y emocional, espiritual y fiscalmente destruido, decide regresar a la casa de su padre, para implorar ser tratado como algún sirviente común de la familia. Sin embargo, el padre responde con misericordia, y demuestra su amor, al vestirlo y ponerle el anillo, símbolos de perdón y dignidad, y organizar una fiesta en su honor.

La respuesta del hermano del pródigo, es digna de mencionar. Inclusive, el análisis sobrio y detallado del relato puede cuestionar quién es el verdadero protagonista de la parábola: El hijo menor, que decide salir del hogar a destiempo; el padre perdonador, que es capaz de esperar por el hijo y manifestarle su amor incondicional; o el resentido hijo mayor, que, aunque había permanecido en la casa, guardaba enojos y hostilidades contra su hermano y su padre. Los tres personajes juegan un papel de importancia temática en la enseñanza de Jesús; y las tres actitudes son relevantes en esta parábola.

Varios temas se ponen de manifiesto en el relato, que reiteran las enseñanzas que Jesús había ya presentado en varios discursos previos. En primer lugar, debemos mencionar el poder del amor y las virtudes de la misericordia, que son capaces de romper las expectativas y las limitaciones humanas. El verdadero amor perdona, recibe, apoya, fortalece y restaura; y la misericordia ayuda, consuela, levanta, libera y transforma. ¡Ese es el corazón del mensaje de la parábola!

El padre perdonador de la parábola, que ha sido visto como una especie de representación de Dios, no midió la gravedad de las actitudes de ninguno de sus hijos para manifestarles amor y comprensión, y para demostrarles misericordia y cariño. La enseñanza es clara: ¡El verdadero amor sobrepasa las barreras del resentimiento! ¡La misericordia real supera los linderos del odio y las amarguras! En efecto, de acuerdo con estas enseñanzas, la misericordia es más importante que el castigo.

Enseñanzas éticas y principios morales

Nuestra comprensión básica de las doctrinas fundamentales que expuso Jesús de Nazaret, se desprende principalmente del estudio y análisis de los evangelios canónicos. Esas evaluaciones nos permiten identificar y catalogar los temas que expuso y distinguir las prioridades e implicaciones de sus enseñanzas. En este proceso, nos ayudan significativamente las diversas formas y contextos en que los evangelistas incluyeron los mensajes de Jesús dentro de sus obras.

Según los relatos evangélicos, las comunidades galileas apreciaban y disfrutaban el mensaje de Jesús no solo por la naturaleza e implicaciones de su mensaje sino por las formas como los exponía. De gran importancia, al estudiar el mensaje de Jesús, es comprender que una de las funciones básicas de los rabinos era precisamente explicar la Ley, además de orientar a la comunidad en torno a su cumplimiento efectivo. Un buen maestro se distinguía por su capacidad de exponer adecuada y claramente su comprensión de la Torá.

Ese singular tipo de enseñanza, que se relacionaba con las formas de guardar los mandamientos y cumplir con las exigencias de la Ley, se conoce en el mundo judío como *hálaka*, pues se deriva de la palabra hebrea *halaká*, cuyo verbo significa «caminar», «proseguir» o «ir». Las enseñanzas *halákicas*, en este sentido figurado, son las diversas maneras de comportarse según las tradiciones judías, de actuar de acuerdo con la Ley, y de cumplir los mandamientos divinos.

Como buen maestro, Jesús expuso no solo su comprensión de las tradiciones de Moisés, sino que articuló formas concretas de interpretar y cumplir con las exigencias de la Ley. El estudio de Mateo es muy importante en torno a este tema, pues dispone su evangelio en cinco grandes discursos de Jesús (Mt 5.3—7.27; 10.5-42; 13.3-52; 18.3-35; 24.4—25.46), y comienza con el famoso Sermón del monte (que en Lucas se ubica en el llano; Lc 6.20-49). En ese mensaje se incluyen varias de las enseñanzas éticas o *halákicas* más importantes de Jesús.

Casi al comienzo mismo de la vida pública de Jesús, el evangelista Mateo presenta este gran discurso, que puede ser un resumen de los valores éticos y principios morales que distinguieron y caracterizaron las principales enseñanzas del rabino galileo. Y un aspecto importante, tanto metodológico como temático, que se descubre al estudiar estos mensajes, es que Jesús no subestimó ni mucho menos rechazó o ignoró las enseñanzas de la Ley de Moisés. Por el contrario, de forma clara, firme y decidida, indicó que no vino a abolir la Ley sino a darle plenitud (Mt 5.17-18).

En efecto, de acuerdo con el Evangelio de Mateo, los valores éticos de Jesús estaban anclados firmemente en las tradiciones mosaicas. La lectura sobria del Sermón del monte revela la importancia que Jesús le dio a la Torá, aunque en su exposición revisó y desafió algunas formas de interpretación y aplicación que se manifestaban en el pueblo.

Con la expresión, «oísteis que fue dicho... más yo os digo» (p.ej., Mt 5.21,27), Jesús se ubicaba en una tradición extraordinaria de maestros y rabinos distinguidos, que no se conformaban meramente en repetir las doctrinas, los postulados y las explicaciones tradicionales, sino que incorporaban elementos interpretativos noveles y desafiantes a la tradición.

La finalidad básica de Jesús era actualizar el mensaje y la Ley de Moisés, a la luz de los desafíos que vivía el pueblo judío en el primer siglo de la era cristiana. No era un maestro, Jesús, especialista en repetir lo que otros ya habían enseñado, de acuerdo con los evangelios, era creativo, imaginativo y desafiante de los postulados teológicos que no estaban a la merced de la restauración y renovación humana.

La metodología que se utiliza en el discurso es importante. En primer lugar, se identifica la doctrina mosaica que se va a exponer, para posteriormente proceder a analizarla. Y aunque para los diversos grupos de oyentes, el análisis de la Torá les podía resultar familiar, los desafíos que incorporaba Jesús en sus enseñanzas brindaban al estudio un nivel nuevo, fresco y hasta provocativo. No se trata de una comparación llana de diversas perspectivas teológicas y de valores éticos alternos; por el contrario, el Sermón del monte revela a un Jesús que pone de relieve una muy importante autoridad moral y religiosa.

Las referencias a «oísteis que fue dicho» son directamente a Moisés, el gran libertador y legislador del pueblo, y se contraponen a las nuevas interpretaciones de Jesús, que se articulan con la sencilla frase «mas yo os digo» (p.ej., Mt 5.22,28). De esta forma Mateo presenta a Jesús con una autoridad interpretativa extraordinaria, que desafía abiertamente las interpretaciones tradicionales de la Ley. El evangelista le brinda a Jesús un nivel novel de autoridad, que sobrepasa la que tenía Moisés, y esa comprensión no conoce paralelos en el judaísmo antiguo. En efecto, según el testimonio del escritor, Jesús no solo estaba en la tradición de los rabinos que fundamentaban sus enseñanzas en las interpretaciones de la Ley, sino que los sobrepasaba en autoridad moral, ética y espiritual.

La importancia de las nuevas interpretaciones y aplicaciones que Jesús le brindaba a la Ley, conocidas como *halákicas*, se manifiesta posteriormente en la historia. De acuerdo con el libro de los Hechos, a los primeros creyentes en Jesús se les conocía como la gente del «camino» (p.ej., Hch 9.2; 19.9,23; 22.4; 23.14,22), o los *halákicos*. Esta referencia no es una alusión a los peregrinares y viajes educativos de la comunidad cristiana primitiva al llevar a efecto su apostolado, sino a las interpretaciones singulares que Jesús le dio a las enseñanzas tradicionales del judaísmo de su época.

Respecto al Sermón del monte, es menester indicar, que como el mensaje total cubre una gama tan extensa de temas teológicos y asuntos legales, de acuerdo con varios estudiosos contemporáneos del escrito, las formas literarias que aparecen en Mateo (Mt 5.1—7.29) y Lucas (Lc 6.17-49) deben ser la unión de varios discursos y mensajes de Jesús que fueron presentados en diferentes momentos y a audiencias variadas. Las formas evangélicas actuales, revelan la redacción final de los evangelistas, que deseaban poner de manifiesto y enfatizar el poder de las enseñanzas de Jesús y las virtudes pedagógicas de sus pensamientos.

Y entre los valores fundamentales de estas enseñanzas *halákicas* de Jesús, se pueden destacar los siguientes:

- La gente bienaventurada es pobre de espíritu y llora; es mansa y tiene hambre y sed de justicia; es misericordiosa y tiene limpio corazón; es pacificadora y padece persecución por causa de la justicia; y además, es perseguida, insultada y calumniada injustamente (5.3-12).

- Los creyentes son la sal de la tierra y la luz del mundo (Mt 5.   13-14)

- Jesús no vino a abolir las leyes de Moisés ni las enseñanzas de los profetas, sino a hacerlas cumplir (Mt 5.17).

- Y expuso sus nuevas comprensiones, en torno a los siguientes temas: La ira, el adulterio, el divorcio, los juramentos, la venganza, el amor a los enemigos, la limosna, la oración, el ayuno, el cielo, el cuerpo, las riquezas, la confianza en Dios, el juzgar a los demás, y la regla de oro, entre otros temas (Mt 5.21—7.29).

En efecto, la interpretación que Jesús hace de estos temas tradicionales, no se ajustaba necesariamente a las posturas de los rabinos de su tiempo. Son comprensiones liberadoras, amplias y transformadoras de la Ley, que intentan incentivar la modificación sustancial de las conductas humanas, desean que las personas revisen sus prioridades en la vida, y anhelan una mejor convivencia interpersonal. Son valores éticos, morales y espirituales, que superan los linderos de las religiones, para llegar al corazón del comportamiento humano, y tocar la conciencia de las personas.

Dios como padre

De acuerdo con el Evangelio de Mateo, Jesús incluyó en el Sermón del monte una exhortación de gran significación espiritual e implicaciones teológicas: Llamó a sus seguidores a «ser perfectos como vuestro padre que está en los cielos es perfecto» (Mt 5.48). En el Evangelio de Lucas, en el llamado Sermón del llano, la exhortación es a ser misericordiosos, como «vuestro Padre» es misericordioso (Lc 6.36). De esta forma Mateo resume lo más importante de los valores, las enseñanzas y los principios que se exponen en las secciones anteriores (Mt 5.3-48). En efecto, el tema de amar a los enemigos es de vital importancia en la doctrina de Jesús.

A esa afirmación fundamental, debemos unir la importancia que el evangelista indica que Jesús le dio a Dios como padre, en las secciones siguientes: Enseñó a orar a sus discípulos, e identificó al Señor como «Padre nuestro» (6.9); añadió que «el Padre celestial» perdonará las ofensas a la medida que las personas perdonen a quienes les ofenden (6.14-15); explicó que el «Padre» que ve las acciones humanas en secreto, las recompensará en público (6.18); comentó que el «Padre celestial» alimenta a las aves del campo que no siembran, ni siegan, ni recogen en graneros (6.26); reveló que «vuestro Padre que está en los cielos» le dará buenas cosas a quienes le pidan (7.11); y declaró que entran en el reino de los cielos los que hacen la voluntad de «mi Padre» (7.21). En efecto, de acuerdo con Mateo, es muy importante el tema de Dios como Padre, en los discursos y la teología de Jesús.

La novedad de la imagen paternal de Dios no está propiamente en su uso, que tiene algunos antecedentes en varios pasajes de las Escrituras hebreas, sino en la inmediatez y cercanía que le brindó al concepto: Para Jesús, Dios no solo es creador, sustentador, supremo, eterno, Señor e inmanente, también es íntimo, cercano, accesible, inmediato, próximo e inminente. Junto a la percepción teológica tradicional de Dios, como poder absoluto que gobierna el universo, el mundo y la historia, el concepto de Padre le brinda a la teología de Jesús, un sentido novel de intimidad y confianza, que se convirtió en una característica importante de sus enseñanzas.

En el antiguo Cercano Oriente, en ocasiones, las inscripciones y los textos estudiados pueden identificar a algún dios importante como padre del panteón y de la humanidad. El propósito de esas afirmaciones, es destacar la autoridad incuestionable y absoluta que tiene esa divinidad sobre el resto del panteón y de las personas. La imagen también puede incluir algunos conceptos relacionados con el amor, la misericordia, el cuidado y la benignidad que la gente esperaba de sus dioses.

La Biblia hebrea, en esa misma tradición, utiliza la imagen de Dios como Padre en algunas ocasiones. Como en quince pasajes se relacionan y asocian directamente los conceptos de Dios y Padre, en el contexto general del aprecio y la celebración de la soberanía divina (p.ej., Dt 32.6; Is 63.16; 64.8; Jer 3.19; Mal 2.10). En ese entorno teológico amplio, se incluye la idea de que Dios tiene una relación singular y significativa con el pueblo de Israel.

Dios es Padre del pueblo de Israel, no solo porque es el creador del cosmos, la tierra y los pueblos, sino porque intervino de forma dramática y liberadora para sacarlos de la esclavitud que vivían en Egipto, bajo el yugo del faraón. Como parte de esos procesos de liberación nacional, el Señor convirtió al pueblo, según las narraciones del libro de Éxodo (Ex 19.5-6), en una nación santa y en su propiedad personal. Y como resultado lógico de esas intervenciones históricas extraordinarias, se estableció una relación paterno-filial entre Dios y el pueblo de Israel.

En la época neotestamentaria, la imagen de Dios como Padre no estaba muy extendida en el judaísmo. Aunque en alguna literatura rabínica que prosigue los años del inicio del cristianismo, se nota un leve aumento en el uso de esa terminología e imagen, la verdad es que el hablar de Dios como Padre no se diseminó con fuerza entre los rabinos más importantes y sus estudiantes, según se desprende de la lectura de los documentos judíos básicos de ese período (p.ej., el Talmud y la Misná).

Generalmente, el lenguaje en torno a Dios en las comunidades judías, utilizaba, entre otros, los siguientes nombres: *Adonay*, que significa «mi Señor», o *Ha-qadosh baruc hú*, que describe a Dios como el Santo que debe ser bendecido o alabado. Y cuando en algunas ocasiones se hablaba de Dios como Padre, no se alude a la paternidad divina sobre algún individuo en específico, sino al poder del Señor que se manifiesta de manera soberana sobre la humanidad y el pueblo de Israel, y que afecta directamente a las personas que son parte de ese pueblo.

De singular importancia, al proseguir nuestro análisis del concepto de Dios como Padre, es descubrir el énfasis que toma la expresión en la teología y las oraciones de Jesús. Mientras que en el Antiguo Testamento las referencias a la paternidad divina son pocas y genéricas, en las narraciones evangélicas, todas las plegarias de Jesús comienzan con la designación de Dios como Padre.

En solo una ocasión Jesús ora y no se refiere a Dios como Padre, y es cuando está en la cruz, que en su clamor agónico, cita un Salmo (cf. Mt 27.46; Mc 15.34 y Sal 22). Ese descubrimiento pone de manifiesto claramente una ruptura fundamental de Jesús con la teología tradicional judía; en efecto, se trata de una muy importante innovación teológica y semántica, que va a afectar a las iglesias y los creyentes a través de la historia.

En torno a esta singular manera de Jesús referirse a Dios como Padre, los estudios literarios profundos de los textos neotestamentarios, han descubierto lo siguiente: Posiblemente, Jesús utilizaba la palabra aramea *Abba*, que proviene del contexto familiar e íntimo de las comunicaciones paterno-filiares, específicamente del mundo infantil. Un ejemplo revelador y significativo, del uso que Jesús le brinda a la palabra *Abba*, y al concepto de intimidad con Dios que representa, se encuentra en la oración sentida que hace con sus discípulos en el Huerto del Getsemaní. En esa ocasión tan importante y significativa, de acuerdo con las narraciones evangélicas, Jesús comienza su oración con esa referencia directa e íntima a Dios en arameo, *Abba* (Mc 14.36).

Para Jesús, Dios no solo es el Señor soberano y eterno, sino el Padre cercano e íntimo que responde al clamor de sus hijos e hijas. Dios, para el rabino de Nazaret, no solo es el creador de los cielos y la tierra, sino la figura paternal que atiende a las necesidades no solo del pueblo como nación, sino de los individuos que se allegan ante su presencia con sencillez, humildad y confianza. En los diálogos de Jesús con el Dios-Padre, se revelan las siguientes dimensiones de esa relación: Cariño y seguridad, dependencia y confianza, respeto y dignidad, y solidaridad y amor.

El modelo de oración que Jesús brindó a los discípulos, de acuerdo con el Evangelio de Mateo (Mt 6.9-13), desde esta perspectiva pedagógica, cobra dimensión nueva, pues se produce como respuesta a los discípulos que deseaban aprender a orar como su maestro. El «Padrenuestro» es una oración de gran importancia teológica y espiritual para el desarrollo de la fe neotestamentaria, pues pone en evidencia clara los grandes temas espirituales y las más importantes preocupaciones teológicas, que para Jesús son fundamentales e impostergables para llevar a efecto una tarea apostólica eficiente y transformadora.

La oración consta de dos secciones fundamentales. La primera es una invocación: Dios es nuestro Padre que está en los cielos, que es una manera de reconocer el poder divino que es creador, eterno y soberano, en medio de las realidades humanas. Luego le siguen siete peticiones básicas: Las primeras tres, se refieren directamente a Dios, pues se santifica el nombre divino, se reclama la llegada del reino, y se declara la necesidad de que se haga la voluntad de Dios.

Le siguen cuatro peticiones adicionales, que su ubican adecuadamente en la esfera humana: Se pide el pan cotidiano, se reclama el perdón divino, se solicita el no ser llevado a tentación, y se implora ser librado del mal o del maligno. En efecto, es una oración modelo, desde la perspectiva literaria y teológica, que finaliza con una gran declaración doxológica: Todo el reino, el poder y la gloria le pertenecen eternamente a Dios.

De esa oración modelo de Jesús los evangelios guardan dos versiones. La primera, que quizá se remonta a las palabras originales de Jesús en arameo, se encuentra en el Evangelio de Lucas (Lc 11.2-4), y se ubica en un singular entorno pedagógico. Los discípulos, al percatarse de la vida de oración profunda de Jesús, le piden que les enseña a orar, y aluden a lo que ya había hecho Juan el Bautista con sus seguidores. En esta versión, la oración es más corta, que la que aparece en el Evangelio de Mateo (Mt 6.9-13), que se presenta en el contexto educativo del Sermón del monte, y que es la más conocida.

La oración ocupó un lugar protagónico en la vida de Jesús, según las narraciones evangélicas. Oraba en las sinagogas y en el hogar, con los discípulos o en soledad, de cualquier forma, los evangelios se preocupan por afirmar que su vida de piedad y oración, era intensa. Y esa actitud devocional, era esperada en un judío amante de la Ley y sus mandamientos, como Jesús.

Jesús oraba siguiendo la tradición que había recibido en el hogar y la sinagoga, de acuerdo con las enseñanzas más importantes y significativas del judaísmo de su tiempo. Nuestro conocimiento de esas formas de oración antiguas, y de los temas que se desarrollaban en las plegarias judías, ha aumentado considerablemente, gracias a los manuscritos que tenemos a nuestra disposición para estudiar y evaluar estas manifestaciones públicas y privadas de piedad.

Una de esas oraciones judías antiguas, conocida como las dieciocho bendiciones, revela la estructura básica de esas plegarias. Esas oraciones comienzan con tres alabanzas, prosigue con doce o trece peticiones, y finaliza con tres expresiones de gratitud a Dios. En la época de Jesús, se esperaba que los judíos piadosos oraran tres veces al día: A las 9:00 AM, al medio día, y a las 3:00 PM.

Junto al tema de la paternidad divina, es importante indicar que las narraciones evangélicas también revelan que Jesús utilizó imágenes femeninas de Dios. Se puede señalar su lamento sobre la ciudad de Jerusalén, en el que exclama con dolor: «¡Jerusalén, Jerusalén, que matas a los profetas y apedreas a los que te son enviados! ¡Cuántas veces quise juntar a tus hijos como la gallina junta sus polluelos debajo de sus alas, pero no quisiste!» (Mt 23.27).

Este singular mensaje figurado, que revela una comprensión madura, desarrollada y sobria de la divinidad, y que también manifiesta un entendimiento de Dios que sobrepasa los linderos del género, se fundamenta en la teología de la protección del Señor a su pueblo, pues «¡lo esconde debajo de sus alas!». Esa imagen, proviene de la literatura poética de la Biblia hebrea (p.ej., Sal 17.8; 36.7; 57.1; 61.1; 91.4), que Jesús utilizó para describir la condición crítica de la ciudad, de acuerdo con los evangelios de Mateo y Lucas (Lc 13.33-34), y también para amonestar fuertemente a sus ciudadanos, y advertirles del juicio venidero a sus líderes.

El reino de Dios

El reino de los cielos es un valor de gran importancia y significación en la teología de Jesús; en efecto, en los sinópticos, representa el tema fundamental de su predicación y enseñanza. Esa importancia se revela claramente al estudiar con detenimiento, por ejemplo, la oración modelo, el «Padrenuestro», y notar que una de las peticiones fundamentales de la plegaria, es la llegada y manifestación plena del reino de Dios.

Al analizar con sobriedad este tema, es fundamental tomar en consideración que la oración se presenta en Lucas como la respuesta que Jesús brinda a sus discípulos, a la petición de que querían orar como su maestro. Y en ese fundamental contexto pedagógico, se incorpora explícitamente el revelador tema del reino de Dios o reino de los cielos.

Para comprender bien el tema, quizá es prudente y necesario explicar el contenido semántico del término. En la actualidad, generalmente, una de las ideas más importantes que transmite la palabra «reino», es la territorialidad, con sus fronteras definidas y especificaciones geográficas concretas. El reino, en este sentido, es un territorio específico, una extensión particular de terreno, un espacio físico que debe ser administrado y gobernado.

En el idioma hebreo, sin embargo, y también en griego, la idea fundamental que encierra la expresión es de reinado, poder y autoridad. El reino de Dios, desde esta perspectiva bíblica, más que un lugar específico en el tiempo y el espacio, es la afirmación segura del señorío divino, es una celebración confiada del poder de Dios sobre la humanidad, y es el reconocimiento pleno de que el Señor está en control de la historia humana. El reino de Dios o de los cielos, es la expresión que transmite con firmeza, la siguiente idea: Dios es el ser supremo del cosmos, la naturaleza y la historia, y que actúa en medio de la sociedad humana, para poner de manifiesto su voluntad y poder, para revelar su gloria y majestad, y para demostrar su amor y misericordia.

Los antecedentes históricos y teológicos de la frase, se descubren en el Antiguo Testamento. Aunque la expresión específica «reino de Dios» no aparece de forma explícita en la Biblia hebrea, Dios es presentado y afirmado de forma reiterada como el rey de Israel (Nm 23.21; Is 43.15), y también del mundo y la humanidad (Sal 24; 47.8; 103.19). Inclusive, los Salmos indican con seguridad y confianza, que el Señor reinará para siempre (Sal 29.10). Esas afirmaciones teológicas incluyen las ideas de gobernar no solo el infinito, la naturaleza y el cosmos, sino que tiene repercusiones históricas concretas.

En primer lugar, en las antiguas narraciones patriarcales, se indica que Abrahán «será padre y precursor de reyes» (Gn 17.6). Posteriormente, luego del período de los jueces y de las intervenciones de Samuel en el pueblo, se instituyó la monarquía en Israel, que perduró por varios siglos. En el 721 a.C., cayó el reino del norte, Israel; y posteriormente, en el 587/6 a.C. sucumbió el reino del sur, de Judá. En esa tradición monárquica, los profetas anunciaron un futuro glorioso, en medio de las infidelidades y derrotas del pueblo (Is 2.1-4; Miq 4.1-3), en el cual el Mesías reinará sobre todo el mundo y juzgará a las naciones (Jl 2.28—3.21; Am 9.11-15). Ese período mesiánico permitirá la manifestación plena de «los cielos nuevos y la tierra nueva» (Is 65.17; 66.22).

Ese tipo de teología escatológica y apocalíptica, se desarrolló aun más en el llamado período intertestamentario, y le brindó al pueblo una serie importante de esperanzas mesiánicas. Esas percepciones teológicas, afirmaban que el Mesías derrotaría definitivamente los ejércitos de los enemigos, que era una manera de describir a las comunidades gentiles, específicamente al imperio romano y sus ejércitos. En la gran batalla cósmica de los hijos de la luz contra los hijos de las tinieblas, se pondrá de relieve el poder divino de forma extraordinaria, para que triunfen los hijos de la luz, que representan al pueblo de Dios.

Juan el Bautista comenzó su ministerio de predicación, de acuerdo con Mateo, llamando públicamente al arrepentimiento, porque ya se había acercado «el reino de los cielos» (Mt 3.2), que es la forma literaria de aludir al reino de Dios en ese evangelio. Quizá Juan esperaba la manifestación política y pública de ese reino, por esa razón envió a una delegación a preguntarle a Jesús si él representaba ese tipo de reino humano (Mt 11.2-19; Lc 7.18-35).

La respuesta de Jesús al Bautista, es significativa y singular: Relaciona el reino de los cielos no con la administración pública de algún gobierno humano ni con la liberación política de Israel del cautiverio y la ocupación romana. El reino se manifiesta en la sanidad de los ciegos, paralíticos, leprosos y sordos, en la resurrección de los muertos, y en el anuncio de las buenas noticias del evangelio a la gente pobre (Mt 11.5-6).

La manifestación visible del reino de Dios, no se asocia, de acuerdo a estas narraciones evangélicas, con la ostentación del poder político sino con la transformación física, emocional y espiritual de individuos y comunidades. El propósito fundamental del reino, es la restauración integral del ser humano, la renovación de las esperanzas de la gente.

El título más común para referirse al reino anunciado por Jesús en los evangelios, es el «reino de Dios». Mateo, sin embargo, para evitar la referencia directa a Dios en ambientes judíos, y evitar la posibilidad de utilizar el nombre de Dios en vano, generalmente emplea el término «reino de los cielos», ¡en treinta y tres ocasiones!, aunque en cuatro oportunidades específicas, utiliza el popular término, «reino de Dios» (Mt 12.28; 19.24; 21.31,43). Las dos frases expresan la misma idea fundamental: La manifestación plena y segura del señorío divino en medio de la historia humana. Respecto a esa misma comprensión teológica, se emplea también la expresión «reino del Padre» (Mt 13.43), o simplemente «reino» (Mt 6.13).

El estudio minucioso y sosegado de los Evangelios pone en evidencia algunas complejidades asociadas a la frase, que tiene gran densidad teológica. Se pueden identificar, por lo menos, cuatro contextos básicos en los cuales la expresión «reino de Dios» se utiliza.

En algunos relatos el reino se asocia al significado abstracto de autoridad real o con el poder de reinar (p.ej., Mc 1.14-15). Otras narraciones aluden al reino como algo presente e inmediato, como un poder dinámico que actúa en medio de la historia (p.ej., Mt 12.22-37; Mc 3.20-30; Lc 11.14-23; 12.10). Se encuentran pasajes, inclusive, que indican que el reino es como un tipo de esfera o realidad en la cual las personas entran (p.ej., Mt 7.21-23). Además, hay porciones evangélicas que describen el reino como algo que se manifestará en el futuro, como algo escatológico y apocalíptico (p.ej., Mt 8.11).

El reino de Dios, en la predicación de Jesús, es un término dinámico lleno de imaginación y densidad teológica, que incluye componentes históricos, concretos e inmediatos, a la vez que incorpora elementos futuros, escatológicos y posteriores. El reino de Dios se manifiesta en el presente determinado, y también se espera en el futuro indeterminado. Se revela en las actividades históricas de Jesús, y se anhela en las esperanzas escatológicas que se desprenden de la resurrección de Cristo. El reino se inaugura con la manifestación de Jesús en Palestina, y culmina con su segunda venida al final de los tiempos.

De acuerdo con los evangelios, particularmente en Mateo y Juan, ese reino en vez de ser dirigido por un monarca o rey humano, es guiado y administrado por un Padre. Desde esta perspectiva, el reino de Dios, en vez de ser una colectividad esencialmente política, en búsqueda de la administración de las riquezas humanas, se convierte en una gran familia, una colectividad de apoyo mutuo, fraternidad, solidaridad y afirmación interpersonal. Más que un gobierno humano, el reino, para Jesús, era la afirmación cierta que Dios, como Padre, está en control del cosmos, la naturaleza, la historia y los pueblos.

Y en ese entorno familiar amplio, los siguientes conceptos adquieren importancia capital: La justicia es un valor indispensable, el perdón en una actitud impostergable, la misericordia es un principio incuestionable, y el amor es una expresión insustituible. El reino de Dios, es la fuerza que guía a los creyentes, a seguir el modelo de Jesús, que se revela en las acciones siguientes: Apoyar a la gente necesitada, liberar a las personas cautivas, restaurar a los hombres destruidos, levantar a las mujeres caídas, y darle esperanza y voz a quienes la vida ha tratado de robarles el futuro y las palabras (Mt 25.31-46).

En efecto, el reino de Dios en las palabras y los mensajes de Jesús de Nazaret, manifiesta un doble tono, que inicia con la afirmación histórica, en la que toma un sentido apremiante, íntimo, temporal y contextual, al que le sigue el nivel escatológico, que alude su importancia al final de los tiempos y la historia. A la vez, el reino está cerca (Mt 4.17; Mc 1.15), que pone en evidencia su sentido de urgencia, pero no ha llegado aún, pues se pide que llegue (Mt 6.10), que revela su nivel futuro. Las enseñanzas en torno al reino de Dios, constituyen el corazón del mensaje de Jesús.

Y respecto al reino de Dios o el reino de los cielos, se manifiestan en los evangelios los siguientes detalles de gran importancia teológica, espiritual, moral y ética:

- Prometido por los antiguos profetas de Israel (Is 9.6-7; 11.1-11; Abd 21; Miq 4.6-8)

- Proclamado por Juan el Bautista (Mt 3.1-12; Lc 7.18-29)

- Jesús lo ejemplificó (Mt 12.25-28; 13.24,31,33,44-45,47,52; 20.1; 22.2; 25.1,14; Lc 13.20-21)

- Jesús lo anunció (Mt 4.23; Mc 1.14-15)

- Sus exigencias éticas y morales (Mt 4.17; 5.1-12; 6.33; 7.21; 18.3; 19.14,23; 21.43; 23.13; 25.34,36; Lc 18.29-30; Jn 3.3-5; 18.36)

- Obstáculos que enfrenta (Mt 8.10-12; 19.23-24; Mc 9.42-48)

- Los discípulos deben proclamarlo (Mt 6.10-13,33; 10.7; Mc 16.14-18; Lc 10.8-9)

8

Sanidades y liberaciones

Terminada la travesía, llegaron a tierra de Genesaret.
Cuando lo reconocieron los hombres de aquel lugar,
enviaron noticia por toda aquella tierra alrededor,
y trajeron a él todos los enfermos;
y le rogaban que les dejara tocar
solamente el borde de su manto.
Y todos los que le tocaban, quedaron sanos.

Mateo 14.34-36

Las narraciones de milagros

Los relatos que exponen los milagros de Jesús en los evangelios, tienen gran significación teológica y espiritual, además de incluir propósitos educativos. El objetivo básico de las narraciones, es múltiple: Responder a una necesidad real de las personas que sufren dolencias, enfermedades y cautiverios; y también poner de manifiesto el poder de Dios sobre las dificultades personales y angustias humanas. De singular importancia es que los relatos de milagros, se presentan tanto en las personas como en la naturaleza, que es una forma pública de reiterar el poder divino sobre la creación. En efecto, estas narraciones en los evangelios, son formas literarias de indicar que Jesús es el Cristo y Mesías prometido por los antiguos profetas de Israel, además de afirmar que en él se cumplen las esperanzas mesiánicas y escatológicas del pueblo.

En secciones y capítulos anteriores hemos expuesto el contexto histórico, político, cultural y religioso que sirvió de marco de referencia al ministerio de Jesús; y también hemos identificado los principios rectores que guiaron su tarea docente. Nuestra finalidad ha sido descubrir el Jesús histórico en su ambiente familiar, pedagógico, teológico y cúltico. Y con ese propósito fundamental, hemos analizado no solo los documentos canónicos y extra canónicos en torno al rabino de Galilea, sino que también se ha explorado alguna literatura de la época, tanto judía como gentil, que puede arrojar alguna luz en nuestra búsqueda.

Las actividades docentes de Jesús, en efecto, generaron reacciones diversas en las comunidades que visitaba. Había personas que ciertamente le reconocían con autoridad especial proveniente de Dios; mientras que otras, particularmente de los círculos del poder político, económico y religioso, le rechazaban abiertamente e intentaban sorprenderlo en algún desliz teológico o enseñanza errónea. Su palabra elocuente, desafiaba a las autoridades, y su imaginación profética retaba a las multitudes. Además, no solo sus doctrinas llamaban la atención de la gente, sino que les atraía su singular estilo pedagógico y su manera de responder a los clamores de las personas en necesidad, que desafiaba las expectativas de los maestros de la época.

Sin embargo, para comprender adecuadamente la figura de Jesús, y entender la amplitud y profundidad de su ministerio en medio de la Palestina del primer siglo cristiano, no podemos confinar nuestro análisis a las narraciones que revelan sus postulados pedagógicos o a los relatos que presentan sus grandes sermones. De acuerdo con una sección importante de los evangelios, Jesús también hacía milagros, o por lo menos, era reconocido en la comunidad como un taumaturgo o sanador. Esta dimensión extraordinaria de Jesús, se revela no solo en los textos evangélicos que afirman su mesianismo, poder y autoridad, sino que se manifiesta también en varios textos y documentos antagónicos a su ministerio.

Que el ministerio de Jesús se asociaba al mundo de los milagros, es una verdad que se desprende solo con una lectura inicial y general de los evangelios. Sin embargo, esa misma percepción de la obra de Jesús, que se manifestaba no solo en su palabra sabia y retadora, se pone claramente de relieve al estudiar algunos documentos judíos de la época neotestamentaria, y de tiempos posteriores. Para la comunidad antigua, Jesús de Nazaret no solo era un rabino de verbo elocuente y pedagogía transformadora, sino que tenía la capacidad de intervenir en las vidas de las personas, para cambiar radicalmente sus experiencias y vivencias de dolor y enfermedades, de forma milagrosa, por el poder de Dios.

Inclusive, esos hechos portentosos, señales prodigiosas o milagros extraordinarios de Jesús, fueron interpretados, por algunos escribas y fariseos, como que provenían de algún tipo de pacto que había hecho con Beelzebú o Satanás, como se revela claramente en los tres evangelios sinópticos (p.ej., Mt 12.27; Mc 3.22-24; Lc 11.19). Las autoridades religiosas de la época reconocían que Jesús ostentaba algunos poderes que tenían la capacidad de obrar milagros en las personas. Sin embargo, no reconocían que esa dimensión extraordinaria y fundamental del ministerio de Jesús proviniera de parte de Dios.

A ese rechazo impropio de sus exorcismos, de parte de las autoridades religiosas, Jesús responde: «... si yo por el Espíritu de Dios echo fuera los demonios, ciertamente ha llegado a vosotros el reino de Dios» (Mt 12.28). De esa forma directa y clara, según el Evangelio de Mateo, se une el tema del reino de Dios con las intervenciones milagrosas de Jesús en medio de la comunidad. Los milagros eran una forma física y visible de la manifestación histórica del reino, de acuerdo con los relatos evangélicos.

Las personas estudiosas que evalúan sistemáticamente los evangelios, para identificar con la mayor certeza posible, las palabras originales y las acciones precisas de Jesús, han establecido una serie de normas o criterios que pueden ayudarnos a precisar esos mensajes y actos auténticos, según se incluyen en los documentos canónicos. Esos juicios, que son eminentemente de naturaleza histórica, teológica y literaria, nos permiten evaluar las diferentes narraciones de los evangelios, para determinar el material que posiblemente proviene de Jesús, y también identificar las narraciones que desarrolló posteriormente la comunidad cristiana en torno a los dichos iniciales de Jesús.

Esos criterios son los siguientes: El primero se conoce como «atestación múltiple», que significa que se pueden identificar testigos de esas palabras o hechos de Jesús, en más de una versión, en más de una fuente, en más de un evangelio, en más de una narración. De esta forma disminuyen las posibilidades de que algún autor aislado antiguo o comunidad de creyentes, haya creado o redactado el discurso o la actividad, y la haya relacionado posteriormente con aspectos del ministerio docente y liberador del Jesús histórico.

El segundo de estos criterios, se relaciona con el trasfondo palestino del primer siglo. La narración de las palabras de Jesús o de sus actividades significativas, debe reflejar el contexto geográfico, social, político y económico de la Palestina y del judaísmo de la época de Jesús. De esa forma se identifican los relatos que provienen de la comunidad cristiana posterior, pues revelan las teologías y los problemas de las iglesias, no las expresiones reales y los actos auténticos de Jesús. Cada generación de creyentes responde a una serie específica de desafíos teológicos, históricos y doctrinales, que pueden identificarse al estudiar con detenimiento los escritos y sus presuposiciones, en la mayoría de los casos.

La tercera forma para conocer e identificar las expresiones y actividades auténticas de Jesús, se conoce como el criterio de discontinuidad. Esta metodología de estudio, distingue y expone algún tipo de ruptura, rechazo o separación de las doctrinas, palabras y actos de Jesús con los postulados y las teologías rabínicas de la época. Este singular criterio, identifica los mensajes y las actividades de Jesús que rompen con las interpretaciones tradicionales de los rabinos y del judaísmo del primer siglo cristiano.

Aunque algunas palabras auténticas de Jesús no necesariamente cumplen los tres criterios expuestos, la erudición contemporánea entiende que si las narraciones de sus dichos o sus actos responden positivamente a esos tres criterios, es muy probable que provengan directamente del rabino de Galilea, y no de la reflexión posterior de la fe de las iglesias. Esos mensajes o milagros de Jesús, si cumplen esos criterios históricos y literarios, lo más probable es que no constituyen la elaboración de creyentes en generaciones posteriores, que intentaban, fundamentados en las enseñanzas de su maestro y líder, responder adecuadamente a los nuevos desafíos y problemas que debían enfrentar en su época y en su generación.

La narración en la que Jesús relaciona el reino de Dios con su actividad milagrosa (Mt 12.27; Mc 3.22-24; Lc 11.19), en efecto, cumple los tres criterios básicos de autenticidad evangélica. De acuerdo con estos tres criterios históricos, teológicos y literarios, propuestos y expuestos por la erudición bíblica contemporánea, las actividades extraordinarias y milagrosas de Jesús provienen directamente de su época. Algunos de esos relatos, contienen información precisa, indispensable, básica y relevante para nuestra tarea investigativa respecto al joven rabino galileo.

Jesús de Nazaret no solo era un predicador elocuente y maestro relevante, sino que hacía señales milagrosas, y esas señales o signos ponían de relieve que el poder de Dios le acompañaba en su gestión homilética, docente y taumaturga. Y su relación con actividades milagrosas, no solo se asocia con su ministerio y actividad pública, sino que se revela en su nacimiento, que estuvo rodeado de experiencias espectaculares (p.ej., Lc 1.26—2.20), y también en su muerte, en la cual también se manifestaron prodigios en la naturaleza (p.ej., Mt 27.51-54).

Las sanidades en la antigüedad

Jesús vivió en una sociedad que entendía que los milagros formaban parte de la experiencia diaria. La gente no solo creía en los milagros, sino que los apreciaba, anhelaba, celebraba, comprendía y esperaba. Era un mundo donde no se exigían necesariamente explicaciones científicas para los acontecimientos no rutinarios o comunes. Eran comunidades que no esperaban análisis científicos sofisticados ante la ruptura de lo cotidiano, ante la discontinuidad de lo rutinario. Eran personas que, ante la impotencia e inseguridad que les presentaban las enfermedades incurables y los desajustes emocionales, esperaban que la solución al problema acuciante de salud física, mental y espiritual, proviniera de fuentes divinas.

A ese universo de impotencias, dolores y esperanzas, de enfermedades complejas y terminales, y de curaciones extraordinarias y maravillosas, llegó Jesús de Nazaret con su mensaje redentor y sus milagros transformadores. Las narraciones de milagros que se incluyen en los evangelios canónicos, se ajustan muy bien a ese tipo de mundo y sociedad, de acuerdo con documentos que provienen de las sociedades griegas y judías de la época.

El mundo helenista era proclive a las narraciones milagrosas espectaculares, particularmente si se trataba de honrar la memoria de algunas figuras distinguidas, como son, los emperadores y los filósofos. En esa tradición de milagros, se encuentran varios relatos legendarios de las actividades extraordinarias de algunos líderes antiguos. Por ejemplo, las acciones de Pirro, rey de Epiro; de Vespasiano, emperador de Roma; de Pitágoras, filósofo y matemático griego; y de Apolonio, sabio y maestro itinerante. De cada uno de ellos se presentan varios relatos fantásticos, que están fundamentados, principalmente, en la fama y el prestigio del protagonista. El propósito básico de esas narraciones de milagros era ensalzar la figura y distinguir el prestigio de la persona aludida.

Ese tipo de narraciones, que eran abundantes, descriptivas, pintorescas y fantasiosas, se extendieron por todo el mundo helénico, y llegaron hasta Palestina, específicamente a la Galilea donde Jesús llevó a efecto gran cantidad de sus señales milagrosas. De gran importancia en torno a este tema, es la identificación precisa de los propósitos de cada tipo de relato.

En el singular caso de los milagros en el mundo helenístico, la finalidad era honrar y celebrar la fama de algún personaje distinguido. Por el contrario, en las narraciones evangélicas, el propósito de Jesús al hacer algún milagro, no era adquirir o aumentar su fama, sino responder al clamor de la gente necesitada y cautiva, y poner de manifiesto la gloria y el honor que debía dársele a Dios. Los milagros en las narraciones evangélicas son anticipos del reino de Dios, son manifestaciones vivibles de la llegada real e histórica de la esperada era mesiánica, son revelaciones del poder de Dios que preceden futuras intervenciones divinas en la época escatológica.

En el judaísmo antiguo, también hay relatos de personas piadosas que al orar a Dios se producían milagros. Se trata más bien de algunas narraciones en las cuales se presentan las actividades especiales y milagrosas de algunos rabinos distinguidos.

Entre esos personajes, se puede mencionar a Honi ha-Meagguel, «el trazador de círculos», que es apreciado y recordado por su gran capacidad para hacer llover. Y también las fuentes rabínicas antiguas aluden a Hannina ben Dossa, un respetado maestro procedente de Galilea, y discípulo del rabino Yojanán ben Zakkay, que era especialmente reconocido y celebrado por hacer milagros de curaciones, e inclusive los hacía a la distancia. Su fama se había diseminado por todo el mundo judío de la época.

Además, no podemos obviar que en la Biblia hebrea hay bastantes referencias a hechos milagrosos. Las narraciones de la liberación de Egipto, por ejemplo, están llenas de intervenciones extraordinarias y milagrosas de parte de Dios, y también de Moisés (véase Ex 5.1—15.21); y las vidas de Elías y Eliseo ponen en clara evidencia una serie significativa de episodios milagrosos (1 R 17.1—2 R 8.15). Estos ciclos de milagros durante el éxodo, y también en las vidas de los profetas, se convirtieron en modelos para las narraciones de los milagros neotestamentarios. El estudio cuidadoso de estos milagros antiguos, descubre sus influencias y manifestaciones en los relatos neotestamentarios. Y los modelos literarios de las narraciones de milagros de Jesús, revelan esas influencias significativas.

El descubrimiento de esta información, ubica las narraciones de los milagros de Jesús en su adecuado contexto histórico, teológico, cultural, sociológico y espiritual. Mientras Jesús hacía sus milagros en Palestina, había también noticias de otras personas que llevaban a efecto curaciones extraordinarias y tareas taumaturgas. Él no estaba solo en ese mundo de expectativas milagrosas que se manifestaba en las comunidades palestinas, pues tanto entre los griegos como entre los judíos, y en las tradiciones orales como en las escritas, el elemento espectacular de los milagros no era extraño. Inclusive, la gente vivía con la esperanza de ser objeto de alguna intervención milagrosa de parte de Dios. En cierto sentido, hacer milagros y prodigios no era inaudito en la sociedad y en el mundo que presupone el Nuevo Testamento.

Una definición moderna de milagros podría ser la siguiente: Un acontecimiento que deja en suspenso las leyes de la naturaleza, de acuerdo con nuestras comprensiones científicas actuales. Ante un caso excepcional, la mente moderna intenta descubrir alguna explicación lógica y explicar el fenómeno de manera convincente, según las teorías científicas vigentes y los conocimientos que se tengan en torno al asunto. Ese tipo de entendimiento, sin embargo, es inadecuado para estudiar adecuadamente y entender con amplitud los milagros de Jesús, pues no se ajusta a las definiciones del mundo y el cosmos que se tenía en la época antigua, ni toma en consideración las percepciones de la vida, la realidad y la existencia que se tenía en la antigüedad.

En el mundo bíblico, por ejemplo, el universo no es un sistema cerrado que se mueve inexorablemente, de acuerdo con las leyes racionales y comunes de causas y efectos. Por el contrario, el cosmos y la naturaleza son espacios abiertos y vitales, donde Dios puede intervenir en cualquier momento y lugar, para manifestar su poder y hacer su voluntad. Un milagro, desde esta perspectiva, es una intervención divina excepcional, que tiene como propósito básico hacer realidad el propósito de Dios con las personas, en medio de sus vivencias cotidianas. En este sentido, el milagro, aunque es sobrenatural, es esperado; aunque es espectacular, es cotidiano; aunque es extraordinario, también es común.

Es muy importante entender, en torno a estos temas, que las narraciones de milagros en los evangelios tienen una muy clara y directa finalidad mesiánica. Las intervenciones milagrosas de Jesús, eran formas de afirmar y subrayar que había llegado el tiempo del cumplimiento histórico de las antiguas esperanzas mesiánicas, predichas por los profetas de Israel. Por esa razón teológica, la respuesta de Jesús, de acuerdo con el Evangelio de Lucas (Lc 7.18-23), a la pregunta de Juan el Bautista, referente a si él era o no el Mesías, fue la cita importante del mensaje del profeta Isaías, que pone de relieve con pulcritud, una serie importante de sanidades (Is 29.18-19; 35.5-6; 61.1), que son signos indiscutibles y claros de la era mesiánica. ¡En la era del Mesías se romperán las cadenas que tienen a la gente cautiva!

Los milagros de Jesús no eran eventos aislados o actividades secundarias en su misión: Eran señales importantes y signos relevantes de una realidad más profunda. Los prodigios indicaban que el reino de Dios había llegado en la vida y ministerio de Jesús, y que él representaba, como lo habían anunciado los profetas previamente, el inicio de la era especial, esperada y anhelada por el pueblo de Israel. Jesús inauguraba, con su ejemplo de vida, una nueva época en la historia del pueblo de Israel, la era de la llegada del Mesías.

Los milagros de Jesús

Un estudio de los diversos milagros de Jesús revela que pueden catalogarse en varias áreas básicas y significativas. Hay prodigios de sanidades, que manifiestan el poder divino sobre las enfermedades que hieren a la humanidad. Los de liberación de endemoniados son intervenciones divinas que restauran la salud mental, emocional y espiritual de las personas. Las resurrecciones devuelven a la vida a alguna persona que cuya partida ha creado una situación insostenible y crítica para los deudos, particularmente si son mujeres viudas. Los prodigios que se llevan a efecto sobre la naturaleza, son afirmaciones del poder divino sobre el cosmos y la creación, Y finalmente, los milagros sobre los alimentos, demuestran que Jesús estaba consciente de las realidades y necesidades humanas.

Cada una de esas categorías pone en evidencia un componente singular de la tarea mesiánica y redentora de Jesús. Como el hacer milagros no era una estrategia de mercadeo y publicidad, sino una manifestación anticipada del reino de Dios, el estudio de estos sucesos puede brindarnos algunas pistas valiosas para comprender mejor la naturaleza de su misión y entender adecuadamente la extensión de su programa docente, redentor y liberador.

Las sanidades

La fama de Jesús como un rabino que tenía la capacidad de hacer milagros, se manifiesta en los cuatro evangelios canónicos, y también en la literatura extra bíblica de su tiempo y de épocas posteriores. La verdad es que las narraciones evangélicas están llenas de prodigios, que ponen en evidencia clara no solo su poder sobre las fuerzas físicas y naturales, sino revelan su naturaleza mesiánica y su misión redentora, como cumplimiento de los oráculos y las antiguas profecías veterotestamentarias.

Aunque, posiblemente, como se desprende de las narraciones evangélicas de los milagros, Jesús sanó a multitudes, tenemos constancia directa en los evangelios de un grupo como de treinta y cinco personas específicas que fueron curadas a través de su ministerio. De singular importancia es que, en por lo menos en una ocasión, según el testimonio bíblico, sanó a todos los enfermos de una comunidad determinada, como es el caso de Capernaúm (Lc 4.40).

Respecto al asunto de las curaciones milagrosas, es de importancia capital indicar que los evangelios se preocupan por indicar que ningún enfermo que llegó ante su consideración siguió padeciendo de sus dolencias, pues los curaba. Esa es quizá una de las razones para explicar porqué la gente le seguía con insistencia y determinación. Para los evangelistas, Jesús no solo atraía a las personas en necesidad mediante sus mensajes elocuentes y enseñanzas desafiantes, sino que respondía a los reclamos más serios de salud, en una sociedad donde las enfermedades presentaban a los individuos, las familias, los pueblos y las naciones un desafío formidable, pues tenían el poder de la mortalidad.

Entre las enfermedades físicas que Jesús sanó, de acuerdo con los testimonios de los evangelios, se pueden identificar las siguientes: Ceguera (Mt 20.29-40; Mc 8.22-26; Lc 11.14; Jn 9.1-7), lepra (Mc 1.40-42; Lc 17.11-19), fiebre (Lc 4.38-39; Jn 4.46-54), parálisis (Mt 9.2-7; 7.1-10), mudez (Mt 9.32-33; Lc 11.14), sordera (Mc 7.31-37) y sangrado (Mc 5.25-29). Algunas de estas narraciones se incluyen en los tres evangelios sinópticos, que pueden ser un buen indicador de la confiabilidad y antigüedad del suceso. Son enfermedades que tenían no solo dimensiones físicas y emocionales, sino que incluían componentes sociales y religiosos.

De ese gran grupo de enfermedades curadas, se deben distinguir, por la cantidad de casos, once personas que fueron sanadas de lepra (Mt 8.2-4; Mc 1.40-45; Lc 5.12-13; 17.11-19), y siete de ceguera (Mt 9.27-31; 12.22; 20.29-34; Mc 8.22-26; 10.46-52; Lc 11.14; 18.35-43). Los dos tipos de casos son interesantes, desde el punto de vista social y religioso, pues los primeros estaban separados de la comunidad por las leyes y los reglamentos de impureza ritual, y los segundos, no podían ver las complejas dinámicas sociales, políticas, económicas, religiosas que les rodeaban. Ante ambos grupos, Jesús reaccionó con misericordia, valentía, amor y autoridad, pues respondió a sus reclamos más hondos y sentidos de salud. Jesús les devolvió la capacidad y el poder de integrarse nuevamente a sus familias y les permitió reintegrarse a la comunidad.

Sanidades de personas leprosas

Respecto a la lepra, es muy importante indicar que no siempre las personas diagnosticadas con esa enfermedad en la Biblia, tenían lo que en la actualidad se conoce como la enfermedad de Hansen. Los casos de esa condición, en el judaísmo, eran identificados por los sacerdotes, que observaban y evaluaban físicamente la piel de los enfermos para determinar si tenían o no la ingrata calamidad (Lv 13.1—14.57). Es muy probable que, en ese análisis físico y evaluación visual, se diagnosticaran como leprosas algunas personas que tenían condiciones de la piel, como eczema, soriasis o, inclusive, alergias.

El resultado inmediato y concreto de ser diagnosticado con lepra en el mundo bíblico, era la separación de la comunidad, por el temor al contagio y la propagación de la enfermedad. La persona era declarada ritualmente impura, decisión que añadía, a la compleja y frágil condición física, graves componentes emocionales, espirituales y cúlticos. Por ejemplo, los individuos leprosos no participaban de las ceremonias religiosas en el Templo, que afirmaban el perdón y el bienestar individual, familiar y colectivo del pueblo. ¡Inclusive, nadie les podía tocar! Era un ostracismo social y espiritual, radical e inhumano. Una persona leprosa estaba socialmente muerta, para todos los efectos prácticos, pues no podía interaccionar saludablemente con el resto de su infraestructura familiar y comunitaria.

Ante esas dificultades físicas, emocionales y espirituales, los evangelios indican que Jesús respondió destacadamente, con misericordia y amor, a ese tipo de enfermos. En el caso específico de un paciente con lepra avanzada, de acuerdo con la narración evangélica, Jesús tocó y sanó a la persona, cosa inimaginable en aquella época (Lv 5.12). En su deseo de restaurar a un individuo inmerso en el cautiverio de una enfermedad mortal y excluyente, Jesús rompió con las leyes y las expectativas religiosas y sociales de su tiempo, y le devolvió a su entorno familiar, para superar las dinámicas religiosas, médicas y sociales, que le mantenían separado y aislado de la gente que le amaba.

Fundamentado en la misericordia y el amor, y movido por su compromiso decidido y firme con el reino de Dios, Jesús no se amilanó ante las posibilidades de contagio, ni se detuvo frente a las repercusiones cúlticas y rituales de tocar alguna persona impura. ¡El ser humano es más importante que las regulaciones religiosas y los diagnósticos médicos! En el orden de prioridades de Jesús, la necesidad de salud física, emocional y espiritual, tenía prioridad sobre las interpretaciones, los comentarios y las doctrinas de los líderes religiosos y las posibles reacciones de las autoridades del Templo.

Sanidades de personas ciegas

Las sanidades de personas ciegas merecen un comentario adicional. La ceguera en la antigüedad era quizá más común que en la actualidad. Es probable que las condiciones de higiene fueran un factor adverso en el origen, la propagación y el desarrollo de esta calamidad en la Palestina de Jesús. En la actualidad, la ceguera se previene con buenas condiciones sanitarias, y también con varias dosis de antibióticos.

Las bacterias que afectan adversamente la córnea, producen, entre otras, la enfermedad conocida como tracoma. Esta condición visual, que es la causa principal de ceguera prevenible en el mundo, tiene los siguientes factores de riesgo: Pobreza, malas condiciones de higiene, hacinamiento humano, sistemas sanitarios deficientes, y moscas y mosquitos. Sin embargo, esta enfermedad, que es muy contagiosa al contacto directo con las secreciones de los ojos y la nariz, no solo es prevenible sino curable con un buen tratamiento de antibióticos.

En el antiguo libro de Tobías, por ejemplo, que se incluye en la sección apócrifa o deuterocanónica de las Biblias, se menciona un relato significativo de sanidad. Se indica que un tal Tobit sufría de ceguera, y que el ángel Rafael le indicó a su hijo, Tobías, que le untara en los ojos «hiel de pez» (Tob 11.8). Una vez el hijo del invidente, llevó a efecto las instrucciones del ángel, Tobit recibió la vista, y además, pronunció una gran bendición a Dios, por haber propiciado el milagro de su curación. La curación se produjo como resultado de un proceso físico, en el cual se le untó un remedio en los ojos a Tobit.

Jesús, que curó a por lo menos siete ciegos, por lo general, pronunciaba únicamente la palabra de autoridad, y las personas quedaban sanadas. Sin embargo, en una ocasión específica, utilizó una fórmula técnica que incluía poner barro en los ojos del invidente (Jn 9.1-6). Es un caso especial, pues el enfermo había nacido ciego, que era una manera literaria y teológica de poner de manifiesto la gravedad de su condición y lo terminal de su caso. De acuerdo con el Evangelio de Juan, Jesús preparó barro con su saliva, se lo untó en los ojos, y le envió a lavarse al estanque de Siloé; el resultado del proceso fue la sanidad del ciego.

Respecto a las sanidades en el mundo antiguo en general, y en torno a las que Jesús llevó a efecto en particular, es importante identificar y explorar dos temas fundamentales. El primero, es la relación entre las enfermedades y el pecado humano; y el segundo, es la conexión entre la fe y las curaciones. El análisis de estos dos asuntos puede brindarnos alguna luz teológica y espiritual, para comprender el alcance de las acciones de Jesús para responder a las miserias humanas y a las desesperanzas de las personas enfermas.

En el Antiguo Testamento, así como en la literatura judía posterior, se alude explícitamente a una creencia popular en torno a las enfermedades: Se pensaba, que eran producto del pecado de las personas. Esas percepciones se ponen de manifiesto en la literatura poética (Sal 103.3) y en los escritos proféticos (p.ej., Jer 31.32; Ez 18.2-20). La idea fundamental de esta comprensión, era que el pecado humano generaba el juicio divino que se manifestaba adversamente y de forma física en la salud de las personas. La manifestación de la ira divina, se pensaba, era el origen de las enfermedades, de acuerdo con esa percepción teológica, física y biológica.

La repuesta pública de Jesús, al sanar al invidente de nacimiento, fue que su condición no era producto del pecado, tanto de él como de sus padres, sino que era una oportunidad magnífica para poner de manifiesto el poder y la gloria de Dios (Jn 9.2-3). La sanidad se relaciona positivamente con el amor, la misericordia y el poder divino, no con acciones humanas pecaminosas previas, ni con la maldad de las personas, ni mucho menos con el juicio divino.

Y respecto a la relación entre las sanidades y la fe, los testimonios evangélicos, de forma continua y sistemática, apuntan hacia esa dirección (p.ej., Mt 8.13; 9.29; 21.22; Mc 5.34). La fe, en los discursos de Jesús, ocupa un sitial de honor, pues es una manera concreta y clara de demostrar confianza, es una forma real de expresar seguridad. Una de las afirmaciones de Jesús en torno al tema de la fe es la siguiente: «De cierto os digo que si tenéis fe como un grano de mostaza, diréis a este monte: "Pásate de aquí allá", y se pasará; y nada os será imposible» (Mt 17.20).

La fe, desde el punto de vista teológico, es un valor importante y necesario en los procesos de sanidades. Inclusive, en una de estas narraciones, de acuerdo con el Evangelio de Lucas, se indica que Jesús «al ver la fe» de los amigos de una persona paralítica, no solo le sanó sino que le perdonó los pecados a la vista de los presentes. Entre los testigos de la curación, se encontraban algunos escribas y fariseos, que le acusaron de blasfemo (Lc 5.17-26).

En estas narraciones de milagros, los evangelistas no exploran los componentes sicológicos y sociales de las sanidades, que ciertamente deben incluirse en todo estudio del fenómeno de las curaciones milagrosas en la actualidad. El énfasis evangélico, es espiritual y teológico. El objetivo de las narraciones bíblicas, es destacar la misericordia y el poder divino. La finalidad de los portentos que Jesús lleva a efecto, es revelar su mesianismo y afirmar que había llegado el tiempo escatológico anunciado por los profetas y esperado por el pueblo.

Liberación de demonios

La transformación de personas poseídas y cautivas por las fuerzas del mal, puede ser considerada como casos específicos de las sanidades de Jesús. Sin embargo, por la importancia teológica de las narraciones, la abundancia de este tipo de los relatos, y las complejidades sicológicas, sociales y espirituales del tema, evaluaremos la liberación de los demonios como una forma singular de las manifestaciones divinas.

De acuerdo con las narraciones sinópticas, el exorcismo, o liberación de espíritus malignos, jugó un papel protagónico en el ministerio de Jesús. En el mundo que Jesús vivió, era natural creer que los espíritus del mal tenían la capacidad de generar enfermedades y dolencias en las personas. Se pensaba, inclusive, que esos espíritus maléficos, podían producir desastres naturales.

En ese contexto ideológico, de espíritus malsanos y demonios, se creía que esas fuerzas malignas debían ser contrarrestadas con las prácticas de exorcismos, que tenían el propósito específico y definido de eliminar los efectos adversos que esas potencias del mal, podían producir en las personas o la naturaleza. Y como respuesta teológica y espiritual a esas creencias, las narraciones de exorcismos se incluyen, repetidas veces, en los evangelios sinópticos, y también en el libro de los Hechos (Hch 5.16; 8.7; 16.16-18; 19.11-19). Este tipo de relato, sin embargo, no aparece en el Evangelio de Juan.

De la lectura de los relatos de liberación de personas endemoniadas, no se desprende con claridad necesariamente la identificación de las enfermedades que producían los espíritus malignos que poseían a los cautivos. Quizá, el singular caso del joven endemoniado, que botaba espuma por la boca y se estremecía en convulsiones, es revelador de algún tipo de ataque epiléptico (Mc 9.14-27; Lc 9.37-43). Es posible, incluso, que algunos casos de sanidades de Jesús, la comunidad los haya relacionado con las posesiones demoníacas. Respecto a este singular asunto, es menester recordar la relación que en la antigüedad se pensaba había entre el pecado y las enfermedades.

El estudio comparado de las narraciones de liberación en los evangelios, puede poner de manifiesto una estructura literaria definida. Esa pauta común, revela lo siguiente: La persistencia de la enfermedad y complejidad del cautiverio; las dificultades que había para tratar la condición médica de forma efectiva; la naturaleza y las virtudes de la intervención divina; y los resultados milagrosos de la liberación y curación de la persona. De singular importancia, al estudiar estas narraciones, es que los relatos judíos y griegos de la época mostraban características literarias similares.

Durante los procesos de liberación, en ocasiones, los demonios reconocían la autoridad divina y el poder sobrenatural del exorcista. Ese es el interesante caso de las narraciones de liberación en el Evangelio de Marcos. El evangelista, para enfatizar el poder de Jesús ante esas fuerzas malignas, indica que los demonios, al confrontarse con Jesús y su poder, se postraban al suelo y reconocían que Jesús era el Hijo de Dios (Mc 3.1; 8.29). Esas fuerzas malignas tenían la capacidad de identificar que Jesús representaba el poder divino que tenía autoridad sobre ellas.

De esa forma literaria y narrativa, se afirma y subraya que el poder que efectivamente liberaba a las personas endemoniadas de sus cautiverios y desajustes espirituales, físicos y emocionales, se fundamenta en la naturaleza mesiánica de Jesús. Esas manifestaciones de sanidad y liberación, eran demostraciones visibles del poder divino sobre las fuerzas del mal, que a su vez, eran signos específicos e ineludibles de la llegada del reino de Dios y la irrupción histórica de la era mesiánica.

Otro caso de singular importancia teológica y temática, es el de la liberación de un endemoniado en la comunidad de Gadara, que se relata, con algunas variantes, en los evangelios sinópticos (véase, p.ej., Mc 5.1-20; Lc 8.26-39; cf. Mt 8.28-34). El demonio que atormentaba al hombre (o a los dos hombres, de acuerdo con la narración en Mateo), se identificó públicamente en esa ocasión como «Legión», porque eran muchos.

Es significativo y muy importante notar que ese demonio tomó un nombre que alude a una parte del ejército romano, que podía contar hasta con seis mil soldados. ¡La fuerza maligna reprendida por Jesús, era símbolo claro e inequívoco del contingente militar extranjero que ocupaba y oprimía Palestina! Las implicaciones políticas del relato son claras, pues no solamente reprendió a las fuerzas espirituales del mal, sino que liberó al cautivo, y envió los demonios a los cerdos, que en la tradición judía eran animales legalmente impuros (Lv 11.7), que finalmente se despeñaron y murieron. ¡Los demonios representaban a las fuerzas de ocupación romana!

Dos reacciones son dignas de mencionar en esta narración: La actitud de los dueños de los cerdos, y la respuesta del enfermo y cautivo. El primer sector actuó, al inicio, con asombro y miedo, y posteriormente pidieron al exorcista que se marchara del lugar. ¡No pudieron resistir el poder divino que es capaz de liberar a una persona cautiva y necesitada! ¡Se sintieron amenazados por el poder divino en Jesús! ¡Entendieron sus limitaciones ante esas manifestaciones de la virtud, el amor, la misericordia y el poder de Dios!

El liberado, sin embargo, demostraba su gran agradecimiento, suplicándole a Jesús que le permitiera permanecer a su lado. La respuesta del rabino liberador, fue que regresara a su comunidad a contarle a los suyos que Dios había manifestado su misericordia sobre él... Este milagro se llevó a efecto en territorio gentil, en la comunidad de Gadara, que era parte de la antigua Decápolis griega. Se pone en evidencia en esta narración las implicaciones universalistas del ministerio de Jesús, pues sus liberaciones no están reservadas solamente al pueblo de Israel sino a la comunidad en general.

De acuerdo con el Evangelio de Lucas, las liberaciones de demonios también se pueden relacionar con las manifestaciones plenas del reino de Dios y su justicia (Lc 11.14-23). En respuesta a la sanidad de una persona que tenía un «demonio, que era mudo» (v.14), algunas personas de la comunidad reaccionaron con asombro, y otras afirmaron que el poder liberador de Jesús provenía del príncipe de los demonios (v. 9), Beelzebú o Satanás. ¡Acusaron a Jesús de hechicero! ¡Catalogaron sus milagros como provenientes de las fuerzas del mal! ¡Entendieron que su capacidad de hacer milagros provenía de alguna relación o pacto que había hecho con Satanás!

Ante esa acusación, Jesús respondió que echaba fuera los demonios «por el dedo de Dios» (v. 20), que era un signo vivible de la llegada del reino de Dios a Israel. Es importante señalar, respecto a la imagen del «dedo divino», que desde la época de la liberación de Egipto, era símbolo indiscutible de la intervención extraordinaria y liberadora de Dios a favor de su pueblo en necesidad (Ex 8.10). La intervención del «dedo de Dios» en la corte del faraón, comenzó un proceso heroico y redentor que culminó con la salida del pueblo de Israel de cautiverio egipcio y la llegada de Israel a la Tierra Prometida.

Con esa imagen Jesús evocó una de las tradiciones teológicas más importantes para el judaísmo. El «dedo de Dios» que intervino en la época de Moisés, volvía a actuar nuevamente a favor del pueblo. En esta ocasión, sin embargo, la liberación la recibían los cautivos emocionales, los enfermos espirituales, y los oprimidos por las fuerzas demoníacas que intentaban mantenerles amarrados e impedir que pudieran vivir vidas plenas, gratas y auténticas.

Las resurrecciones

Los relatos evangélicos en los cuales Jesús devuelve la vida a alguna persona muerta, son tres, sin contar su propia resurrección. Y en esas narraciones las mujeres ocupan un sitial protagónico. Desde la perspectiva teológica, esos episodios extremos revelan, sin lugar a dudas, el poder extraordinario de Jesús, que tiene la capacidad hasta de superar las fuerzas de la muerte, que eran vistas como experiencias finales, definitivas, invencibles, irreversibles. Era una demostración clara e ineludible del poder divino.

El relato de la resurrección de la hija de Jairo (Mc 5.21-23,35-43) es significativo, pues se incluye en los tres sinópticos y conserva una singular expresión de Jesús en arameo, que puede ser una indicación que se trata de un episodio muy antiguo, inclusive que puede provenir de las etapas orales básicas y primitivas de las narraciones evangélicas. Otra posibilidad, que no debe descartarse ni obviarse, es que la frase aramea *Talita cumi*, que significa, «niña, a ti te digo, levántate» (Mc 5.41), haya sido utilizada en la antigüedad por algunos exorcistas itinerantes.

En medio de este episodio de resurrección, Marcos intercala otra narración: El milagro de sanidad de una mujer que, luego de doce años de enfermedad y dolencia física, y también de separación religiosa y cúltica, decidió acercarse silenciosamente a Jesús, hasta tocar el borde de sus vestiduras (Mc 5.24-34). Aquella mujer, cansada de sus malestares físicos e impurezas litúrgicas, fue sanada de forma milagrosa y repentina. Y junto a su curación, de acuerdo con las narraciones evangélicas, Jesús le indicó que había sido su fe la que había propiciado su sanidad y salvación, que es el tema básico que une los relatos de la resurrección de la niña y la sanidad de la mujer.

Una segunda narración, en torno a las resurrecciones que Jesús llevó a efecto, es digna de mencionar, pues evoca algunos milagros antiguos de profetas celebrados y apreciados en el pueblo de Israel, como Elías y Eliseo (1 R 18; 2 R 4). De acuerdo con el relato evangélico, el milagro se produjo en la pequeña comunidad de Naín, no muy lejos de Nazaret, en la Galilea. Y la resurrección es del hijo de una mujer viuda.

El contexto familiar del milagro es importante. En una sociedad donde el bienestar y la seguridad de las mujeres estaba principalmente asociado a las tareas y responsabilidades de algún varón (p.ej., abuelos, padre, hermanos, tíos o hijos), el futuro de la viuda, en el mejor de los casos, era difícil y crítico, y en el peor, nefasto y mortal. Y ante ese cuadro doloroso de inseguridad e incertidumbre, Jesús se compadeció de la mujer, y resucitó al joven, a quien llamó con gran autoridad y le indicó que se levantara de su féretro.

La reacción del grupo que acompañaba a la viuda y al cortejo fúnebre es digna de mencionar: ¡Temieron y glorificaron a Dios! Y en ese entorno inmediato de asombros, preocupaciones y gratitudes, la comunidad afirmó la labor profética de Jesús, y reconoció que Dios estaba visitando a su pueblo. Esa manifestación extraordinaria del poder de Dios, es una demostración plena de la autoridad que tenía Jesús sobre las fuerzas de la muerte. Esta resurrección ubica a Jesús en un plano especial, pues revela que ni aún la muerte puede resistirse y desobedecer su autoridad mesiánica.

El tercer relato de resurrecciones en los evangelios, se incluye en Juan, y se describe literalmente, como una «señal milagrosa». Se trata de la resurrección de Lázaro (Jn 11.1-44), que junto a su familia, según los relatos evangélicos (Lc 10.38-39), guardaba muy buena relación con Jesús. Y una vez más, la narración destaca los elementos emotivos y familiares del episodio: Las hermanas del difunto presionan a Jesús para que apresure su llegada; y posteriormente, le expresan su frustración ante su tardanza y la muerte de su hermano. Jesús, por su parte, manifiesta su gran amor y compasión hacia la familia, al llorar ante la tumba de su amigo.

La referencia a que Lázaro llevaba cuatro días de muerto, alude a la antigua creencia popular de que el alma de los difuntos abandonaba el cuerpo a los cuatros días de muerto, cuando el proceso de descomposición se llevaba a efecto y se aceleraba. Las acciones de Jesús fueron claras, decididas y firmes: Ordenó a la multitud a que abrieran la sepultura, y a que desataran a Lázaro, que ya no estaba muerto, había regresado a la vida.

Este milagro tiene gran significación teológica, pues es una especie de prefiguración de la resurrección de Cristo, según el Evangelio de Juan. Fue en medio de ese contexto de vida y muerte, dolor e incertidumbre, y esperanza y resurrección, que se incluye una importante frase, de extraordinaria profundidad teológica y gran virtud espiritual: «Yo soy la resurrección y la vida; y el que cree en mí, aunque esté muerto vivirá. Y todo aquel que vive y cree en mí no morirá eternamente» (Jn 25-26).

Esa declaración teológica, fue precedida por varios comentarios significativos en la narración. Ya Jesús había dicho a los discípulos que la enfermedad de Lázaro era una oportunidad para poner de manifiesto la gloria divina, y también había indicado que esa situación de muerte era necesaria, para que el Hijo de Dios fuera glorificado, alabado y reconocido (Jn 11.4). Además, había expresado con claridad, que ese contexto era una buena oportunidad para fortalecer la fe e incentivar la credulidad de la comunidad (Jn 11.14-15).

En efecto, los relatos que exponen en los evangelios las resurrecciones, tienen la clara finalidad de incentivar la fe en Jesús y la confianza en Dios; y además, preparan el camino para las narraciones relacionadas con la resurrección de Cristo. Estos episodios tienen un importante propósito teológico: Afirman que el poder de Jesús no está limitado a las dinámicas humanas que tienen que ver únicamente con la vida y la existencia. Con su ministerio, implican estas narraciones, se inaugura la esperada época mesiánica anunciada por los profetas, que rompe con los niveles del tiempo y el espacio, y pone claramente de manifiesto, de acuerdo con los evangelios canónicos, que el reino de Dios irrumpía con fuerza en medio de la historia palestina.

Milagros sobre la naturaleza

Un grupo adicional de milagros de Jesús debe ser analizado con detenimiento y discernimiento, por la naturaleza literaria de los relatos, y también por la importancia temática de las narraciones; además, es necesario explorar y evaluar las implicaciones teológicas y espirituales que manifiestan. Son episodios que revelan claramente que, el poder de Dios que se manifestaba en el ministerio de Jesús, no estaba limitado a las sanidades, liberaciones y resurrecciones. Estos milagros indican y subrayan que la virtud divina también penetra con fuerza en las esferas del cosmos, la naturaleza y la creación.

El propósito básico de este singular grupo de milagros, en efecto, es destacar que, aún en el mundo cósmico, y en medio de las fuerzas hostiles de la naturaleza, la palabra de Jesús era efectiva, pues su autoridad sobre esas dinámicas naturales no disminuía, y el poder divino que le asistía mantenía su eficacia, virtud y autoridad. ¡Las fuerzas de la naturaleza respetaban y obedecían los mandatos firmes de Jesús! La finalidad central de estas narraciones milagrosas, más que una descripción histórica de los acontecimientos, es teológica y cristológica: La palabra de Jesús tiene poder sobre el cosmos y las inclemencias del tiempo.

Esos objetivos espirituales y teológicos de estos relatos, se ponen claramente en evidencia, en la exclamación de las personas que presenciaron el milagro de Jesús sobre la tempestad, en el lago de Galilea: «¿Quién es este, que aun el viento y el mar le obedecen?» (Mc 4.41). La persona que detuvo los vientos y calmó la tormenta en alta mar, según ese espectador, no es un ser humano común más, sino alguien con autoridad inusitada, con poder divino especial, y con capacidad para modificar de forma sustancial las fuerzas que rigen el cosmos y los fenómenos meteorológicos.

Ese grupo de milagros sobre la naturaleza, se presentan en los evangelios en el contexto propio de Galilea. Se alude a las ciudades de la región, se presuponen sus paisajes y condiciones climatológicas, y se ubican específicamente en el importante marco geográfico del lago de Genesaret, que servía de centro social, económico y político del norte palestino. ¡Ese era, en efecto, el contexto territorial y social básico e inmediato de la vida y el ministerio de Jesús!

En ese grupo de milagros extraordinarios, que manifiestan ciertamente el poder de Dios sobre las fuerzas de la naturaleza, de acuerdo con las narraciones evangélicas, se pueden identificar los siguientes temas: La autoridad sobre los vientos y las olas del mar, el caminar sobre las aguas, la multiplicación de los panes y los peces, la pesca abundante y milagrosa, y la transformación del agua en vino. Todos esos milagros presentan una dimensión nueva del ministerio de Jesús, pues lo ubican en un plano especial y significativo: Reta abiertamente las reglas ordinarias de gravedad que le brindan orden a la naturaleza, y desafía las leyes que gobiernan las dinámicas comunes del cosmos y las realidades cotidianas.

Los dos primeros milagros se contraponen abiertamente a las leyes de la naturaleza. Jesús, con su voz potente y autorizada, en el primero de estos milagros, manda a los vientos y a la mar que se calmen, mientras navegaba el Mar de Galilea con sus discípulos (Mt 8.23-27; Mc 4.35-41; Lc 8.22-25); y en el segundo, Jesús desafía las fuerzas de gravedad y las dinámicas propias del mar, al caminar sobre las aguas del Lago de Genesaret (Mt 14.22-33; Mc 6.45-52; Jn 6.15-21).

En la narración que indica que Jesús calmó la tempestad, los discípulos se sienten amenazados y atribulados por las furias de los vientos, mientras el maestro descansa, sosegado y dormido en el barco. El relato destaca tanto las preocupaciones y desesperanzas de los discípulos ante las inclemencias del tiempo, como la calma y sobriedad que manifiesta Jesús en la embarcación. Los discípulos, asustados y preocupados por la seguridad e integridad de sus vidas, apelan a Jesús, que mantiene en todo momento la moderación y compostura. Y ante la agresividad de la tormenta y la preocupación de los discípulos, Jesús procede a ordenar a los vientos que se detengan y al mar que se calme, y como resultado de esa palabra divina de autoridad y poder, reina la bonanza en el Lago.

Es importante recordar que la Biblia representa, tradicionalmente, al mar y las tempestades, como fuerzas hostiles y antagónicas a la voluntad de Dios (p.ej., Gn 1.1-2), que deben ser controladas y sujetas por la autoridad divina. En este sentido, la narración evangélica sigue una importante tradición temática de las Escrituras. Particularmente, está en continuidad teológica con los poemas del Salterio, que claramente indican que Dios es el único que puede dominar la furia, el levantamiento y la violencia de los mares, y que, además, hace callar los vientos, y los detiene (p.ej., Sal 89.9).

De acuerdo con el Salterio, y en relación al relato que indica que Jesús calmó la tempestad, el poder de Dios se manifiesta con libertad, virtud y autoridad en medio de las dinámicas de la naturaleza, para poner de manifiesto su poder extraordinario. Los vientos y los mares, que simbolizan el caos primigenio y la anarquía en las narraciones bíblicas, ante la palabra autorizada y potente de Jesús, se detienen y se calman. Según estas narraciones, la autoridad de Jesús tiene la capacidad de transformar el caos en bonanza, el desorden en orden, la crisis en paz, la preocupación en calma, y el potencial de muerte en manifestaciones de vida.

La narración del milagro de Jesús que calma la tempestad, es una gran afirmación teológica: Celebra su poder sobre las fuerzas antagónicas a la humanidad; en efecto, es una demostración clara, para el evangelista, que la virtud extraordinaria de Jesús formaba parte de la tradición de las actividades de Dios en la creación y en el éxodo de Egipto. Los cuerpos de aguas y los vientos no pueden detener el paso firme y decidido del pueblo de Dios, para descubrir, alcanzar y disfrutar la voluntad divina.

Como en el libro de Génesis (Gn 1.1-2), y también en los relatos que se incluyen en el Éxodo (Ex 15), los recuentos evangélicos presentan a un Jesús que tiene la capacidad, el poder y la voluntad de demostrar su autoridad sobre los vientos y la mar, que son signos visibles e históricos de las fuerzas contrarias a la manifestación del propósito de Dios al pueblo de Israel y a la humanidad. ¡Quien ordenaba los vientos y la mar, era el Mesías prometido al pueblo de Israel!

El segundo de los milagros de Jesús sobre las fuerzas de la naturaleza, es su caminata sobre las aguas del Lago de Galilea (Mt 14.22-33; Mc 6.45-52; Jn 6.15-21). Una vez más, Jesús manifiesta su poder sobrenatural a los discípulos, que en esta ocasión, ante tal revelación divina, confundidos, piensan que se trata de algún ¡fantasma!

En torno a esta narración, es importante señalar que, en el Evangelio de Mateo, se incluye la reacción de Pedro ante la acción y revelación de Jesús, al decirle: ¡Si en realidad no eres un fantasma y verdaderamente eres Jesús, haz que yo vaya a ti y camine también sobre las aguas! (Mt 14.28). A lo que Jesús accede, pero cuando el discípulo se percató, de acuerdo con la narración evangélica, de las furias del viento, temió y se hundió (Mt 14.29).

Las virtudes teológicas del relato se relacionan con los siguientes detalles: Jesús manifiesta su poder una vez más sobre las olas del mar; Pedro, aunque también comenzó a caminar sobre las aguas, sucumbió ante el temor de los vientos; y la intervención salvadora de Jesús hacia Pedro, es signo de la redención que Dios le brinda a la humanidad a través del ministerio de su Hijo.

La narración de este milagro enfatiza nuevamente el mesianismo de Jesús y relaciona esa afirmación teológica con varias intervenciones divinas en la historia del pueblo de Israel. Como trasfondo bíblico de ese singular relato, debemos tomar en consideración lo siguiente: Ya el pueblo de Israel había cruzado el Mar Rojo en su peregrinar hacia la Tierra Prometida (Ex 14.1—15.21); y Josué, que lideró la entrada definitiva de los israelitas a Canaán, pasó milagrosamente el Río Jordán, en la misma tradición de Moisés como líder del pueblo (Jos 3.1-17).

El milagro de Jesús al caminar sobre las aguas es parte de esa tradición teológica que afirma que las figuras mesiánicas (p.ej., Moisés y Josué) son capaces de cruzar cuerpos de agua, para guiar al pueblo de Israel a descubrir y disfrutar la voluntad de Dios. Jesús, en este sentido teológico y mesiánico, sobrepasa las acciones de sus predecesores, pues no solo cruza el Mar sino que caminó sobre las aguas, que representaban el caos antagónico, que se anteponía y rechazaba la voluntad divina. El Maestro de Galilea, de acuerdo con estas narraciones milagrosas, lleva a los discípulos y guía al pueblo a alcanzar el propósito redentor de Dios para la humanidad.

La palabra de Jesús sobre los vientos y el mar, también evoca los actos de creación en el libro de Génesis. De acuerdo con los primeros relatos bíblicos, la palabra creadora de Dios se manifestó con autoridad, en medio del caos, pues la tierra estaba «desordenada y vacía» (Gn 1.1-2). Ese caos primigenio fue total y radicalmente transformado, ante las instrucciones claras y seguras que provenían de Dios. La palabra divina fue la fuerza fundamental en los procesos de creación. Y Jesús con su voz de autoridad, seguía esa tradición de palabras transformadoras, que hacen que los vientos y el caos se detengan.

Al analizar estos milagros de Jesús sobre la naturaleza, también debemos estar conscientes de sus relaciones con varios episodios importantes en la vida de los profetas Elías y Eliseo. Ellos representaban ante el pueblo de Israel, el ideal del testimonio profético; eran símbolos óptimos de lo que Dios era capaz de hacer. En estas narraciones, se ponen en evidencia indiscutible el poder divino sobre las lluvias y las aguas del río.

Elías, por ejemplo, es recordado en las Escrituras hebreas por su capacidad de hacer llover (1 R 18.41-46), y también por su poder de detener las lluvias y traer sequía sobre la tierra (1 R 17.1-7). Y Eliseo, con su poder profético, hizo que un hacha que había caído al río, flotara milagrosamente, con solo tirar un palo en el lugar donde el hacha se había hundido (2 R 6.1-8).

En efecto, los milagros de Jesús sobre la naturaleza no solo lo relacionan con los líderes más importantes en la liberación del pueblo de Israel (Moisés y Josué), sino que lo asocian, además, a dos de los grandes profetas bíblicos (Elías y Eliseo). Y esas asociaciones no son producto del azar literario ni el resultado de la casualidad temática, sino que forman parte de una muy clara y bien definida intensión teológica.

Para los evangelistas, Jesús de Nazaret, el rabino galileo que enseñaba en parábolas y también hacía milagros de sanidades, liberaciones y resurrecciones, es parte integral de la manifestación de la voluntad divina en medio de la historia del pueblo de Israel. Jesús es un nuevo tipo de Moisés, y un nuevo profeta en la tradición de Elías, pues tenía el poder y la autoridad sobre las aguas y los vientos, y sobre las fuerzas de la naturaleza. Los evangelistas trataron de ubicar a Jesús y su ministerio, en la tradición de esos grandes líderes nacionales, para demostrar que no era un advenedizo en la historia, sino alguien que cumplía con las expectativas mesiánicas.

Milagros alimenticios

El grupo final de milagros de Jesús que analizaremos, se relaciona con la comida o la bebida. Son milagros que revelan las preocupaciones reales de Jesús ante necesidades humanas concretas. El primero se conoce como la multiplicación de los panes y los peces (Mt 14.13-21; Mc 6.30-44; Lc 9.10-17; Jn 6.1-15), y es el único milagro que se incluye en los cuatro evangelios; el segundo es la tradicionalmente llamada «pesca milagrosa» (Lc 5.14-10); y finalmente, la transformación del agua en vino (Jn 2.1-12). Cada una de estas narraciones de milagros pone en evidencia un componente destacado y significativo del mesianismo de Jesús.

La importancia teológica y espiritual del milagro de la multiplicación de los alimentos se pone de manifiesto al notar que, en el Evangelio de Juan, el discurso que sigue al portento presenta a Jesús como el pan de vida (Jn 6.25-59). La multiplicación de los panes y los peces, junto al caminar sobre las aguas (Jn 6.16-21), es el contexto narrativo inmediato para poner en evidencia una de las grandes afirmaciones teológicas en el Evangelio de Juan. Entre los grandes «Yo soy» que Juan pone en boca de Jesús, se encuentra la afirmación «Yo soy del pan de la vida» (Jn 35), que ubica el milagro en una dimensión teológica especial, en una esfera escatológica singular, en un entorno mesiánico significativo, y en un contexto espiritual transformador.

Este relato en los evangelios sinópticos se puede relacionar mejor con la teología de la Santa Cena; específicamente, se puede asociar con las comprensiones que las iglesias cristianas primitivas desarrollaron en torno a la eucaristía, pes Jesús «bendice» y «da gracias» por los alimentos antes de multiplicarlos. Ya fueran cuatro o cinco mil (véase p.ej., Mt 15.32-39; Mc 8.1-10) o miles más, las personas alimentadas, el componente real del milagro que se destaca es el poder del compartir, que hace que sobren los alimentos.

El milagro, en estos contextos sinópticos, es reconocer la precariedad de los recursos humanos y afirmar las virtudes del poder divino que traen abundancia. De solo unos panes y peces, se alimentó una gran multitud, y hasta sobró alimento que se guardó para alguna ocasión futura. Luego de la alimentación de los cinco mil, sobraron doce canastas de pedazos de pan; y en las narraciones de los cuatro mil, sobraron siete cestos.

Este milagro debe estudiarse también en el contexto de las actividades de Moisés en el desierto, particularmente cuando peregrinaba con los israelitas por el Sinaí, luego de salir de las tierras del faraón de Egipto.

Además, debe entenderse a la luz de uno de los milagros que efectuó el profeta Eliseo.

De la misma forma que Dios alimentó al pueblo que salió de Egipto, con maná que provenía del cielo (Ex 16.1-36), así Jesús alimentaba de forma extraordinaria y milagrosa a sus seguidores. Y también, como Eliseo dio alimentación a cien hombres con solo veinte panes de cebada y trigo (2 R 4.42-44), Jesús brindó comida no solo a cien, sino a miles de sus seguidores. En ambos relatos, la comida sobró, que es un signo visible y claro que la acción divina trae sobreabundancia.

La narración conocida tradicionalmente como «la pesca milagrosa» (Lc 5.4-10) tiene un muy fuerte componente misionero, que se desprende de la lectura del contexto temático y literario en el cual se ubica. Aunque solo en Lucas se incluye el milagro propiamente, en los sinópticos se destaca el llamamiento de los primeros discípulos con la frase «Venid en pos de mí, y haré que seáis pescadores de hombres» (Mc 1.17).

La abundancia de pescados, luego de haber intentado pescar infructuosamente toda una noche, es reveladora del éxito del programa misionero de las iglesias cristianas, luego de la muerte de Jesús y de la resurrección de Cristo. La incorporación de este milagro en el Evangelio de Lucas, junto al llamamiento de los primeros discípulos, tiene una muy clara y definida intensión teológica: Poner de manifiesto que Pedro y el resto de los discípulos llamados por Jesús, tendrían gran éxito en sus apostolados.

En el Evangelio de Juan, este singular milagro se incluye en las narraciones que prosiguen a la resurrección de Cristo (Jn 21.4-14). La frase reveladora en este nuevo contexto, es la que identifica el número de pescados que hizo la red: Ciento cincuenta y tres, que corresponden, de acuerdo con los estudiosos de la zoología en la Grecia antigua, a la cantidad de tipos de peces que existía. De esta forma se ubica la «pesca milagrosa» en un entorno universal y contexto global. Los pescados aluden simbólicamente a toda la humanidad, destacando la misión mundial de las iglesias.

El último de los milagros que vamos a explorar, que es el primero, de acuerdo con el orden canónico en el Evangelio de Juan (Jn 2.1-12), es el de la transformación del agua en vino. El contexto narrativo general del milagro, es una boda en Caná de Galilea. Posiblemente, se trataba de algún familiar de Jesús. A la celebración estaban invitados, no solo Jesús y María, su madre, sino los discípulos. Y sin mucha introducción temática, el relato indica que María se le acercó a Jesús, y le dijo que faltaba el vino. No está clara la responsabilidad específica de Jesús en la boda, aunque si era parte de la familia, debía apoyar los esfuerzos de la celebración.

Jesús, posteriormente, transforma el agua en vino, y el relato pone en evidencia algunos detalles de gran significación espiritual y teológica. La primera reacción de Jesús fue que no había llegado «su hora» (Jn 2.4), que en este evangelio es una forma figurada de aludir a su muerte, específicamente a su glorificación (véase, p.ej., Jn 7.6,8,30; 8.20; 12.23; 13.1; 17.1). En este particular contexto, sin embargo, es una manera de indicar que el momento para revelar su verdadera naturaleza mesiánica todavía no había llegado.

Luego, Jesús mandó a los sirvientes que llenaran los cántaros que estaban dispuestos en seis tinajas de piedra, posiblemente con el propósito de ser utilizadas en los ritos judíos de la purificación. Y de esos cántaros llenos de agua, por la virtud divina, surge el vino, que de acuerdo con el encargado del banquete, era de la mejor calidad (Jn 2.10). Se unen de esta forma los ritos de la purificación, que traía al pueblo la felicidad de sentirse perdonados por Dios, y el vino, que era agente de alegría en cualquier fiesta.

Según el evangelista Juan, ese milagro fue la primera «señal milagrosa» que Jesús llevó a efecto. Con esa acción, de acuerdo con Juan, Jesús había manifestado su gloria y su poder. ¡El milagro hizo que sus discípulos creyeran en él! (Jn 2.11). Es decir, que esa señal milagrosa, de la transformación del agua en vino, tuvo el resultado inmediato y concreto de incentivar la fe de sus discípulos. Se manifiesta claramente en este relato, la relación íntima y significativa entre el milagro de Jesús y el reconocimiento y credulidad de los discípulos.

De singular importancia en el Evangelio de Juan, es descubrir el propósito teológico y espiritual de las narraciones milagrosas de Jesús. En este evangelio, los milagros tienen esa clara finalidad: Demostrar el carácter mesiánico de Jesús, a través de sus acciones extraordinarias y redentoras en medio de la humanidad. Son pruebas de su misión, son testimonio de su virtud, son demostraciones de su autoridad, son ejemplos de su capacidad, y son manifestaciones claras de su deseo explícito y claro de responder con autoridad a las necesidades humanas más hondas, con la palabra y la acción que brinda sanidad, liberación y salvación a las personas.

Los milagros y su función teológica

Al evaluar el cúmulo de testimonios bíblicos que revelan las acciones milagrosas de Jesús, se descubre la gran intensión teológica de las narraciones. El propósito no es llevar a efecto un programa de relaciones públicas y mercadeo, para presentar y subrayar las tareas docentes y sanadoras del rabino galileo. Ni mucho menos tienen la finalidad de utilizar la novedad de esos eventos y actividades para destacar su figura como taumaturgo efectivo o sanador profesional. El objetivo es indicar, de forma reiterada y firme, que Jesús cumplía con las expectativas mesiánicas que se habían revelado a los profetas de Israel a través de las Sagradas Escrituras judías.

Jesús, que es parte de esa tradición profética, que incluye específicamente a Moisés, Josué, Elías y Eliseo, tiene las siguientes funciones mesiánicas: Capacidad de alimentar a su pueblo; poder para detener las fuerzas de la naturaleza que atentaban contra la seguridad nacional; virtud para escuchar el clamor más hondo y sincero de la gente en necesidad, como los enfermos y endemoniados; y sabiduría para atender la soledad, el abandono y la incertidumbre que se relaciona con la pérdida del hijo de una mujer viuda.

Los portentos no son espectáculos de poder, sino anticipaciones de la era mesiánica... Son manifestaciones previas de lo que ha de venir con el advenimiento pleno del Mesías... Son revelaciones especiales que enseñan a los discípulos, y también al pueblo, la naturaleza extraordinaria y divina de Jesús de Nazaret. Los milagros, en efecto, también son enseñanzas y parábolas, que ponen de manifiesto y evidencian el carácter verdadero y la naturaleza real de Jesús, como el hijo de Dios y el Mesías esperado.

9

La pasión de Jesús

Mientras subía Jesús a Jerusalén,
tomó a sus doce discípulos aparte
y les dijo por el camino:
Ahora subimos a Jerusalén,
y el Hijo del hombre será entregado
a los principales sacerdotes y a los escribas.
Lo condenarán a muerte
y lo entregarán a los gentiles
para que se burlen de él, lo azoten y lo crucifiquen;
pero al tercer día resucitará.

Mateo 20.17-19

Los anuncios de la pasión

De singular importancia al estudiar los evangelios canónicos es descubrir que, al terminar su ministerio en la región de Galilea, comienza una serie de anuncios y presagios de la pasión, muerte y resurrección de Jesús. Son narraciones de gran importancia teológica y espiritual, pues sobrepasan los límites históricos, y revelan las comprensiones profundas que tenían los evangelistas del mesianismo y divinidad de Jesús. Esos entendimientos llegaron de forma paulatina con el tiempo y las reflexiones, luego de la manifestación plena de la gloria divina, después que comprendieron, aceptaron y afirmaron las dimensiones extraordinarias de la vida y obra de su maestro, rabino y líder.

Al presentar las narraciones relacionadas al viaje final de Jesús a la ciudad de Jerusalén, los evangelistas incluyen también un grupo de relatos y comentarios que anticipan su desenlace final y definitivo. «Pasión» es la palabra castellana que proviene del latín, *passio*, que significa «sufrimiento». La llamada «pasión de Jesús» alude a los sufrimientos y penurias que experimentó el rabino galileo en su último viaje a la ciudad de Jerusalén. Esa ciudad, no solo constituía el corazón del judaísmo de su época y el foro principal de las actividades religiosas, pues contaba con el Templo y su infraestructura de eventos litúrgicos y programas cúlticos, sino que era también el centro mismo del poder político de Roma en Palestina. En efecto, el contexto básico de la pasión, según los evangelios canónicos, se relaciona con las dinámicas políticas, sociales, económicas y religiosas más importantes de su época.

Una catalogación sencilla de los materiales e informaciones que se encuentran en los evangelios, descubre que pueden dividirse en, por lo menos, tres grandes bloques literarios y temáticos. El primero lo constituyen las narraciones del nacimiento de Jesús, que incluyen, entre otros asuntos, los relatos de las revelaciones a María y José, el nacimiento de Juan el Bautista, y los episodios asociados a los sabios que vinieron del Oriente. El segundo gran bloque de narraciones, incluye las parábolas, los discursos, las enseñanzas y los milagros que Jesús llevó a efecto. Finalmente, se descubren en los evangelios las narraciones de la pasión, que incluyen las actividades fundamentales de Jesús durante su última semana de vida.

En los relatos predictivos, que forman parte de las narraciones de la pasión, los evangelios sinópticos indican que Jesús explicó a sus discípulos cuál sería el resultado y desenlace final de su visita a la ciudad santa de Jerusalén. De acuerdo con esos relatos, el Señor anunció públicamente que sería perseguido, arrestado y asesinado; pero añade, que también resucitaría (véase, p.ej., Mt 16.21; Mc 8.27; Lc 9.22).

Esos pasajes evangélicos tienen una muy clara y bien definida intención teológica: Desean afirmar la naturaleza mesiánica y divina de Jesús, querían destacar su poder sobre la vida y la muerte, e intentaban subrayar el cumplimiento de las profecías antiguas en su ministerio de predicación, liberación y enseñanza. La finalidad de estas narraciones más que histórica es teológica, pues interpretan las actividades finales de Jesús desde un punto de vista espiritual, particularmente mesiánico, como el cumplimiento de las antiguas profecías bíblicas.

Los relatos anticipatorios de la pasión, comienzan posiblemente en el norte de la región Galilea, en Cesarea de Filipo, muy cerca de una de las fuentes de aguas primarias que alimentan el Río Jordán (Mt 16.13-20; Mc 8.27-30; Lc 9.22-28). Los evangelios indican que Jesús utilizó ese contexto geográfico para explicar a sus discípulos que era necesario ir a Jerusalén, inclusive, que debía padecer mucho a manos de los principales ancianos, sacerdotes y escribas, y añadió que iba a ser asesinado, para posteriormente resucitar.

La reacción de Pedro ante el anuncio inesperado de Jesús, fue de negación y rechazo; inclusive, intentó convencerlo para evitar y obviar esos acontecimientos adversos, dolorosos y nefastos. Jesús, por su parte, le reprendió duramente, pues ese era parte del plan divino para su vida. Y ese plan incluía el sufrimiento vicario, que es un tema de gran importancia teológica en los profetas (p.ej., Is 52.13—53.12).

El rechazo de la pasión del Mesías equivale a aceptar la voluntad de Satanás en el mundo, de acuerdo con las narraciones evangélicas. Los discípulos, posteriormente, manifestaron esa misma actitud de incomprensión, asombro, preocupación y temor ante anuncios similares de la pasión de Jesús (Mt 17.22-23; Mc 9.31-32; Lc 9.44-45). Para los evangelistas, era muy importante contrarrestar la seguridad mesiánica que mostraba Jesús, y la incredulidad y el asombro humano que manifestaban los discípulos.

En ese contexto íntimo de diálogo y reflexión con sus discípulos, Jesús también inquirió en torno a la opinión que tenía de él la comunidad; también deseaba conocer lo que el pueblo pensaba de sus enseñanzas y predicaciones (Mt 16.13-20). Entre las respuestas que recibió, están las que lo relacionaban con Juan el Bautista, Elías, Jeremías, o algún otro profeta. Pedro, con su impronta y dinamismo, que funciona en este relato como una especie de portavoz y representante del grupo de discípulos, indicó con valentía, certeza, claridad y seguridad: «Tú eres el Cristo, el Hijo del Dios viviente» (Mt 16.16). Y en esa gran confesión teológica, cargada de significado y esperanza, relacionó directamente a Jesús, según el evangelista, con el Cristo de Dios, el Mesías esperado por la comunidad judía desde tiempos ancestrales.

De esa forma los evangelios sinópticos asociaron los anuncios predictivos de la pasión con la naturaleza mesiánica y divina de Jesús. En efecto, la importante confesión petrina pone de relieve que Jesús cumple una función divina extraordinaria, significativa y especial, que está acorde con las esperanzas mesiánicas nacionalistas de la comunidad judía. No era un rabino distinguido más, ni era un obrador de milagros cualquiera, se trataba del Hijo de Dios, era el Cristo que inauguraba la época mesiánica en medio de la historia humana, según el testimonio de los evangelios sinópticos. Además, se anticipa de esta manera la importancia que tendría Pedro en las tareas apostólicas que surgen en las diversas comunidades cristianas primitivas, luego de la resurrección de Cristo.

Un detalle adicional de gran importancia histórica y teológica se revela en estas narraciones predictivas. Jesús era ciertamente el Mesías, pero no llegaría a Jerusalén de la forma triunfal y política que esperaba el pueblo de Israel. ¡No habría liberación del yugo romano! El pasaje relaciona la llegada de Jesús a la ciudad de Jerusalén, con sufrimientos, persecuciones, dolores, torturas y muerte, que no eran, en efecto, las comprensiones tradicionales judías de la manifestación plena y triunfalista del Mesías político, redentor y restaurador de Israel.

En Cesarea de Filio, además, Jesús le indica a los discípulos, según Mateo, que no revelen todavía ese secreto mesiánico a la comunidad en general, a la vez que les instruye, referente a una serie de temas de gran valor ético, moral y espiritual: El costo del discipulado, y la importancia de manifestar en la vida las virtudes espirituales, el compromiso ético y la seriedad moral. Esos principios son indispensables en las personas que desean seguir sus enseñanzas y su ejemplo. En efecto, ¡podían llegar hasta el martirio!

Posiblemente, uno de los puntos culminantes de esas narraciones predictivas de la pasión, se debe asociar al relato de la transfiguración (Mt 17.1-8; Mc 9.2-8; Lc 9.28-36), que pone en evidencia clara y definitiva la naturaleza mesiánica y divina de Jesús. Es un episodio especial y misterioso, en el cual, en medio de una teofanía extraordinaria, llena de luz, esplendor e iluminación, aparece Jesús acompañado de Elías y Moisés, dos figuras de gran importancia histórica y teológica en el judaísmo.

En ese contexto maravilloso de teofanías y personajes importantes, se escucha nuevamente, como en el episodio del bautismo (Mt 3.13-17; Mc 1.9-11; Lc 3.21-22), la voz divina que proclama y afirma directamente que Jesús es el Hijo de Dios, y en quien hay complacencia divina (Mt 17.5). Se corrobora de esta forma la verdadera naturaleza de Jesús, con una voz celestial que le identifica de forma directa, plena y clara.

La descripción del evento es reveladora, pues pone de manifiesto imágenes de gran importancia y densidad teológica. De acuerdo con Mateo, la iluminación divina hace que el cuerpo de Jesús se transforme, y sus ropas se hacen blancas como la luz. El detalle del rostro de Jesús, resplandeciente como el sol, evoca a Moisés luego de su encuentro con Dios en el Sinaí (Ex 34.29-30). Son signos indiscutibles y claros de una revelación divina extraordinaria y significativa.

Las figuras de Moisés y de Elías en este episodio, representan la Ley y los profetas, que constituyen el fundamento teológico y escritural de la revelación divina al pueblo de Israel. Y la referencia, en el Evangelio de Lucas, al diálogo entre Jesús, Moisés y Elías (Lc 9.30-31), puede ser una indicación que la entrada de Jesús a Jerusalén era vista por los discípulos, como una nueva experiencia de liberación, similar a la salida de Egipto. En este sentido profético, ¡Jesús era un nuevo Moisés! ¡Era un nuevo Elías!

Estas narraciones predictivas de la pasión de Jesús preparan el camino para los relatos que describen finalmente sus últimos días, con sus actividades y discursos. Son narraciones que revelan las reflexiones teológicas de las comunidades primitivas, que afirmaban el mesianismo de Jesús. En estos relatos se pone en evidencia clara que Jesús era el Mesías de Dios, sin titubeos, sin temores, sin dubitación, sin dificultad, sin ambigüedades. Constituyen afirmaciones espirituales e interpretaciones teológicas que complementan sustancialmente los relatos en torno a la vida y ministerio de Jesús de Nazaret.

Para los evangelistas, estas predicciones de la pasión representan, a la vez, pruebas indubitables y certeras de que Jesús era el Cristo, el Hijo del Dios viviente, el Mesías esperado, además de ser el libertador y restaurador del pueblo de Israel.

Antes de llegar a Jerusalén

Las narraciones de los días finales de Jesús tienen gran significación teológica y espiritual en todos los evangelios. Los sinópticos se preocupan por destacar lo que sucedió durante el viaje desde las ciudades en las regiones de Galilea y Perea, en el norte, hasta llegar al sur, a Jerusalén, en Judea: Tuvo una parada importante en Jericó (Mt 19.1—20.34; Mc 10.46-52).

El Evangelio de Juan también indica que llegó a Transjordania de forma fugaz; y Lucas insinúa que viajó por la región de Samaria (Lc 17.1-2), pues era una de las rutas posibles en los viajes de Galilea a Jerusalén. La sección de Lucas que presenta el viaje final de Jesús a Jerusalén, es de vital importancia, pues incluye una parte fundamental de sus discursos en forma de parábolas; por ejemplo, la viuda y el juez injusto (Lc 18.1-8), y el fariseo y el publicano (Lc 18.9-14).

La lectura de las narraciones en la sección de la pasión de Jesús en los evangelios, revela suspenso, intriga, intensidad, gravedad, sospecha. Los evangelistas desean trasmitir prioritariamente, dos ambientes simultáneos: La tensión creciente en Jerusalén, por la llegada inminente de Jesús y sus acompañantes; y la sobriedad y seguridad con que enfrentaba el rabino galileo las diversas situaciones que debía atender. Inclusive, ese contexto final es el que utilizan los evangelistas para presentar varios discursos de Jesús que tienen gran valor moral, teológico, ético y espiritual.

Uno de esos temas de gran importancia teológica, especialmente a la luz de la tarea apostólica que debían llevar a efecto las iglesias después de la resurrección de Cristo, se relaciona con los requisitos que debían tener quienes deseaban entrar al reino de Dios. ¡Únicamente las personas que manifiesten las actitudes que son características de la niñez, son dignas de heredar el reino de los cielos! (Mt 19.13-15; Mc 10.13-16; Lc 18.15-17). ¡El reino es de los niños y las niñas! Inclusive, un joven acaudalado, que tenía la capacidad económica y social de alcanzar sus metas, no pudo responder positivamente al reclamo radical de Jesús: ¡Debía renunciar a todo lo que poseía para seguir a Jesús! ¡La vida eterna es para quienes tienen la capacidad y el deseo de abandonar sus intereses terrenales y sustituirlos por los valores del reino! (Mt 19.25; Mc 10.24).

De camino hacia Jerusalén, dos episodios adicionales merecen una atención especial, por el carácter simbólico que manifiestan. El primero, es la petición de Santiago y Juan, hijos de Zebedeo, que solicitaban oficialmente un sitial de honor en el reino venidero de Jesús: ¡Deseaban sentarse a la derecha y la izquierda de Jesús en la gloria! (Mt 20.20-28; Mc 10.35-45). La respuesta del sabio rabino no se hizo esperar: Lo único que puede ofrecerles con seguridad, en esta etapa del proceso, es la copa que él bebe y el bautismo con que fue bautizado, que aluden de forma metafórica a las pruebas, el sufrimiento, los desafíos y la muerte que le esperaba. ¡No era, en efecto, un panorama alentador, un futuro apetecible!

El segundo de estos episodios significativos ocurre en la ciudad de Jericó, que tiene gran importancia histórica y teológica en la vida del pueblo de Israel. Ubicada en la llanura del Jordán, la ciudad era un oasis, que servía de parada y posada a los viajeros antes de subir a la ciudad de Jerusalén. En esa ciudad sanó a un ciego de nombre Bartimeo, que pedía limosnas junto al camino (Mc 10.46-52; Lc 18.35-43). De acuerdo con el Evangelio de Mateo, los sanados fueron dos (Mt 20.29-34).

La importancia teológica del relato, se desprende de la declaración cristológica del invidente: «Jesús, hijo de David, ten misericordia de mí» (Mc 10.47). El ciego reconoció la dimensión mesiánica del que tenía la capacidad de curarlo. Esta narración milagrosa tiene la finalidad explícita de poner de manifiesto la naturaleza mesiánica y especial de Jesús, en los días previos a su entrada a Jerusalén donde el pueblo le exaltaría con palabras similares. En boca del ciego se pone una muy importante afirmación cristológica, que posteriormente se repetiría en la entrada triunfal a la ciudad de Jerusalén: Jesús, como el Mesías, venía en la tradición de David (Mt 21.9; Mc 11.10).

La llegada de Jesús a Jerusalén

La importancia de la llegada final de Jesús a Jerusalén, se pone en evidencia al descubrir que los cuatro evangelios narran con detenimiento y destacan el evento (Mt 21.1-11; Mc 1.1-11; Lc 19.28-40; Jn 12-19). Esa llegada y entrada, a la vez, incluyó aspectos públicos y privados, según se desprende de la lectura de los relatos bíblicos.

Al salir de Jericó, Jesús, en primer lugar, llega a la ciudad de Betania, luego se mueve al poblado de Betfagé, para finalmente proceder, al Monte de los Olivos. En ese Monte, donde también está ubicado el Huerto del Getsemaní, Jesús organiza su entrada a la ciudad de Jerusalén, según revelan las lecturas de los evangelios. Esa entrada está llena de gestos y simbologías, de gran significación espiritual y teológica.

Los evangelistas, de esta forma, relacionan el ministerio de Jesús con el de los antiguos profetas de Israel, que transmiten sus mensajes no solo con palabras sino con acciones simbólicas. La importancia del evento era tal, que las palabras no alcanzaban a transmitir la profundidad y extensión del mensaje. Por esa razón, la comunicación no solo fue verbal sino figurada, pictórica, simbólica, actuada, dramatizada.

Respecto a la redacción de estas importantes narraciones, es muy importante entender que provienen de las reflexiones teológicas maduras y las esperanzas sobrias de los creyentes; son producto de las interpretaciones y comprensiones de los evangelistas, que entendieron que los actos y las decisiones de Jesús, durante su última semana ministerial en Jerusalén, eran pruebas contundentes e ineludibles de su mesianismo y de su misión salvadora. Y esa tarea redentora de Jesús, según los evangelios, no solo es para el pueblo de Israel, sino para toda la humanidad.

Antes de entrar propiamente a la ciudad, los evangelios presentan varios episodios de gran valor teológico, pues deben ser entendidos desde una perspectiva profética. La organización de su entrada final a Jerusalén, según las narraciones canónicas, está rodeada de expresiones nacionalistas, y saturada de manifestaciones públicas que demostraban las esperanzas mesiánicas del pueblo. La lectura detenida de esos relatos, por ejemplo, pone en evidencia clara la naturaleza de las exclamaciones, las implicaciones de las expresiones y las expectativas cristológicas de la comunidad judía.

Las narraciones que presentan la entrada triunfal a Jerusalén, incluyen varias instrucciones específicas de Jesús a sus discípulos, y también algunas respuestas a las posibles preguntas que pudieran hacerles. El rabino galileo pidió que le trajeran un pollino, que ningún hombre hubiera montado. Y entró a la ciudad sobre el pollino, y la multitud que le seguía comenzó a tirar los mantos en el camino y cortar ramas de árboles para que Jesús pasara, y el pueblo exclamaba: «¡Hosanna! ¡Bendito el que viene en el nombre del Señor! ¡Bendito el reino de nuestro padre David que viene! ¡Hosanna en las alturas!» (Mc 11.9b-10).

De pronto la narración revela su verdadero propósito, manifiesta su naturaleza profunda. Jesús es visto como el Mesías esperado de la Casa de David, como el rey anunciado por los profetas. El acto es entendido en la tradición de las profecías bíblicas que anuncian la llegada del ungido de Dios para restaurar al pueblo de Israel, que en el contexto específico de la Palestina del primer siglo cristiano, equivalía a terminar con la ocupación ingrata, inmisericorde y hostil del imperio romano. Jesús entraba a Jerusalén como un rey, con la autoridad moral que le confería su ministerio docente, y con la afirmación esperanzada del pueblo necesitado.

El Evangelio de Mateo es explícito en su exposición y comprensión del evento. Interpreta los gestos de Jesús y la reacción popular de los participantes, como el cumplimiento expreso, claro y específico de una profecía antigua de Zacarías: «Decid a la hija de Sión: Tu Rey viene a ti, manso y sentado sobre un asno, sobre un pollino, hijo de animal de carga» (Mt 21.5; Zac 9.9). La entrada final de Jesús a la ciudad, para Mateo, revela su verdadero propósito redentor y su singular naturaleza divina. Jesús es el enviado de Dios que tenía la capacidad de hacer cumplir las profecías mesiánicas en la historia de Israel.

Esa misma comprensión profética de los acontecimientos narrados, también se revela cuando Jesús expulsa a los cambistas y vendedores del Templo (Mt 21.12-17; Mc 11.15-19; Lc 19.45-48; Jn 2.13-23), en un gesto simbólico que tiene un importante fundamento bíblico. El Templo debe ser el centro de la piedad ante Dios, no un lugar para que los ladrones engañen al pueblo. Esas acciones de Jesús son interpretadas por el evangelista como parte del proceso de purificación del Templo, que incluía eliminar las ejecutorias impropias de personas inescrupulosas, y también la terminación de las dinámicas económicas y sociales que deshonraban y ofendían los propósitos espirituales y la finalidad santificadora del lugar.

De acuerdo con el profeta Isaías, en la era mesiánica, el Templo se convertirá en la casa de oración para todos los pueblos y las naciones (Mc 11.17; Is 56.7). Jeremías, en su mensaje firme y decidido en torno a la naturaleza y los propósitos del Templo (Jer 7.11), reprende a los líderes religiosos por haber convertido ese lugar sagrado en una cueva o guarida de ladrones.

Es importante notar, en ese contexto de acciones proféticas significativas, que Jesús sanó a los ciegos y cojos que se le acercaron en el Templo, de acuerdo con las narraciones del episodio en el Evangelio de Mateo (Mt 21.14). ¡Esas sanidades son signos visibles y claros de la llegada del Mesías (Is 61.1-5)! Este relato pone de relieve el poder de Jesús sobre las autoridades religiosas y el Templo. A la vez que entraba a la ciudad como rey y limpiaba el Templo de la corrupción, manifestaba su poder sanador. ¡Esas eran demostraciones visibles y claras de la llegada del Mesías!

La maldición de la higuera (Mt 21.18-19; Mc 11.12-14,20-26), es una narración teológicamente compleja que debe ser analizada y entendida en esa misma tradición profética y simbólica: Se puede asociar a los líderes del pueblo de Israel que no habían cumplido con la vocación re-

dentora a la cual Dios les había llamado. ¡No han dado los frutos esperados! Y como respuesta a esa falta de resultados salvadores, Dios mismo ha
decidido maldecirlos.

En la interpretación de este signo profético que hace el Evangelio
de Marcos, se incorpora la importancia de tres valores fundamentales que
sirven para desarrollar una vida religiosa saludable y estable: La fe, la oración y el perdón (Mc 11.20-27; Mt 21.19-22).

La vida cristiana, de acuerdo con Marcos, requiere la manifestación
plena de esos principios espirituales y estilos de vida.

El mensaje de la destrucción del Templo requiere sobriedad en el
análisis y sabiduría en su comprensión (Mt 24.1-28; Mc 13.1-37; Lc
21.5-24). Este mensaje, que tiene una naturaleza eminentemente apocalíptica, se produce luego de Jesús haber estado en la ciudad por algunos días, y después de haber expuesto algunos temas de importancia
teológica [p.ej., su autoridad (Mt 21.23-27; Mc 11.27-33; Lc 20.1-8),
el tributo (Mt 22.15-22; Mc 12.13-17; Lc 20.20-26) y la resurrección
(Mt 22.23-33; Mc 12.18-27; Lc 20.27-40)], y haber predicado algunas
parábolas significativas [p.ej., los labradores malvados (Mt 21.33-46;
Mc 12.1-12; Lc 20.9-19)]. El contexto literario y temático del mensaje,
es que los discípulos le preguntan directamente a Jesús cuándo ocurri-
rá la destrucción del Templo, pues no quedará del imponente edificio
«piedra sobre piedra».

La contestación de Jesús, que se conoce comúnmente como el «apo-
calipsis sinóptico», es esencialmente un sermón escatológico, un mensaje
sobre el fin del mundo y los tiempos. Estas palabras de Jesús, de acuerdo con los evangelios, se producen en el Monte de los Olivos, que era
un centro importante de las operaciones de Jesús y sus discípulos en esos
días. El mensaje está lleno de la imaginación profética, y el lenguaje simbólico y figurado que es característico de la literatura apocalíptica de esa
época. El propósito fundamental es alertar a los creyentes en torno al
tiempo del fin, que era una manera de incentivar la esperanza.

El análisis del discurso identifica, por lo menos, tres asuntos de gran
importancia teológica. El primero identifica los problemas y las tribula-
ciones asociadas a esa época de juicio y de crisis, que preceden al final de
los tiempos. En segundo lugar se presenta la consumación de la historia,
se articula el fin de la era presente, el tiempo final y definitivo de la humanidad. Y al final, un tercer tema cobra protagonismo y dimensión nueva:
La importancia de estar preparados y alertas, para notar la manifestación
de una serie de señales que anuncian esos tiempos finales.

La lectura sobria de estos mensajes, según se presentan en los evangelios, puede revelar no solo la intuición profética y la sabiduría política de Jesús, sino que pueden incluir la influencia de lo que sucedió en Palestina a mediados del primer siglo cristiano, y particularmente lo que aconteció en la región de Judea y la ciudad de Jerusalén alrededor de los años 70 d.C. En esos años, los ejércitos romanos destruyeron completamente a Jerusalén y el Templo, como respuesta firme y decidida a las revueltas políticas, levantamientos armados, e insurrecciones populares de diversos grupos judíos. Ante las respuestas combativas a la ocupación romana, el imperio desplegó toda su furia y poder contra la ciudad de Jerusalén, sus instituciones y sus ciudadanos.

Entre los temas que se exponen concretamente en este mensaje, se pueden identificar los siguientes, por su importancia inmediata para sus seguidores: La guerra general, la persecución de los discípulos, la profanación del Templo, y la aparición de falsos profetas y mesías. La imagen que se proyecta es de anarquía y destrucción, de desesperanza y crisis, de angustia y desolación. Sin embargo, esas calamidades no son la palabra final de Dios para la humanidad; son solo el preámbulo de la manifestación definitiva del Mesías, pues el Hijo del hombre regresará triunfante, con toda su gloria y esplendor, para reunir a su pueblo que está esparcido por el mundo. El ambiente emocional que presupone el mensaje es de expectación y premura, pues estos acontecimientos están a punto de llevarse a efecto, aunque se desconoce la fecha exacta y precisa de los eventos.

El tema de la premura y la vigilancia que debe tener la gente de fe en medio de todas esas dificultades apocalípticas se enfatizan en dos parábolas que prosiguen a este discurso: Las diez vírgenes (Mt 25.1-13) y los talentos (Mt 25.14-30). La exhortación es clara y firme: Mantener la fe y la seguridad, además de estar alertas ante la inminente llegada de los tiempos del fin. En este contexto, la esperanza es un valor teológico fundamental, que debe identificar e interpretar los signos que se ponen de manifiesto en medio de la historia humana.

La cena final de Pascua con sus discípulos

A medida que pasaban los días, y especialmente luego de la entrada de Jesús a Jerusalén, en la cual se habían levantado los ánimos nacionalistas y el espíritu mesiánico del pueblo, aumentó la tensión política y el ambiente de inseguridad en la ciudad. Se acercaba la fiesta de la Pascua, que representaba la liberación de los israelitas de Egipto (Ex 12.1-27), y los sacerdotes principales, escribas y ancianos se reunieron en el patio de la casa de Caifás, el sumo sacerdote, para responder al desafío que les presentaba Jesús de Nazaret en la ciudad. Decidieron prenderlo con engaños y posteriormente, matarlo, aunque decidieron no hacerlo durante la Pascua, para no alborotar al pueblo y generar más tensión y ansiedad (Mt 26.1-5; Mc 14.1-2; Lc 22.1-2; Jn 11.45-53).

Una narración de gran importancia teológica se ubica, en los evangelios de Mateo y Marcos, en la comunidad de Betania, solo unos días antes del arresto final de Jesús (Mt 26.6-13; Mc 14.3-9). Una mujer, de acuerdo con el relato bíblico, vertió aceite sobre la cabeza de Jesús, en un acto que posiblemente evoca la unción de reyes y sacerdotes en la antigüedad (Ex 40.13-15; 1 S 10.1-6; 1 R 1.1-39). Además, era un acto simbólico que preparaba a Jesús para la sepultura, siguiendo las costumbres funerarias de la época. De esta forma estos evangelios indican que Jesús era el rey ungido por Dios, aunque también presagiaban su muerte repentina.

Los evangelios de Lucas y Juan también recogen ese relato, pero lo incorporan en contextos literarios, temáticos e históricos diferentes. Lucas indica que Jesús fue ungido por una mujer pecadora al comienzo de su ministerio en Galilea (Lc 7.37-50); y respecto a este episodio, es importante indicar que no hay razón textual ni exegética para pensar que se trata de María Magdalena. Esa identificación errónea no proviene de la época apostólica, sino que se desarrolló posteriormente en la historia de la iglesia.

Juan, que explícitamente identifica a la mujer con María, la hermana de Lázaro, indica que ungieron los pies no la cabeza de Jesús, para destacar no sus aspectos mesiánicos y reales, sino para subrayar el asunto de la muerte, pues la unción, en este relato, era explícitamente para su sepultura (Jn 12.7). En este caso, el evangelista destaca la preparación que necesitaba Jesús, pues se anuncia que pronto llegará su fin, por eso necesitaba esa unción.

De esas formas y en ese ambiente emocional y espiritual, los evangelios indican que Jesús llegó a la cena final de Pascua con sus discípulos. Ya había sido ungido en Betania, según Mateo y Marcos, y Judas había tomado la decisión de traicionar a su maestro y líder (Mt 26.14-16; Mc 14.10-11; Lc 22.3-6). Además, las narraciones que exponen estos episodios finales y significativos de Jesús, se preocupan por indicar que él estaba consciente de lo que le esperaba y estaba listo para enfrentar las adversidades y la muerte con seguridad, valor y dignidad (Lc 22.22).

El acto se celebró la noche previa a su arresto, en el contexto de las fiestas relacionadas con la Pascua judía. De acuerdo con los evangelios sinópticos (Mt 26.17; Mc 14.12; Lc 22.7-8; 22.15), la cena incluyó el cordero pascual, que constituía el componente especial e indicativo que se trataba de la celebración de la Pascua. En estos evangelios lo importante no era describir la dieta y los alimentos de los comensales, sino destacar las palabras y los actos de Jesús durante esa celebración.

Posiblemente, los autores bíblicos deseaban afirmar con estas narraciones el elemento eucarístico del evento, pues Jesús era el sustituto del cordero pascual, y se entregaba en sacrificio por el bien de sus discípulos y la humanidad. Esta interpretación teológica, se fundamenta, principalmente, en el análisis de las palabras que utilizó Jesús durante la cena: «Éste es mi cuerpo», y «ésta es mi sangre» (Mt 26.26-27).

Debemos tomar también en consideración, respecto a estos relatos, que el acto de «dar gracias», que en griego es *eucaristia*, ubica la comida pascual en un plano teológico especial. Además, Jesús añade que no volverá a comer la Pascua hasta la llegada del reino de Dios (Lc 22.15-18), que convierte el acto en un evento significativo, anticipo teológico y espiritual del banquete escatológico al final de los tiempos.

La lectura detenida y sobria de estos episodios, revela también que Jesús, según los evangelistas, alude a la sangre del pacto, y además, añade que se trata de un nuevo pacto (Mt 26.28; Mc 14.24). La referencia directa al pacto relaciona la cena con la revelación divina en el Sinaí, y pone en evidencia a Moisés (Ex 24.8); y la alusión al pacto nuevo, asocia el evento con Jeremías, que profetiza que llegará la hora en la cual se necesitará un nuevo pacto en el pueblo, que escriba la Ley divina no en tablas de piedra sino en el corazón de la gente (Jer 31.31-34). De esta forma, la última cena de Jesús con sus discípulos se relaciona directamente con las tradiciones de la Ley y los profetas, que son los pilares básicos del judaísmo que se vivía en la época de Jesús.

En el Evangelio de Juan, la cena final de despedida de Jesús, se ubica antes de las fiestas de la Pascua (Jn 13.1). Y el elemento que se quiere destacar y subrayar, es la humildad de Jesús, que se dedica a lavar los pies a sus discípulos. ¡Ese acto estaba reservado para los esclavos no judíos! (Jn 13.5; 1 S 25.41). Sin embargo, la lectura teológica e interpretación espiritual que hace el Evangelio de Juan, presenta el verdadero significado de la Encarnación: Jesús le está dando a sus discípulos un ejemplo a seguir, es un modelo de la naturaleza real del liderato, es la demostración de las características que deben tener las personas que siguen las enseñanzas de Jesús. El valor de la humildad no es un extra optativo en el reino, sino un requisito indispensable.

De singular importancia es la interpretación que hace el Evangelio de Juan de la traición de Judas. Este discípulo no solo robaba el dinero del grupo, y era un traidor de su maestro por dinero, sino que era eminentemente un agente del demonio, un representante de las fuerzas del mal (Jn 13.27). Y esa interpretación teológica de Judas se insinúa en la afirmación que la traición se llevó a efecto «de noche» (Jn 13.30), que ubica ese gesto infame como parte del mundo de las tinieblas. Fue un acto tenebroso, misterioso, oscuro...

Respecto a esa cena final de Jesús y sus discípulos, Juan incorpora, significativamente en sus narraciones, tres discursos de gran valor teológico y significado espiritual. Estos relatos siguen el formato tradicional del cuarto evangelio, en el cual una acción simbólica de Jesús es acompañada de alguna enseñanza. El objetivo fundamental de estas narraciones, es presentar a los discípulos la importancia y las implicaciones de su muerte y resurrección.

El primer discurso revela a Jesús como el único camino al Padre (Jn 14.1-31), aunque también explora el tema de la promesa del Espíritu Santo a los creyentes. El segundo sermón, que pone de relieve un lenguaje particularmente simbólico, declara abiertamente que Jesús es «la vid verdadera» (Jn 15.1—16.33), que es una imagen que se utiliza con frecuencia en la Biblia hebrea para describir al pueblo de Israel (Sal 80.8-16; Is 5.1-7; Jer 5.9-11; 12.10-11; Ez 15.1-6; 19.10-14). La tercera narración importante que sigue a la cena, es una oración intercesora (Jn 17.1-26), en la cual Jesús ora al padre por sus discípulos, y por la gente que creerá en su ministerio a través de la labor de esos discípulos. Esas tres narraciones ponen en evidencia clara la perspectiva teológica de los creyentes primitivos, que entendían y afirmaban la naturaleza mesiánica de Jesús.

La agonía en el Huerto del Getsemaní

Después de la cena final de Pascua, que según los evangelios se celebró en Jerusalén, Jesús cruzó el valle de Cedrón para llegar al Monte de los Olivos, específicamente al huerto del Getsemaní. El nombre del lugar alude a una prensa de aceite, u olivar, que de antemano revela la idea física de la fuerza que se hacía sobre las aceitunas, que puede asociarse emocional y sicológicamente a las experiencias agónicas y de sufrimiento de Jesús, antes de enfrentar la tortura y la muerte.

De camino, Jesús ya había indicado a los discípulos que se acercaba el conflicto y las experiencias iban a ser tan intensas, conflictivas y difíciles, que los discípulos le abandonarían. Pedro respondió, sin embargo, que él no le negaría, pero Jesús le indicó que ciertamente lo haría de forma repetida (Mt 26.33-34; Mc 14.29-30; Lc 22.33-34).

Las narraciones quieren destacar, de un lado, el ambiente de tensión e incertidumbre que rodeaba al grupo de discípulos; y por el otro, afirmar que Jesús tenía sentido de dirección, que estaba en control del proceso, y que guiaba el desenlace de los acontecimientos. Se acercaba la hora final de Jesús, y los evangelistas describen la naturaleza de la crisis, la extensión de las dificultades, la profundidad del dolor.

En medio de estos relatos de la pasión, se incluye un episodio que tiene una simbología compleja y enigmática (Lc 22.35-38). Jesús le indica a los discípulos que deben prepararse para la persecución, y con ese propósito les recomienda que el que «no tiene espada, que compre una» (Lc 22.36). Quizá es un pasaje que pone de manifiesto la ironía y el sarcasmo del evangelista, pues cuando identifican dos espadas, Jesús responde con un «basta». ¿Qué pueden hacer dos simples espadas ante el poder militar del imperio romano?

La experiencia de Jesús en el Getsemaní es de agonía intensa, de reflexión seria, de meditación sobria, de oración profunda (Mt 26.36-53; Mc 14.32-42; Lc 22.39-46). Desde la perspectiva teológica, la oración en el Huerto es un hito histórico especial, un momento espiritual significativo, un instante intercesor importante. Ya se acercaban los procesos de traición, arresto, tortura, juicio y muerte, que en las narraciones evangélicas tienen un valor de extrema importancia. El propósito del Getsemaní es indicar con claridad que Jesús se sometió humildemente a la voluntad de Dios, y que acató con sobriedad y valentía las injusticias y la violencia, para cumplir los propósitos divinos.

De acuerdo con las descripciones evangélicas, su oración es intensa y profunda, y su plegaria es sentida y honda. Su sudor era como grandes gotas de sangre, imagen que revela no solo la agonía personal sino la profundidad de la dificultad y la naturaleza de la crisis. El Evangelio de Juan no incluye este episodio en sus narraciones, pues destaca el tema de la agonía de Jesús en la oración sacerdotal (Jn 17.1-26).

Y en medio de todas esas experiencias de dolor, y de preocupaciones agónicas y complejas de Jesús, se indica que los discípulos se quedan dormidos, que es una manera de enfatizar la soledad de Jesús. Además, uno de los suyo, Judas, le traiciona por algunas monedas de plata. El ambiente es de caos, dolor, inseguridad, desesperanza, agonía, soledad, incertidumbre... Los evangelistas destacan que ante la crisis, Jesús estaba solo.

Los guardias de Templo aparecen para apresarlo, en medio de todo ese ambiente de soledad y preocupación, con algunos soldados romanos. Judas los llevó al lugar preciso, pues conocía el sitio de reunión del grupo, en el Monte de los Olivos, específicamente en el Getsemaní. Esas identificaciones revelan que para los evangelistas tanto las autoridades judías como las fuerzas de ocupación romanas tuvieron que ver en las injusticias que se cometieron con Jesús. La confabulación de los grupos de líderes religiosos y políticos logró apresar a Jesús. Una vez más se pone de manifiesto que la mezcla del poder religioso y el político, es explosiva.

El episodio del Getsemaní tiene dos finales. En el Evangelio de Juan, uno de sus discípulos, Simón Pedro (Jn 18.10), tomó su espada y le cortó la oreja a uno de los criados del sumo sacerdote. La respuesta de Jesús a ese acto de violencia, es que no debían interponerse al desenlace final de los acontecimientos, pues representaban la voluntad divina para su vida. La respuesta violenta a las agresiones de los líderes judíos y las autoridades romanas, según este relato, no eran adecuadas. Y entonces, Jesús sanó al herido.

En Marcos, sin embargo, se indica que un joven que estaba en el lugar cubierto con una sábana, huyó desnudo del Huerto, cuando intentaron apresarlo (Mc 14.51-52). Algunos estudiosos piensan que quizá ese joven era el propio evangelista Marcos, que se incorpora en la narración de forma solapada, para afirmar la veracidad de los sucesos. Otros piensan que la huida del joven era una señal de la llegada del Mesías.

La figura de Judas en los evangelios es enigmática. Inclusive, su nombre puede tener varios significados. Para algunos estudiosos, «Iscariote» significa sencillamente «hombre de Cariote», que posiblemente era una localidad al sur de Judea; otros, sin embargo, indican que la palabra procede de una raíz en arameo que significa «falso». En este caso el nombre mismo revelaría su verdadera naturaleza: La traición. El nombre propio, Judas, revela que este personaje proviene de Judea o que es judío.

Los motivos que tuvo Judas para traicionar y vender a Jesús, son muy difíciles de precisar, aunque el Evangelio de Juan lo presenta explícitamente como ladrón (Jn 12.6). Quizá siguió a Jesús inicialmente, esperando que cumpliera las expectativas mesiánicas de los zelotes, y levantara un movimiento de resistencia armada en contra de las fuerzas de la ocupación romana. Cuando se percató, sin embargo, de su plataforma mesiánica pacifista, posiblemente se desencantó de su maestro, y le vendió.

Respecto al episodio de Judas, además, se puede indicar lo siguiente: Las treinta monedas de plata que pagaron por Jesús, era el precio tradicional de un esclavo (Mt 26.15; Ex 21.32; Zac 11.12); y las dos versiones de su trágico final, que perece ahorcado (Mt 27.5), y que se cae y se le revientan las entrañas (Hch 1.18-19), relacionan su muerte a la de dos personajes bíblicos nefastos y malvados [p.ej., Ahitofel (2 S 15.31) y Antíoco Epífanes (2 Mac 9.7-9)].

En el libro de los Hechos, la muerte de Judas también le brinda el nombre a un predio de terreno en Jerusalén, «Campo de sangre». Para el evangelista Mateo, sin embargo, ese nombre se fundamenta en que los sacerdotes pagaron la compra del terreno con el dinero que provino de la traición de Jesús (Mt 27.6-7). En este evangelio, también se relaciona la compra del terreno con una antigua profecía de Jeremías, aunque la cita parece relacionarse mejor con el mensaje de Zacarías (Zac11.12-13).

Una vez es arrestado, Jesús es trasladado al palacio del sumo sacerdote, según se pone de manifiesto en todos los evangelios canónicos (Mt 26.57; Mc14.53; Lc 22.54; Jn 18.13). Aunque Marco y Lucas no mencionan la identidad del líder judío, Mateo lo identifica expresamente con Caifás. Para el evangelista Juan (Jn 18.19-24), Caifás también parece ser el sumo sacerdote durante el proceso legal de Jesús, aunque es llevado en primer lugar, después de su detención, ante Anás, a quien también se alude con el mismo título.

Esta ambigüedad en la identificación precisa del sumo sacerdote en Juan, se puede deber a dos factores básicos: En primer lugar, el tiempo que ha pasado es bastante, desde que se llevaron a efecto estos eventos, en el año 30 d.C., hasta que se fijaron por escrito para posteriormente redactarse en el Evangelio de Juan, luego de los años 90 d.C. Además, a esa distancia histórica, podemos añadir que solo en las primeras seis décadas del primer siglo, se registran dieciocho sumos sacerdotes en Jerusalén. Y Anás, en efecto, era una figura influyente en la ciudad, pues cinco de sus hijos y un yerno ocuparon la posición de sumos sacerdotes, en un período relativamente corto. El incumbente en el juicio de Jesús, sin embargo, debió haber sido Caifás.

Luego de Jesús ser apresado y antes de comenzar el proceso legal en su contra, los evangelios incluyen el cumplimiento de sus palabras en torno a Pedro en el Huerto del Getsemaní. Pedro negó abiertamente a Jesús ante las autoridades romanas y la comunidad en tres ocasiones (Mt 26.69-75; Mc 14.66-73; Lc 22.54-62; Jn 18.25-27). La narración de estos incidentes está muy bien hecha, pues la tensión va en aumento, hasta llegar a su punto culminante, cuando Pedro reconoce su error y llora amargamente. Lucas destaca en su redacción la mirada que Jesús le dio a

Pedro ante su actitud impropia (Lc 22.61). Fue una mirada escrutadora, penetrante, intensa.

El propósito teológico de esas narraciones es poner de manifiesto la fragilidad y humanidad de Pedro, a la vez que se destaca el poder del arrepentimiento humano, y las virtudes que se relacionan con el perdón y la misericordia divina. De esa forma se prepara el camino para las importantes responsabilidades y actividades que Pedro llevará a efecto, posteriormente, entre los apóstoles y en los inicios de las iglesias cristianas.

Los juicios injustos

La lectura cuidadosa de las narraciones de la pasión pone en evidencia que Jesús enfrentó dos juicios, antes de ser sentenciado con la pena capital; o por lo menos, fue sujeto a dos interrogatorios intensos. El primer juicio, que se llevó a efecto ante las autoridades judías (Mt 26.57-68; Mc 14.53-65; Lc 22.54,63-71; Jn 18.12-14,19-24), llevó a un segundo proceso, ante Poncio Pilatos. El juicio oficial romano (Mt 27.1-31; Mc 15.1-5; Lc 23.1-5; Jn 18.28-38) era el que tenía toda la autoridad legal de sentenciar a Jesús a la muerte. Los juicios se produjeron en un ambiente de gran animosidad hacia el reo, en medio de una serie de procesos confusos, injustos, irregulares, impropios e ilegales. Todo se había organizado de antemano para lograr el objetivo deseado por las autoridades judías: ¡Eliminar y asesinar a Jesús de Nazaret!

Para estudiar adecuadamente esta sección legal de las narraciones evangélicas, debemos tomar en consideración varios factores fundamentales. Para comenzar, los evangelistas articulan los recuerdos del evento desde cuatros perspectivas diferentes que, aunque apuntan hacia una misma dirección temática, revelan diferencias en los detalles por los diversos objetivos que tenían. Además, la redacción de estas narraciones no se produjo a la vez que se estaban llevando a efecto los eventos. El recuerdo doloroso de los acontecimientos en torno a los juicios de Jesús, pasó de una etapa oral a la literaria, después de años de reflexión y transmisión. Las diferencias, en efecto, entre lo que conocemos el día de hoy de los procesos legales judíos y varios detalles del juicio de Jesús ante el sumo sacerdote, pueden explicarse de esa manera.

Referente a la administración de la justicia en la época neotestamentaria, es importante señalar que, aunque el poder supremo residía en Roma, las autoridades judías tenían algunas responsabilidades delegadas. Los ancianos en las sinagogas tenían jurisdicción sobre los asuntos civiles y religiosos, y tenían la potestad de dictar sentencias, de acuerdo a los crímenes juzgados. Podían ordenar, en casos extremos, la excomunión de la sinagoga o azotar a alguna persona.

El foro mayor judío para asuntos legales y jurídicos era el Concilio o Sanhedrín, que estaba en Jerusalén. Ese importante foro legal, se componía del sumo sacerdote, que lo presidía, y sacerdotes, escribas y ancianos.

El mundo legal en Roma estaba bien diseñado y estructurado, aunque la justicia no se implantaba con el mismo rigor en todas las provincias del imperio. Como no había fiscales, generalmente las partes afectadas llevaban el caso directamente al oficial romano en la región, encargado de los asuntos jurídicos. Ese oficial, que era el gobernador, atendía las partes, evaluaba los argumentos, juzgaba el caso, y actuaba en representación del emperador.

Sabemos muy bien, por las fuentes sinópticas (Mt 26.59; Mc 14.55; Lc 22.66), que Jesús fue llevado ante el Concilio o Sanhedrín, luego que le apresaran en el Getsemaní. Pero como el poder y las responsabilidades de este grupo variaron con los años, es posible que en el primer siglo d.C. no tuvieran la autoridad de aplicar la pena capital, como se indica claramente en el Evangelio de Juan (Jn 18.31). Esa es la forma de explicar porqué los procesos judiciales de Jesús, que comenzaron en medio de las dinámicas judías, acabaron ante los foros romanos.

El juicio ante el Sanhedrín debe ser cuidadosamente estudiado, a la luz de los procesos legales judíos que conocemos de la época. De acuerdo con las narraciones evangélicas, el juicio contra Jesús de Nazaret no siguió las directrices rabínicas, particularmente las regulaciones de los fariseos, que prohibía explícitamente llevar a cabo procesos judiciales durante las noches, en víspera de algún día festivo, los sábados, o durante la celebración de los días de fiesta nacional. Inclusive, no se podían hacer juicios ante grupos improvisados, pues debía constituirse un tribunal formal, para que el proceso tuviera validez. Algunos estudiosos de los procesos legales judíos antiguos, indican que, aunque todas estas regulaciones no necesariamente estaban en vigencia en la época de Jesús, revelan el deseo de justicia que se manifestaba en la comunidad.

La acusación oficial de Jesús por parte de las autoridades judías, y por lo que fue finalmente encontrado culpable, es de blasfemia. Ese cargo, que era muy serio en esos foros religiosos y legales, y que se incluye en todos los evangelios canónicos, se relacionaba de forma directa con las afirmaciones de Jesús de que era el hijo de Dios (Mt 26.65; Mc 14.62-

64; Lc 22.69-71; Jn 19.7). Es de notar, sin embargo, que según las autoridades rabínicas del momento, nadie podía ser hallado culpable de esta acusación, si no mencionaba de forma explícita el nombre santo de Dios (p.ej., Yavé, o Jehová en las traducciones relacionadas con Reina-Valera), cosa que no hay constancia escritural que haya sucedido.

Otra posible acusación a Jesús, de parte de las autoridades judías, pudo haber sido su mensaje en torno a la destrucción del Templo de Jerusalén (véase, p.ej., Mt 26.60-61; Mc 14.57-58). Ese cargo estaba apoyado por el testimonio de dos testigos, para cumplir con las exigencias de los procesos legales, aunque sus declaraciones se describen como «falsas» (p.ej., Mt 26.60).

El juicio ante Poncio Pilatos (Mt 27.11-14; Mc15.1-5; Lc 23.1-16; Jn 18.28-38) sigue las normas de los procesos legales romanos que conocemos de la época. Como era el procurador romano de Judea (26-36 d.C.), con la autoridad necesaria y el poder requerido para hacer cumplir las leyes de Roma, y mantener el orden en la sociedad, el interrogatorio se llevó a efecto en su residencia oficial como representante del imperio en la región. Ese lugar, posiblemente, es el antiguo palacio de Herodes o la llamada fortaleza Antonia.

Pilatos se había trasladado a Jerusalén durante las fiestas de Pascua, entre otros asuntos oficiales, para estar atento a las posibles reacciones nacionalistas y liberadoras del pueblo. Las evaluaciones judías de la figura de Pilatos, es generalmente negativa, pues introdujo en Jerusalén escudos romanos con figuras e imágenes que eran entendidas por la comunidad local como idolátricas, su administración tomó parte de los tesoros del Templo para pagar la construcción de un acueducto, y respondió con fuerza a las insurrecciones judías. Con el tiempo, y a raíz de los enfrentamientos y ejecuciones de samaritanos, fue destituido y llamado a regresar a Roma.

La dinámica judicial que Pilatos presidió, fue adecuada, de acuerdo con las leyes romanas. Se cumplieron los requisitos básicos de legalidad del imperio, que daba la oportunidad a los reos de exponer su caso, y que a la vez, permitía a los acusadores presentar sus testimonios. Y esa actitud, desde la perspectiva cristiana, se ha interpretado de forma positiva. El Evangelio de Juan pone la responsabilidad total de la muerte de Jesús en las autoridades judías, mientras que en Marcos, Pilatos se presenta como una persona imparcial en el juicio contra Jesús.

En torno a Poncio Pilatos es importante indicar que varios grupos cristianos le respetan por su deseo inicial de evitar la crucifixión de Jesús.

Para las Iglesias Etíope y Copta, de acuerdo a sus leyendas y tradiciones, es una figura distinguida, pues con el tiempo se convirtió al cristianismo y murió como mártir. Los historiadores judíos le presentan, sin embargo, como una figura inflexible, intolerante, inmisericorde, inhumano, testarudo, violento, arrogante, asesino y corrupto.

Los acusadores de Jesús fueron explícitamente los sumos sacerdotes, ancianos y escribas; los fariseos, según el testimonio escritural, no parecen haber participado activamente en esos procesos legales y judiciales injustos. La acusación oficial no se relacionaba con algún acto concreto o específico de Jesús, sino con sus acciones que podían generar o habían producido amotinamientos, que ante las leyes imperiales de Roma eran amenazas flagrantes a la estabilidad y seguridad nacional.

Además, en torno a Jesús, sus perseguidores añadieron las siguientes acusaciones: El mensaje y las acciones de Jesús habían generado en el pueblo un despertar nacionalista; también se oponía, decían sus acusadores, al pago de impuestos a Roma; y se había proclamado Mesías, o rey, que era una muy grave acusación que atentaba contra la seguridad del sistema imperial impuesto en Palestina. El fundamento mismo de esas acusaciones, era un rechazo directo a la autoridad del emperador, que equivalía a la sedición y rebelión. Jesús se convertía, de esta forma, en una especie de líder de un movimiento de resistencia contra las fuerzas romanas de ocupación.

La reacción inicial de Pilatos fue de evadir su responsabilidad y devolvió el caso a las autoridades judías pertinentes (Jn 18.31). Y como Jesús provenía de la Galilea, el caso se trasladó al foro de Herodes Antipas, que estaba en Jerusalén con motivo de la fiesta de Pascua (Lc 23.7). Sin embargo, como el objetivo de los líderes judíos era matar a Jesús, y sus foros judiciales no tenían la potestad de imponer la pena capital, el caso regresó a Pilatos, que entonces tuvo que tomar las decisiones correspondientes.

Pilatos siguió los procesos oficiales romanos en este tipo de caso criminal: Le permitió al reo responder a las acusaciones y defenderse, cosa que Jesús optó por no hacer. En ese contexto, según las narraciones evangélicas, los líderes judíos lo acusaron de traición a Roma y al Cesar (Jn 19.12), acusación de máxima importancia política, que Pilatos no podía ignorar, por el potencial insurreccional que manifestaba.

Referente a Pilatos y la forma que trató a Jesús, los sinópticos incorporan un detalle del cual no hay noticias claras aparte de los testimonios bíblicos. Durante la fiesta de la Pascua, los gobernadores romanos, para apaciguar los ánimos nacionalistas que evocaba la celebración, acostumbraban liberar algún confinado, que el pueblo escogía (Mt 27.15; Mc 15.6; Jn 18.39).

La selección del pueblo de liberar a Barrabás en vez de Jesús es significativa, pues Marcos y Lucas indican que estaba preso por insurrección (Mc 15.7; Lc 23.19). Ese comentario en torno a Barrabás, cuyo nombre significa «hijo del padre», pone en evidencia clara el ambiente de tensión nacionalista que reinaba en Jerusalén en medio del juicio de Jesús. Las implicaciones teológicas del episodio son importantes: El pueblo debía escoger entre Barrabás, el «hijo del padre» y Jesús, el «Hijo del Padre». El pequeño detalle lingüístico es de suma importancia.

En el Evangelio de Mateo se incluye una serie de revelaciones que no deben ignorarse, pues le brindan a los acontecimientos una muy clara dimensión teológica. Por ejemplo, la esposa de Pilatos tiene un revelador sueño, en el cual se le indica que Jesús era un hombre «justo», y advierte a su esposo que sea cuidadoso en el proceso (Mt 27.19).

Además, en el Evangelio de Lucas, un soldado romano reconoce, ante la muerte de Jesús, que habían asesinado a un hombre «justo» (Lc 23.47). La intensión profunda de estas narraciones es teológica: Desean contraponer la justicia romana y judía, con la naturaleza verdadera de Jesús, que estaba fundamentada en la justicia que proviene de Dios.

La vía dolorosa

El camino que lleva desde el pretorio o residencia oficial de Poncio Pilatos en Jerusalén hasta el monte Gólgota, donde se llevó a efecto la crucifixión de Jesús, se conoce tradicionalmente como la *vía dolorosa*. Sin embargo, el sendero específico que siguió Jesús en su suplicio es difícil de determinar con precisión. Depende principalmente de la ubicación precisa del pretorio: Vivía Pilatos, ¿en las instalaciones del antiguo palacio de Herodes el Grande o en la fortaleza Antonia?

De esa determinación geográfica depende el camino específico que tomó Jesús con su cruz, pues si el pretorio estaba en la fortaleza o torre de Antonia, la *vía dolorosa* es esencialmente el camino que han seguido los peregrinos que la visitan constantemente en Jerusalén desde el siglo cuarto.

La costumbre de la época era que las personas condenadas cargaran su cruz al lugar de ejecución. Se trataba específicamente del palo transversal, que se colocaba sobre algún árbol o poste. Esa era una forma adicional de humillar a los reos, además de ser una especie de amonestación pública, para evitar los crímenes contra el imperio romano, específicamente los de rebelión y sedición.

En el caso de Jesús, el proceso de cargar la cruz añade un componente de gran significado teológico y misionero. Los evangelios sinópticos indican que se reclutó a una persona que provenía del norte de África, Cirene, de nombre Simón, para que le ayudara con su cruz (Mt 27.32; Mc 13.21; Lc 23.26). Posiblemente, se trata de un judío de aquella región que había llegado a Jerusalén con motivo de las fiestas de Pascua.

La implicación teológica es que en el proceso de crucifixión, apoyaron a Jesús personas de otras latitudes, que revela la universalidad del mensaje evangélico. Quizá este Simón, y sus dos hijos, eran bien conocidos en las iglesias, pues son identificados únicamente por los nombres propios (Mc 13.21). Además, este relato puede relacionarse con un mensaje anterior de Jesús en torno a tomar la cruz (Lc 9.23).

El llamado camino de la cruz culmina en el Calvario, que proviene del hebreo y arameo Gólgota, que significa «la calavera», que en latín se vierte como Calvaria, de donde procede nuestra palabra castellana. El origen del nombre es incierto, aunque se puede asociar sin dificultad con la muerte, por lo que sucedía allí, que se podía representar con una calavera. En efecto, era un lugar para llevar a efecto ejecuciones, o sencillamente, era quizá un cementerio (Jn 19.41).

Desde el siglo cuarto se ha identificado la ubicación del Monte Calvario con el lugar donde está construida en la actualidad la Basílica del Santo Sepulcro en Jerusalén. En la época de Jesús, ese lugar era una cantera pequeña, a las afueras de las murallas de la ciudad, que era el espacio ideal para las ejecuciones públicas. El Evangelio de Juan (Jn 19.20) indica que la crucifixión se llevó a efecto a las afueras de la ciudad, que está en consonancia con las prácticas romanas antiguas al imponer la pena de muerte.

De singular importancia en el ministerio de Jesús es la atención que dio a las mujeres. Y ese aspecto misionero, que se manifiesta en todos los evangelios, se destaca particularmente en Lucas. De acuerdo con este evangelista, un grupo de mujeres, identificadas en la narración como «hijas de Jerusalén», seguía a Jesús por la *vía dolorosa*, llorando por el condenado y lamentando los acontecimientos (Lc 23.27).

Es de notar, respecto a las acciones de estas mujeres, que ese tipo de lamentación pública era parte de las costumbres funerarias judías de la época. Jesús no ignora ese gesto de solidaridad, de acuerdo con el testimonio evangélico, y les indica que no deben llorar por él, sino por ellas mismas y por sus hijos. De esa forma, el Evangelio de Lucas compara la agonía y el sufrimiento de Jesús con el juicio divino que caería posteriormente sobre la ciudad. Es una forma teológica de expandir las implicaciones de la pasión de Jesús, a un tiempo futuro donde se manifestará el juicio divino al pueblo.

Camino al Calvario, indican las fuentes evangélicas, Jesús fue vejado, herido y torturado. Junto a los azotes físicos y heridas al cuerpo, se unían las burlas y mofas del pueblo. Los evangelistas se esmeran por reproducir en sus narraciones la agonía de Jesús y la hostilidad de los verdugos, los dolores del maestro de Galilea y las humillaciones de los espectadores, la humildad del rabino de Nazaret y la violencia de los testigos. El contexto emocional y físico de la *vía dolorosa* es de violencia extrema, agonía, tortura, humillación y muerte.

El sufrimiento de Jesús se llevó a efecto en dos niveles. El primero, que era para dar una especie de escarmiento, consistía de varios latigazos antes de soltar al reo (Lc 23.16,22); y el segundo era un proceso intenso de tortura que precedía a las ejecuciones (Mt 27.26; Mc 15.15). Las descripciones en los evangelios están a la par con las torturas que imponía el imperio romano, de acuerdo a varias fuentes literarias de esa época.

La narración de las vejaciones que sufrió Jesús revela una intensión teológica de gran significación para sus autores. Son esencialmente mofas de los soldados que no desean reconocer el poder mesiánico de Jesús. El manto color púrpura representa el que utilizaban solo los emperadores y generales romanos (Mt 27.28), y la corona de espinas alude a las coronas imperiales hechas de laureles. Para los evangelistas, los soldados se burlaban de la naturaleza real de Jesús. La gran paradoja de la crucifixión: En nombre del emperador romano, de naturaleza humana, se asesinaba al verdadero monarca del mundo, Jesús, de naturaleza divina.

Las estaciones de la pasión

En la la *vía dolorosa*, la tradición cristiana ha identificado algunos lugares en los cuales se recuerdan varios momentos importantes en el viaje final de Jesús al Calvario. Se conocen generalmente como «las estaciones de la cruz», y llevan a los peregrinos devotos desde el lugar donde Jesús fue sentenciado a muerte, hasta el sepulcro.

La exactitud de los lugares y el camino, y la precisión de los acontecimientos y recuerdos, es difícil de determinar en la actualidad. Estas estaciones se incluyen en este estudio solo para destacar cómo las comunidades cristianas, a través de los siglos, han desarrollado la piedad en torno a los lugares que recuerdan los momentos finales de Jesús. Los textos bíblicos que se añaden junto a las diversas estaciones no son corroboraciones históricas o teológicas del lugar, sino guías para incentivar la devoción en los lugares santos.

- Primera estación: Jesús es condenado a muerte (Jn 18.28)

- Segunda estación: Jesús carga la cruz (Jn 19.1,16)

- Tercera estación: Jesús cae por primera vez (Lm 1.16)

- Cuarta estación: Jesús se encuentra con María, su madre (Lm 1.16)

- Quinta estación: Simón ayuda a Jesús a cargar la cruz (Mc 15.21)

- Sexta estación: La Verónica enjuaga el rostro de Jesús (Nm 6.25)

- Séptima estación: Jesús cae por segunda vez (Is 63.9)

- Octava estación: Jesús consuela a las mujeres de Jerusalén (Lv 23.28,31)

- Novena estación: Jesús cae por tercera vez (Sal 40.6)

- Décima estación: Las últimas cinco estaciones se recuerdan en la Basílica del Santo Sepulcro (Is 1.16)

- Undécima estación: Jesús es clavado en la cruz (Sal 21)

- Duodécima estación: Jesús muere en el *Gólgota* (Mt 27.45)

- Decimotercera estación: Jesús es bajado de la cruz (Lc 23.53)

- Decimocuarta estación: Jesús es sepultado (Mt 27.59)

Semana final de Jesús

Para tener una visión panorámica de los acontecimientos durante la semana final de Jesús, se han identificado algunas de sus últimas actividades y experiencias. Esta lista proviene de los evangelios canónicos, que disponen estos eventos desde sus diversas perspectivas y propósitos teológicos. Se incluyen en esta sección, solo para que el lector o la lectora tenga una idea general de lo que pudo haber hecho Jesús en sus días finales.

* Entrada triunfal a Jerusalén: Domingo (Mt 21.1-11; Mc 11.1-11; Lc 19.28-40; Jn 12.12-19)

* Maldición de la higuera: Lunes (Mt 21.18-21; Mc 11.12-14,20-26)

* Purificación del Templo: Lunes (Mt 21.12,13; Mc 11.15-19; Lc 19.45-48; Jn 2.13-22)

* Enseñanzas de Jesús en el Templo: Martes (Mt 21.28—23.29)

* Unción de Jesús: Martes (Mt 26.6-13; Mc 14.3-9; Jn 12.1-8)

* Conspiración contra Jesús: Miércoles (Mt 26.14-16; Mc 14.10-11; Lc 22.3-6)

* La última cena: Jueves (Mt 26.17-29; Mc 14.12-25; Lc 22.7-23; Jn 13.21-30)

* Oración sacerdotal de Jesús: Jueves (Jn 17.1-26)

* Oración en el Getsemaní: Jueves (Mt 26.36-46; Mc 14.32-42; Lc 22.39-46)

* Arresto y juicio de Jesús: Viernes (Mt 26.47—27.26; Mc 14.43-68; Lc 22.54,63-71; Jn 18.12 14,19-24)

* Crucifixión y muerte de Jesús: Viernes (Mt 27.27-56; Mc 15.21-41; Lc 23.26-49; Jn 19.17-30)

* Sepultura de Jesús: Viernes (Mt 27.57-66; Mc 15.42-47; Lc 23.50-56; Jn 19.38-42)

* Resurrección de Cristo: Domingo (Mt 28.1-10; Mc 16.1-8; Lc 24.1-12; Jn 20.1-10)

10

La crucifixión de Jesús

Él, cargando su cruz,
salió al lugar de la Calavera, en hebreo, Gólgota.
Allí lo crucificaron con otros dos,
uno a cada lado, y Jesús en el medio.
Escribió también Pilatos un título,
que puso sobre la cruz, el cual decía:
«Jesús Nazareno, Rey de los judíos».

Juan 19.17-19

Importancia de las narraciones de la crucifixión

A juzgar por el espacio que los evangelios canónicos le dan al tema de la pasión, en general, y al de la crucifixión, en particular, las narraciones de los momentos agónicos y finales de Jesús, deben contener el corazón del mensaje cristiano. Esa importancia histórica, teológica y espiritual, también se pone claramente de manifiesto, al estudiar internamente y con detenimientos los relatos, y notar los detalles que se incluyen. Por ejemplo, es significativo y muy útil identificar las afirmaciones teológicas que aparecen diseminadas en estos episodios; además, es fundamental, percatarse de cómo toda la historia de Jesús de Nazaret, es interpretada y evaluada a la luz de esos acontecimientos finales, relacionados con su muerte y resurrección, y su posterior manifestación a los discípulos.

Otro signo fundamental, que delata la importancia teológica de la crucifixión en los evangelios, es la continua y sistemática relación que se hace de varios incidentes de la pasión de Jesús con algunas profecías veterotestamentarias. De acuerdo con Marcos, por ejemplo, a Jesús le ofrecieron vino mezclado con mirra, que era una forma de narcótico que tenía la propiedad de aliviar los dolores de los condenados a muerte (Mc 15.23). Mateo, respecto a esa bebida, asocia el hecho al Salmo 69.22, transforma la mirra en hiel, y cambia la significación del acto: De una clara intensión paliativa, a una expresión de hostilidad mayor contra el reo (Mt 27.34). La referencia, en el Evangelio de Juan, a que los soldados echaron suertes con sus vestidos, se entiende claramente como el cumplimiento pleno del Salmo 22.18. En torno a este singular detalle, es importante notar que consta en la literatura romana antigua, que los verdugos podían quedarse con algunas de las pertenencias de los ejecutados.

El hecho que Jesús fuera crucificado entre dos ladrones (p.ej., Mc 15.27-28; Jn 19.18), que históricamente revela la efervescencia nacionalista del período y la rebeldía de un sector de la sociedad judía contra Roma, se interpreta como el cumplimiento de uno de los poemas del Siervo Sufriente en el libro del profeta Isaías (Is 53.12). La referencia a que la gente se burlaba de Jesús, y que «meneaban la cabeza» en un gesto de mofa e insulto (Mt 27.39; Mc 15.29), se relaciona con el Salmo 22.8. Inclusive, las palabras que los líderes judíos dijeron en torno a Jesús en medio del suplicio (Mt 27.43), también se asocian directamente al Salmo 22, en esta ocasión con el versículo 9.

Esa relación íntima, entre los eventos de la pasión y su cumplimiento profético, que se manifiesta con claridad en los sinópticos, se revela con aún más fuerza en el Evangelio de Juan (Jn 19.36). El no quebrarle las piernas a Jesús (Jn 19.33), es el cumplimiento expreso de Éxodo 12.46, que explica varios detalles de importancia en torno al cordero de la Pascua judía. Y cuando el soldado romano, hiere a Jesús en el costado, y sale de su cuerpo agua y sangre (Jn 19.34), que para la comunidad cristiana primitiva aluden al bautismo y la eucaristía, para el evangelista era la actualización plena de una antigua y complicada profecía de Zacarías (Zac 12.10).

Aunque las narraciones de la pasión y muerte de Jesús están saturadas de referencias teológicas e interpretaciones proféticas, es muy importante subrayar que el fundamento de estos acontecimientos es ciertamente histórico. La repetición de los temas y la reiteración de los eventos, son indicadores importantes de la naturaleza actual de los relatos. En efecto, es la figura histórica de Jesús de Nazaret, la que sirve de base a todas estas narraciones, que contienen diversas interpretaciones teológicas, a la luz de los objetivos específicos de cada uno de los evangelios canónicos.

Las crucifixiones en la antigüedad

Las crucifixiones tienen un origen oriental, y se utilizaban para imponer la pena máxima entre los persas, asirios y caldeos, y también entre griegos, egipcios y romanos. A través de la historia, las formas de aplicar este suplicio se modificaron en varias ocasiones. El propósito de mejorar el sistema era doble: Aumentar el dolor del condenado, e incrementar el poder del escarmiento para la comunidad. Al principio, se trataba de un simple poste al cual amarraban al reo; posteriormente, se fijo en el tope del poste una horca, de la que se suspendía el condenado por el cuello; y finalmente, se añadió un palo transversal, que le dio al poste de la muerte, un nuevo aspecto tétrico y destructor.

De acuerdo con la forma que el palo transversal se sujetara al palo vertical, se desarrollaron tres tipos diferentes de cruces: La *crux decusata*, conocida como la cruz de San Andrés, tenía la forma de una X. La *crux commissata*, que algunas personas llaman la cruz de San Antonio, se parecía a la letra T. Y finalmente, la *crux immisa*, que es la tradicionalmente identificada como la cruz latina, que representa su forma más tradicional.

La crucifixión era una pena capital que aplicaba el imperio romano solo a esclavos, criminales rebeldes y sediciosos. No se aplicaba a los ciudadanos romanos, pues era una forma infame y vejatoria de morir. Y además de servir para eliminar alguna persona que ponía en riesgo la seguridad nacional de Roma, las crucifixiones eran formas públicas de escarmiento a las comunidades. Los reos, no solo sufrían los dolores físicos de las torturas y las humillaciones, sino que los llevaban a morir a la vista de la comunidad y sus visitantes, cerca de las puertas de la ciudad o en lugares prominentes, para transformar el acto individual en una enseñanza colectiva.

El imperio romano usó repetidamente las crucifixiones como parte del sistema de represión y cautiverio en contra de la comunidad judía en Palestina. La historia indica, por ejemplo, que uno de sus procuradores en Siria, Quintilio Varo, ejecutó como a 2,000 judíos sediciosos en el año 4 a.C., como represaría a sus continuas sublevaciones. Solo hay constancia histórica de un rey judío que haya aplicado la crucifixión en alguna ocasión, y se trata de Alejandro Janeo, que en los años 90 a.C. mandó a crucificar como a 800 de sus adversarios políticos.

El proceso de ejecución tenía varias partes. En primer lugar, luego de la sentencia a muerte, había un período de tortura intensa y continua, el cual comenzaba con la flagelación. Esa parte del proceso tenía la finalidad de destruir anímica y físicamente al condenado. La flagelación era el primer golpe en todo proceso de ejecución impuesta por el imperio romano. Se desnudaba la parte superior del cuerpo de la víctima, lo sujetaban a un poste, con la espalda encorvada, y comenzaban los azotes de manera continua e inmisericorde.

El instrumento usual para la flagelación era un tipo de látigo o azote corto, conocido en latín como *flagrum* o *flagellum*, que tenía varias cuerdas o correas de cuero. Al final de las cuerdas, se le ataban pequeñas bolas de hierro o trocitos de huesos de ovejas a varios intervalos. Cuando los soldados azotaban repetidamente y con fuerza la espalda de sus víctimas, las bolas de hierro causaban heridas profundas, y las cuerdas de cuero con los huesos de oveja, desgarraban profundamente la piel, y cortaban hasta los músculos. La tortura producía bastante pérdida de sangre.

Después de la flagelación, generalmente, continuaban las vejaciones, humillaciones y burlas públicas. Los soldados aprovechaban la oportunidad, para deshonrar intensamente a sus víctimas. A Jesús le fue colocada sobre su cabeza, además, como emblema irónico de su realeza, ¡una corona de espinas! Posiblemente, esa corona provino de unos arbustos espinosos que abundan en la Palestina. Se trata posiblemente del *Zizyphus* o *Azufaifo*, también conocido como *Spina Christi*, que tenía espinas largas, fuertes, curvas y puntiagudas. Además, en el mismo tono de mofa, le fue colocada una túnica sobre sus hombros y una caña, como si fueran emblemas reales.

A la flagelación, le seguía el desfile público hacia el lugar previsto para la ejecución, en el cual el reo llevaba el palo transversal de la cruz, conocido en latín como *patibulum*. En el viaje, generalmente, los brazos del reo estaban amarrados al palo transversal de la cruz.

Cuando llegaban al lugar preciso de la crucifixión, literalmente se levantaba al reo en su *patibulum*, y se ponía el transversal sobre el poste fijo, que ya estaba dispuesto en el lugar. Entonces se clavaban los pies y las manos, muñecas o antebrazos del reo, no solo para fijar con fuerza el confinado a la cruz, y así aumentar el dolor del reo agonizante, sino para iniciar el proceso final de muerte, al dificultar la respiración, y aumentar la presión y tensión de todo el cuerpo.

La persona crucificada, generalmente, llevaba colgada al cuello una tabla que identificaba la causa de la pena capital. En ocasiones, inclusive, había personas que caminaban antes de la procesión, para anunciar a viva voz la llegada del reo, revelar el crimen cometido y exponer la razón de su ejecución. Era un proceso intenso, no solo para el ejecutado y sus familiares, sino para la comunidad en general que tenía que presenciar esas ejecuciones macabras. Era un espectáculo lleno de dolor y odios, angustias y resentimientos, sangre y hostilidades, violencia y amarguras.

En algunas ocasiones, los romanos dejaban los cuerpos de las personas crucificadas expuestos a la intemperie, para que se pudrieran y el acto sirviera de escarmiento mayor a la comunidad. De esa forma, además, los cadáveres se convirtieran en comida para los buitres y otras aves de carroña, que en la antigüedad era una desgracia mayor. Los cuerpos no colgaban muy alto en la cruz, para que también los animales salvajes, como los perros, los pudieran morder, destrozar y comer. El espectáculo era grotesco, morboso y nefasto. Era una forma de poner de manifiesto lo peor de los recursos del imperio que estaban al servicio de la muerte.

Nuestro conocimiento de las crucifixiones antiguas aumentó considerablemente con unos descubrimientos arqueológicos muy cerca de la ciudad de Jerusalén. En un sepulcro del primer siglo de la era cristiana, se encontraron los restos de una persona crucificada, que aún tenía un clavo de once centímetros atravesado en el hueso del pie. Algunos estudiosos piensan que se trata de uno de los combatientes judíos que participó de la insurrección contra Roma en el año 6 d.C.

El occiso fue enterrado de acuerdo con las costumbres funerarias de la época, que incluía, en primer lugar, el colocar el cadáver en una tumba familiar, y al año se pasaban los huesos a un osario, en el cual se identificaban los restos de la persona difunta. En el caso específico descubierto y aludido, el ejecutado se llamaba Yahohanan, o Juan, que yace con el cuerpo de un niño, que probablemente era su hijo.

La muerte de Jesús

Jesús fue obligado a cargar la cruz, como era la costumbre romana, desde el lugar de la flagelación hasta el Monte de la Calavera, Gólgota o Calvario. La cruz completa podía pesar, de acuerdo con varios estudios, unas 300 libras (136 kilos), aunque Jesús sólo llevo el palo transversal, de 75 a 125 libras. El *patibulum*, que le fue colocado sobre su nuca, al cual amarraron sus brazos, se balanceaba sobre sus hombros. Y con el agotamiento intenso y la gran debilidad luego de la flagelación, Jesús tuvo que caminar como medio kilómetro para llegar al lugar del suplicio. Los estragos de la tortura se corroboran al descubrir que las narraciones evangélicas indican que los soldados hicieron que Simón, una persona de Cirene, la actual Libia, le ayudara a cargar su cruz.

Con los brazos extendidos, pero no tensos, las muñecas eran clavadas en el patíbulo o transversal de la cruz. Los clavos eran de un centímetro de diámetro en su cabeza, y de 13 a 18 centímetros de largo. Los pies eran fijados al frente del poste por medio de clavos de hierro. Posiblemente, cada pie de Jesús estuvo clavado de forma independiente.

En la comprensión de la muerte de Jesús, hay que tomar en consideración varios factores médicos de gran importancia biológica. En primer lugar, debemos entender que la violencia de las crucifixiones produce personas con traumas múltiples, que van desarrollándose y complicándose paulatinamente, desde el momento mismo de la flagelación, hasta la crucifixión propiamente. Además, debemos comprender, que el efecto inmediato de la crucifixión en el cuerpo, aparte del dolor intenso en los brazos y piernas, era la seria interrupción de los procesos normales de respiración, particularmente las dinámicas de exhalación.

El peso del cuerpo, con los brazos y hombros extendidos, hacía que los músculos de la respiración se mantuvieran estáticos en el estado de inhalación, y por consiguiente, afectaba adversamente los procesos de exhalación. Para poder respirar, Jesús tenía que apoyarse en sus pies, tratar de flexionar sus brazos y después dejarse desplomar para que la exhalación se produjera. Ese proceso, sin embargo, producía una serie intensa de dolores en todo su cuerpo. Además, los calambres continuos, debido a la fatiga de los músculos, afectaban aún más la respiración. Posiblemente, la razón médica de la muerte de Jesús fue la asfixia.

La interpretación teológica de esa ejecución tiene gran importancia en las narraciones de la pasión. Con el tiempo, los creyentes en Jesús como el Mesías esperado, comenzaron a recordar y contar lo que había sucedido. Y en el proceso, interpretaban los acontecimientos, y los adaptaban a las nuevas necesidades espirituales de las iglesias.

Como Jesús murió solo, sin que sus discípulos le acompañaran de forma adecuada, además de haber sido rechazado abiertamente por los líderes religiosos de su tiempo, Dios mismo manifestó su poder sobre la tierra, para testificar que quien había muerto en el Gólgota, era una figura ejemplar y extraordinaria. Según los evangelios, cuando Jesús moría en la cruz, la naturaleza misma se conmovió y el cosmos se estremeció. ¡La tierra se cubrió de tinieblas! Como a las 3:00 de la tarde, ¡el sol se oscureció y el velo del Templo se rasgó! (Lc 23.44-45).

Desde la perspectiva teológica, esos signos eran una especie de vuelta al caos primigenio de la creación (Gn 1.1-2). Esos fenómenos meteorológicos, que también han sido explicados en diversas ocasiones como un eclipse solar. Son signos extraordinarios y cataclismos en la naturaleza, que generalmente se incluyen en la literatura apocalíptica. Esas manifestaciones divinas, ponen claramente de relieve la importancia histórica y espiritual del evento. Los evangelistas afirmaban de esta manera que había muerto el ungido de Dios, y la naturaleza toda reaccionada a tal acontecimiento.

En torno a la referencia al desgarramiento del velo del Templo (Mt 27.51; Mc15.38; Lc 23.45), varias interpretaciones teológicas se han sugerido. Para algunos estudiosos, en esa forma los creyentes afirmaron que la época de los sacrificios en el Templo había concluido. Desde la perspectiva cristiana, el último, más importante y eficaz sacrificio se había llevado a efecto, con la muerte expiatoria, redentora y definitiva de Jesús. Además, ese acto era símbolo de que Dios estaba completamente accesible a las personas. ¡Ya no se necesitan ni sacrificios ni sacerdotes para llegar ante la presencia misma de Dios! (Heb 9.11-12).

El Evangelio de Mateo también indica que hubo un terremoto al momento de Jesús morir (Mt 27.51-53). Los temblores de tierra eran símbolos de las teofanías y las manifestaciones extraordinarias de Dios en la literatura bíblica (p.ej., 1 R 19.11-12; Ap 6.12). Ese gran sismo abrió, según la narración evangélica, los sepulcros de los santos, que tuvieron la oportunidad única de regresar a la vida y caminar por la ciudad de Jerusalén. Según la literatura apocalíptica, la resurrección de los muertos es uno de los signos de la llegada del fin del mundo (Dn 12.2). Para Mateo, la muerte de Jesús inauguraba la nueva era del final de los tiempos y la historia. Los muertos que recobraban la vida era un signo anticipatorio de la resurrección de Jesús.

No solo la naturaleza reaccionó desconcertada ante la muerte de Jesús, sino que los soldados romanos, representantes de la ocupación militar y opresora del imperio, que a su vez eran los responsables de la muerte de Jesús, de acuerdo con los evangelios, reconocieron públicamente la importancia del evento (Mt 27.54; Mc 15.39; Lc 23.47). En Mateo, los soldados romanos quedan sobresaltados por el terremoto; en Marcos los soldados reconocen que Jesús era el hijo de Dios; y en Lucas afirman que Jesús era un hombre justo.

El análisis detenido de los testimonios bíblicos, la evaluación sosegada de los documentos de las autoridades antiguas, el estudio detallado de las fechas de la celebración de la Pascua, y la ayuda de las calculaciones astronómicas más sobrias y sofisticas, nos permite identificar con bastante precisión el día de la muerte de Jesús: Se trata del viernes, 7 de abril del año 30 d.C.

Sepultura del cuerpo de Jesús

Los cadáveres de los ejecutados pertenecían al estado, que en este caso era Roma. Una vez muere, el cadáver de Jesús fue entregado por las autoridades a un tal José, que era un discípulo secreto y acaudalado, miembro del Sanhedrín, oriundo de Arimatea, una de las ciudades de la región de Judea (Mt 27.57-58; Mc 15.42-45; Lc 23.50-53; Jn 19.38). Si José no hubiese reclamado el cuerpo, es muy posible que se hubiese dispuesto del cadáver en una fosa común que tenían las autoridades romanas para los delincuentes.

El cuerpo de Jesús fue llevado a un sepulcro nuevo, que había sido excavado en las rocas especialmente para José de Arimatea (Mt 27.60), cerca del lugar de la crucifixión. Una vez puesto el cadáver en la tumba, se selló la entrada con una gran roca, como era la costumbre funeraria de la época, que servía no solo de protección al cadáver sino evitaba que salieran a la intemperie los olores del cuerpo en pleno proceso de descomposición.

De acuerdo con Lucas, las mujeres que acompañaron a Jesús desde la Galilea se mantuvieron incólumes muy cerca del Jesús en la crucifixión, y posteriormente estuvieron al lado del cadáver: Fueron testigos de la disposición del cuerpo y del entierro (Lc 23.56). En el Evangelio de Juan, se destaca la figura de Nicodemo, otro influyente seguidor secreto de Jesús, que acompañaba a José de Arimatea en las gestiones legales ante las autoridades pertinentes para enterrar propiamente a Jesús (Jn 19.38-40).

Con el cuerpo de Jesús, se siguieron las costumbres funerarias tradicionales judías. En primer lugar, entre las manifestaciones de respeto y piedad, se le cerraban los ojos y la boca al difunto, y se sujetaban las mandíbulas con un sudario alrededor de la cara, que amarraban en la parte superior de la cabeza. Se peinaban las barbas y el cabello, y se lavaba y ungía el cuerpo con especies aromáticas y perfumes. El cadáver, entonces, era vestido con una túnica o envuelto en telas de lino (Jn 11.44), y finalmente puesto en un banco de piedra.

De acuerdo con el testimonio evangélico, se utilizaron unos treinta y tres kilogramos de aromas de mirra mesclados con aloe. La impresión que brinda esa gran cantidad de ungüento, es que José de Arimatea y Nicodemo quisieron ofrecerle a Jesús un entierro digno de un monarca: Aromas abundantes y una nueva tumba.

El episodio en el cual se le solicita a Pilatos que quiebre las piernas del reo, para corroborar que Jesús verdaderamente había muerto, es significativo. Los soldados romanos, que estaban listos a cumplir con esas órdenes, no tuvieron que hacerlo pues se dieron cuenta, sin mucha dificultad, que ya Jesús había fallecido. Posiblemente, estos detalles en la narración ponen en evidencia las preocupaciones de las iglesias cristianas del primer siglo, y las de sus líderes, que debían responder con inteligencia a los argumentos de que Jesús en verdad no había muerto. El Evangelio de Marcos declara en dos ocasiones la muerte de Jesús (Mc 15.37,39), y Juan reafirma la misma información en torno a la muerte del rabino galileo, y lo corrobora con un testigo de gran confiabilidad (Jn 19.35).

Especial significación teológica tienen el uso de las imágenes de los huertos en las narraciones de la pasión de Jesús. El proceso comienza en el Huerto del Getsemaní y culmina en el Huerto o Jardín de la tumba (Jn 19.41). Esa es posiblemente para los evangelistas, una forma figurada de aludir al Jardín del Edén; es una manera simbólica de decir que, a través de su muerte, Jesús restaura la humanidad y le devuelve la capacidad de relacionarse nuevamente con Dios, de forma directa, sencilla y franca, como era el caso, de acuerdo con el libro de Génesis, antes de la desobediencia y caída de Adán y Eva (Gn 1.1—2.25).

Las siete palabras de Jesús en la cruz

Las siguientes, son las palabras o declaraciones que Jesús pronunció desde la cruz. Se trata de expresiones que ponen de manifiesto sus diferentes reacciones al momento de su muerte. Respecto a este tipo de afirmaciones, es fundamental recordar la importancia que se daba en la antigüedad a las palabras de las personas antes de morir. Representaban sus últimos deseos, son anhelos más significativos, sus propósitos más importantes. ¡Eran una especie de testamento!

En el singular caso de Jesús, estas palabras o declaraciones revelan las reflexiones teológicas y las preocupaciones espirituales de los evangelistas, que ponían en boca de Jesús afirmaciones teológicas de gran importancia espiritual. Desde la perspectiva histórica, es muy posible que como buen judío piadoso, Jesús estuviera recitando salmos en medio de su agonía y crisis.

Estas «Siete palabras» tienen un gran valor litúrgico y devocional, pues brindan a los creyentes unas guías y orientaciones de cómo enfrentar las adversidades más intensas de la vida. Las palabras son las siguientes:

1. *«Padre, perdónalos, porque no saben lo que hacen» (Lc 23.34).*

2. Entonces Jesús le dijo: *«De cierto te digo que hoy estarás conmigo en el paraíso»* (Lc 23.43).

3. Cuando vio Jesús a su madre, y al discípulo a quien él amaba, que estaba presente, dijo a su madre: *«Mujer, he ahí tu hijo».* Después dijo al discípulo: *«He ahí tu madre»* (Jn 19.26-27).

4. Y a la hora novena Jesús clamó a gran voz, diciendo: *«Eloi, Eloi, ¿lama sabactani?»* que traducido es: *Dios mío, Dios mío, ¿por qué me has desamparado?* (Mc 15.34; Mt 27.46).

5. Después de esto, sabiendo Jesús que ya todo estaba consumado, dijo, para que la Escritura se cumpliese: *«Tengo sed»* (Jn 19.28).

6. Cuando Jesús hubo tomado el vinagre, dijo: *«Consumado es»* (Jn 19.30).

7. Entonces Jesús, clamando a gran voz, dijo: *«Padre, en tus manos encomiendo mi espíritu»* (Lc 23.46).

Los evangelios de Mateo y Marcos incluyen la tercera palabra (Mt 27.46; Mc 15.34), de acuerdo al orden litúrgico tradicional, que es una cita del Salmo 22. Aunque esa frase transmite un sentido profundo de abandono divino, la lectura del resto del poema pone de relieve un sentido grato de esperanza y restauración. Esa es una afirmación teológica que anticipa el triunfo definitivo de Jesús ante las fuerzas de la muerte.

En Lucas se encuentran tres de las declaraciones finales de Jesús. Y revelan el sentimiento de Jesús hacia sus verdugos, que es una manifestación óptima de perdón y misericordia (Lc 23.34). Además, sus palabras revelan el perdón que le prodiga al llamado «ladrón penitente» o «pecador arrepentido» (Lc 23.43). Finalmente, Jesús manifiesta su confianza plena en el Señor, que se fundamenta en el Salmo 31.6 (Lc 23.46).

El Evangelio de Juan presenta tres palabras adicionales de Jesús en la cruz. En primer lugar, hay una manifestación de amor hacia su madre, a quien no deja en el abandono (Jn 19.26-27). La segunda, alude a la sed de Jesús (Jn 19.28), que puede tener un nivel teológico más profundo, pues se relaciona con varios salmos que hacen referencia a la sed de Dios (Sal 42.2; 69.4). La tercera de las palabras finales de Jesús en el Calvario, es primordialmente una declaración de victoria y triunfo (Jn 19.30).

Profecías cumplidas con la muerte de Jesús

La muerte de Jesús fue analizada y afirmada con el tiempo, por los creyentes y las iglesias, como el cumplimiento pleno de una serie importante de profecías del Antiguo Testamento. Los eventos de la pasión fueron revisados y reinterpretados a la luz de la fe en el Cristo resucitado, y esas convicciones teológicas le permitieron ver a los evangelistas, una serie importante de oráculos que tuvieron su actualización plena en la muerte de Jesús.

Cada evangelista tenía un propósito definido al seleccionar, editar y redactar sus materiales. Y esa finalidad estaba íntimamente relacionada con las necesidades concretas de los creyentes y sus comunidades específicas. Para los evangelios y sus autores, la pasión de Jesús, y particularmente su muerte, constituían el cumplimiento pleno de las palabras proféticas que se habían dicho en la antigüedad en torno al Mesías de Israel.

A continuación se incluyen algunos textos del Antiguo Testamento, que según los evangelistas, se cumplen en la figura de Jesús, particularmente en su muerte.

- El Salmo 22.16, en Marcos 15.24

- Salmo 22.7, en Mateo 27.41-42

- Salmo 22.18, en Lucas 23.34

- Salmo 69.20-21, en Juan 9.28-29

- Salmo 22.14, en Juan 19.34

- Salmo 34.20, en Juan 19.32-33

- Salmo 22.1, en Marcos 15.34

- Salmo 31.5, en Lucas 23.46

- Isaías 53.9, en Mateo 27.57-58,60

En esta breve lista, es importante notar las lecturas cristianas de los Salmos; particularmente necesario, en este caso, es identificar la interpretación teológica, espiritual, profética y mesiánica que se hace del Salmo 22.

Significados de la crucifixión

Cuando el Nuevo Testamento alude a la crucifixión, no se refiere exclusivamente al sufrimiento y los dolores causados por el suplicio y martirio de Jesús, sino a su gran significado e interpretación teológica. La crucifixión, en varios pasajes neotestamentarios (p.ej., 1 Co 1.18), pone de manifiesto el mensaje total, claro e íntegro de salvación para la humanidad, a través de la muerte y el sacrificio de Jesús de Nazaret.

Esas acciones redentoras y liberadoras de Jesús, a los griegos les parecía que eran una locura, algo descabellado: El Mesías, pensaban, no debió haber muerto de esa forma cruel e ignominiosa (1 Co 1.23). Para la comunidad judía, por su parte, esa misma afirmación en torno a la muerte de Jesús, era un problema serio o tropiezo (Gl 5.11). Una persona crucificada estaba bajo maldición de Dios, pues el cadáver permanecía colgado en un lugar público (Dt 21.22,23; cf. 2 S 4.12). De forma absoluta, los judíos rechazaban la idea de salvación mediante el sacrificio de Jesús en la cruz (Gl 6.12; Flp 3.18).

Los cristianos, sin embargo, veían en la cruz y en el sacrifico de Jesús la máxima expresión de salvación de parte de Dios (1 Co 2.2). Al llevar los pecados en la cruz (1 P 2.24), Jesús sufrió la maldición que le tocaba a toda la humanidad (Gl 3.13). Su muerte en la cruz, propició la reconciliación de las personas y la naturaleza con Dios (Col 1.20), como también incentivó la reconciliación entre las comunidades judías y gentiles (Ef 2.16).

La cruz de Jesús también es símbolo de superación de la vida vieja. Por su unión con Cristo, el creyente participa no solo en la muerte de Jesús en la cruz (Ro 6.6) sino en su resurrección. Y como resultado de esas intervenciones redentoras de parte de Dios y de las respuestas humanas, los fieles están libres del dominio del pecado (Ro 6.11), del egoísmo irracional (Gl 2.20; 5.24), y de las influencias adversas del mundo o la sociedad que les ha tocado vivir (Gl 6.14).

Cuando el evangelio nos llama a «tomar su cruz» (Mc 8.34; Lc 9.23; 14.27), se alude a la imagen de un condenado llevando su *patibulum* por las calles. De igual manera, las personas que deseen seguir a Jesús, deben reconocer que pueden ser objeto de desprecio, burla, vejaciones y rechazo de la comunidad, además de renunciar a sus derechos propios, para dar cabida a la manifestación plena y significativa de la voluntad divina.

Estas interpretaciones teológicas de la cruz, fueron el fundamento para la creatividad teológica de las iglesias cristianas del primer siglo. Una vez se superaron las crisis relacionadas con el trauma de la muerte de Jesús, comenzó un nuevo período de creatividad teológica, desarrollo literario y aplicación espiritual. En ese amplio sentido espiritual, la cruz dejó de ser el lugar adverso de martirio, muerte e ignominia, y se convirtió en el espacio divino clave para poner de manifiesto la salvación y redención de la humanidad. No es ya la cruz signo de destrucción y angustia, sino símbolo de esperanza, restauración, vida, seguridad y futuro.

11

La resurrección de Cristo

El primer día de la semana,
muy de mañana, vinieron al sepulcro,
trayendo las especias aromáticas que habían preparado,
y algunas otras mujeres con ellas.
Y hallaron removida la piedra del sepulcro;
y entrando, no hallaron el cuerpo del Señor Jesús.
Aconteció que estando ellas perplejas por esto,
he aquí se pararon junto a ellas dos varones
con vestiduras resplandecientes;
y como tuvieron temor,
y bajaron el rostro a tierra, les dijeron:
¿Por qué buscáis entre los muertos al que vive?
No está aquí, sino que ha resucitado.

Lucas 24.1-6a

Las narraciones de la resurrección

Cuando llegamos a los relatos de la resurrección encontramos el corazón del mensaje cristiano. El Jesús histórico, el maestro y predicador de la Galilea, cobra dimensión nueva. Las interpretaciones teológicas abundan, las reflexiones espirituales aumentan, y la creatividad literaria llega a su expresión máxima. Y como los episodios que se incluyen en torno al evento de la resurrección de Cristo transmiten valores éticos, enseñanzas espirituales y principios morales de tan grande significación e importancia, debemos proceder con gran cautela metodológica y con sobriedad exegética.

De la lectura de los documentos bíblicos y extra bíblicos se desprende que la resurrección de Jesús no parece haber sido una alucinación colectiva, causada por el trauma y el pesar de la crucifixión. Los materiales estudiados indican que personas serias, inteligentes, independientes y sobrias, dieron testimonio fidedigno de lo que había acaecido. Luego que se descubre que la tumba donde habían puesto el cadáver de Jesús apareció vacía, se reportan apariciones repetidas a diversos grupos de personas de manera individual y colectiva. Y la evaluación sobria de toda esa información tiende a indicar que el fundamento de todos estos relatos tiene una buena base histórica.

Según los documentos evangélicos, y también de acuerdo con otros relatos antiguos, Jesús de Nazaret fue una figura intensa, que provocaba simultáneamente admiración y rechazo, amor y odio, sobriedad y hostilidad, paz y violencia, adhesión y desconfianza. Las multitudes desposeídas y oprimidas le seguían y aclamaban, y los líderes políticos le temían. Los enfermos y endemoniados le apreciaban y celebraban, y las autoridades religiosas le perseguían. Los discípulos y amigos celebraban y disfrutaban sus enseñanzas liberadoras, y los enemigos le rechazaban. Y las mujeres y los niños admiraban la deferencia y el respeto de sus palabras y acciones, y los poderosos desafiaban sus mensajes.

En medio de toda esa gama de reacciones positivas y negativas, se lleva a efecto la crucifixión de Jesús que mantuvo en vilo a la comunidad. Los discípulos estaban aturdidos con la pérdida de su maestro; el grupo de mujeres que le apoyaban estaban desconsoladas con la ejecución; los líderes judíos estaban preocupados por el rechazo popular a sus gestiones en contra del rabino galileo; y las autoridades romanas estaban atentas a cualquier brote de insurrección política y expresión de nacionalismo popular. Ese cúmulo de experiencias sociales y políticas, y esas expectativas espirituales y religiosas, hizo que Poncio Pilatos enviara un grupo de soldados a custodiar la tumba de Jesús, y a proteger el cadáver.

Aunque esos soldados no habían abandonado sus puestos de seguridad y sus lugares de observación, de acuerdo con las narraciones bíblicas, el primer día de la semana, es decir, el domingo en la mañana, el cuerpo de Jesús había desaparecido. Y junto a esa realidad escueta y comprobable, comenzaron a diseminarse en la comunidad algunas historias de apariciones del que había sido asesinado hacía solo tres días.

La primera explicación de los ancianos al hecho de que el cuerpo de Jesús no aparecía, es que los soldados se habían quedado dormidos y los discípulos sigilosamente habían llegado, en el anonimato de la noche, y lo había robado. Una segunda versión, que también interpretaba los acontecimientos, era que efectivamente Jesús había resucitado, como anteriormente lo había predicho.

Las explicaciones de la resurrección de Cristo se fundamentaban en varias evidencias: Por ejemplo, el descubrimiento del sepulcro vacío, y también en una serie de visitas que el resucitado había hecho a varios amigos y colaboradores, de acuerdo a los informes recibidos de algunas mujeres y diversos discípulos. De esa forma comenzó a propagarse la gran noticia evangélica: ¡El Cristo de Dios había resucitado! Los creyentes y las iglesias lo afirmaban de forma unánime e inequívoca: Jesús de Nazaret era el Mesías, y por el poder de Dios, también era Jesucristo, el Señor de la iglesia y de la historia.

En efecto, la evidencia literaria analizada y el análisis teológico de las comunidades cristianas, coinciden en que Jesús de Nazaret resucitó de entre los muertos. Si ese es el caso, como evidentemente se expone en los evangelios canónicos y se presupone en todo el Nuevo Testamento, entonces Jesús, aunque era un personaje histórico real, concreto y definido, no era una persona común. Se trata de un hombre que tenía poder sobre la vida y la muerte. Y ese tipo de persona es ejemplar en la historia.

Por estas razones, que incluyen la evaluación sosegada de los documentos evangélicos, el análisis detallado de los testimonios bíblicos y extra bíblicos de sus actividades y enseñanzas, y el estudio sobrio de las narraciones que presentan los episodios de la resurrección, los creyentes, desde muy temprano en la historia, comenzaron a reconocerlo como Señor, y a referirse a él como el Cristo de Dios, el Mesías, el Hijo de Dios, el Hijo de David, y Dios. Esos títulos cristológicos ponen de relieve las diversas comprensiones que tenían de Jesús las primeras comunidades cristianas de fe.

No podemos perder de vista que el fundamento de estas declaraciones, es decir, la resurrección de una persona que había sido ejecutada a la vista de toda la comunidad, es muy difícil de creer, entender, comprobar y asimilar. Lo sucedido en Jerusalén con Jesús de Nazaret aquel fin de semana, excedía por mucho el nivel de comprensión de los discípulos, sobrepasaba ampliamente la imaginación del liderato cristiano inicial, y desbordaba con mucha facilidad los límites del conocimiento que tenían las comunidades primitivas de fe. Y el caso de la respuesta de Tomás (Jn 20.24-29) ante la resurrección de Jesús, pone en clara evidencia la complejidad de la noticia, las dificultades de comprensión que tenían esos sucesos, y las reacciones naturales de las personas ante lo sucedido: ¡Es necesario ver para creer!

Previo a los sucesos que se relacionan con Jesús, no hay evidencia histórica de persona alguna que, antes de morir, haya dicho que posteriormente resucitaría, y que luego hiciera lo predicho. El caso de Jesús es aún más complejo, pues su muerte tenía implicaciones sociales y religiosas muy serias: Los crucificados eran vistos como malditos de parte de Dios. Había un gran estigma social, moral y religioso que impedía presuponer o esperar algún tipo de intervención positiva de Dios.

Desde la perspectiva teológica, sin embargo, la explicación de los sucesos estaba en consonancia con la historia bíblica. Una vez más, el Señor del pueblo de Israel, que se especializaba en liberaciones extraordinarias y espectaculares (véase, p.ej., Ex 3—15), había sorprendido a la humanidad. El Dios de los patriarcas y las matriarcas, y de Moisés, Miriam y los profetas, había intervenido una vez más en medio de la historia humana de forma redentora, al levantar de entre los muertos a Jesús, para poner de manifiesto su plan redentor y demostrar su compromiso con las personas que están heridas por las diversas fuerzas que ofenden la imagen divina que tienen los seres humanos.

Una magnífica interpretación teológica de todos estos eventos, se pone en boca del apóstol Pedro el día de Pentecostés. En su discurso explicativo de los milagros relacionados con el descenso del Espíritu Santo, dijo: «Jesús nazareno, varón aprobado por Dios entre vosotros, con las maravillas, prodigios y señales que Dios hizo entre vosotros por medio de él... Dios lo levantó, sueltos los dolores de la muerte, por cuanto era imposible que fuera retenido por ella... A este Jesús resucitó Dios, de lo cual nosotros somos testigos... Sepa, pues, ciertísimamente toda la casa de Israel, que a este Jesús a quien vosotros crucificasteis, Dios lo ha hecho Señor y Cristo» (Hch 2.22-36).

En efecto, el poder de Dios, de acuerdo con Pedro, transformó la muerte de Jesús en la resurrección de Cristo. Se pasa de esta forma del Jesús histórico que vivió en la Palestina del primer siglo, al Cristo viviente cuya presencia no está confinada por el espacio ni cautiva por el tiempo.

La desaparición del cuerpo de Jesús

Lo que parece innegable, desde el punto de vista histórico y teológico, es que el cuerpo de Jesús desapareció de la tumba. Lo que sabemos muy bien, según los documentos que poseemos, es que cuando llegó el domingo en la mañana y las mujeres fueron al sepulcro para continuar con las costumbres funerarias judías, que se habían interrumpido por la llegada del sábado, el cuerpo de Jesús no estaba en el lugar que lo habían dejado inerte hacía solo unos cuantos días.

De acuerdo con Mateo, el sábado en la mañana, los líderes judíos, tanto sumos sacerdotes como fariseos, preocupados por lo que podía suceder, se allegaron a Poncio Pilatos para solicitar que se protegiera de forma especial el sepulcro de Jesús (Mt 27.62). El argumento básico para la solicitud, que se incluye solo en el Evangelio de Mateo, era evitar que se robaran el cuerpo y sus seguidores dijeran que había resucitado, como anteriormente había predicho. El procurador romano accede a la petición (Mt 27.65).

En los sinópticos, las narraciones de la resurrección destacan la labor de las mujeres, que llegan preocupadas pues no saben cómo acceder al cuerpo y cumplir con sus responsabilidades funerarias, pues no tenían quién les quitara la piedra del sepulcro. Para responder a ese dilema, Marcos indica que un gran terremoto y un ángel, ya habían movido la piedra. Ante esa manifestación extraordinaria de poder divino, los soldados quedan aterrorizados (Mt 28.2-4). Y las mujeres comprueban que el sepulcro estaba vacío, y reciben la visita de otros seres angelicales que les confirman la resurrección de Jesús. En estas narraciones, estos mensajeros divinos cumplen funciones especiales: Anuncian la resurrección, orientan a las mujeres y a los discípulos en torno a la significación del evento, y explican lo que debían hacer.

Esa presencia de ángeles y mensajeros divinos en medio de las narraciones, le brinda a los relatos un sentido especial de teofanía, revelación, misticismo. Esos mensajeros están vestidos de blanco, que era un signo tradicional que delataba la presencia divina (Mt 28.3; Mc 16.5; Lc 24.4; Jn 20.12). De acuerdo con Mateo y Marcos, son esos ángeles los que instruyen a las mujeres para que indiquen a los discípulos que Jesús se encontraría con ellos en Galilea. Lucas presenta las apariciones del resucitado solo en los alrededores de Jerusalén. Mateo añade que cuando las mujeres se encuentran con Jesús (Mt 28.9), se postran a adorarle, como hicieron posteriormente en Galilea los discípulos.

En el Evangelio de Juan, quien recibe la encomienda específica de anunciar la noticia de la resurrección a los discípulos, es María Magdalena, que cumple sus responsabilidades a cabalidad. Por su parte, Marcos presenta a las mujeres con reacciones de temor y espanto, frente al evento de la resurrección, y como consecuencia de sus preocupaciones y miedos, no hablan con nadie de los acontecimientos (Mc 16.8).

Para muchos especialistas, el Evangelio de Marcos concluye en 16.8, con la actitud temerosa y medrosa de las mujeres. Ese gesto de temor, entonces, tiene la intensión de afirmar que la resurrección de Jesús era definitivamente la llegada del tiempo del fin, que según las creencias populares judías, tiene como respuesta humana la alarma y la preocupación intensa.

La sección que sigue en el Evangelio de Marcos, tiene el singular propósito de completar o complementar ese final, pues añade elementos de gran significación teológica: La aparición del resucitado a María Magdalena (Mc 16.9-11; Jn 20.11-18), la revelación a dos de sus discípulos (Mc 16.12-13), la comisión misionera a los apóstoles (Mc 16.14-18), y finalmente, la ascensión de Jesús al cielo (Mc 16.19-20). Es una especie de resumen de las actividades de Jesús luego de la resurrección, que también aparecen en los otros evangelios y en el libro de los Hechos.

Juan presenta las narraciones de la resurrección con una finalidad teológica sofisticada y específica: Destaca el tema del sepulcro vacío. María Magdalena es la única persona que se allega a la tumba temprano en la mañana, para corroborar que la piedra ha sido removida y que el cuerpo de Jesús ha desaparecido (Jn 20.8). En su asombro, ella le comunica a Pedro la noticia, quien, como de costumbre, se apresura a confirmar la información, y se percata de las implicaciones especiales de los acontecimientos.

María Magdalena se convierte de esta forma en la figura central en esta sección final de los relatos. Aunque al principio, confundió a Jesús con el hortelano, finalmente le reconoce como su maestro. Inclusive, la Magdalena hasta trató de sujetar al Jesús resucitado, cuya respuesta es que no lo haga, porque aún «no ha subido al Padre» (Jn 20.16-17). De esa forma el evangelio comienza las enseñanzas sobre la nueva naturaleza espiritual del Jesús resucitado, el Cristo.

Las apariciones del Cristo resucitado

Para los evangelios canónicos, las apariciones del Jesús resucitado son realidades comprobables, verificables y palpables. Los textos que exponen el tema, enfatizan que los testigos no veían un fantasma, se trataba realmente del Jesús que había sido previamente crucificado. La naturaleza literaria y teológica de estos relatos, es objeto de continuos y profundos análisis, pues los estudiosos deben separar rigurosamente los aspectos históricos de las narraciones, de las interpretaciones teológicas de los evangelistas.

De singular importancia en los relatos de las apariciones de Jesús, está la información que proviene del apóstol Pablo, en su mensaje a la comunidad cristiana de Corinto. Según el apóstol, luego de su resurrección, y de acuerdo con las Escrituras, Jesús se le apareció a Pedro y a los Doce, y posteriormente, a más de quinientas personas a la vez (1 Co 15.4). Esas declaraciones son solo la introducción para indicar que Jesús también se le apareció a él. Según Pablo, las apariciones del Jesús resucitado a los discípulos, luego de la crucifixión, y la que él experimentó, posteriormente, camino a la ciudad de Damasco, son de la misma naturaleza.

El problema central que plantea estas afirmaciones paulinas, es que sus experiencias con el Cristo resucitado fueron de naturaleza espiritual. Inclusive, el mismo apóstol claramente indica, en el libro de los Hechos, que le rodeó un resplandor de luz y que escuchó una voz del cielo (véase Hch 9.1-19; 22.6-16; 26.12-18). El encuentro con Cristo en Pablo fue de naturaleza mística, espiritual, interna y emocional, mientras que lo que se desprende de la lectura atenta de los evangelios, es que los discípulos tuvieron encuentros físicos con el mismo Jesús que había muerto, pero que había regresado a la vida. Además, el apóstol no menciona, en ninguna de sus alusiones del Cristo resucitado, el importante detalle de la tumba vacía.

La reacción de Tomás al anuncio de la resurrección, es un magnífico ejemplo del interés por presentar los aspectos físicos del Jesús resucitado que tenían los evangelistas (Jn 20.24-29): ¡Jesús le invita a tocar literalmente su cuerpo y sus heridas! Además, la narración de Mateo, referente a la actitud de las Marías al verlo, revela que le abrazaron los pies a Jesús (Mt 28.9). Los discípulos que iban camino a la aldea de Emaús, ¡caminaron con él! Al principio no lo reconocieron, pero sus ojos se abrieron, posteriormente, cuando Jesús partió el pan entre ellos (Lc 24.13-31). Esas no son experiencias emocionales, visuales o auditivas, sino eventos físicos, reales y táctiles.

Lucas incluye en su evangelio un episodio significativo, referente a la reacción de los discípulos al ver a Jesús: ¡Pensaron que se trataba de un fantasma! Y para cerciorarse que no era un espectro, les invita a tocarlo para salir de la duda; y añade, además, que los espíritus no tienen carne y huesos (Lc 24.39). Inclusive, para salir de toda posibilidad de confusión, Jesús le pide al grupo que le hagan algo de comer... ¡Y comió con ellos! (Lc 24.41-43).

De las narraciones evangélicas se desprende claramente lo siguiente: Las apariciones del Jesús resucitado, no eran experiencias espirituales, emocionales o visuales, eran encuentros físicos y reales con una persona que había sido crucificada y había muerto, pero que posteriormente había vuelto a vivir. No eran visiones de imágenes fantasmagóricas ni ilusiones ópticas producidas por algún estado alterado de la conciencia y el ánimo.

Inclusive, para reforzar la naturaleza física de estas experiencias, una lectura cautelosa de las fuentes evangélicas revela que de primera instancia los discípulos no estaban inclinados a creer en la resurrección de Jesús (Mt 26.21-23; Mc 8.31-33). ¡La verdad es que era una declaración extremadamente difícil de creer! Y aún más: De acuerdo con Mateo, luego de los discípulos haber visto a Jesús resucitado en la Galilea, algunos continuaron con sus dudas (Mt 28.17).

La lectura detenida de las fuentes evangélicas en torno a estos temas, revela que los evangelistas creían firmemente que Jesús había resucitado de manera física, que la tumba se había quedado vacía, y que el maestro de Nazaret se había aparecido a diversos grupos de sus seguidores en los alrededores de Jerusalén (Lc 24.13-31) y en Galilea, muy cerca del Lago de Genesaret, que había sido un foco central en sus enseñanzas y ministerio (Jn 20.29). En el apóstol Pablo, la revelación divina fue diferente: De naturaleza espiritual, visual y auditiva, aunque tenía el mismo poder de persuasión y similar virtud transformadora.

La ascensión de Jesús al cielo

Las narraciones de la ascensión de Jesús al cielo no son muchas pero son significativas. De acuerdo con los Hechos (Hch 1.3), luego de la resurrección, Jesús habló repetidamente a los discípulos sobre el reino de Dios, tema que en su ministerio previo había tenido gran importancia teológica y pedagógica. Esa es una manera de afirmar que había continuidad teológica entre los dos componentes del ministerio de Jesús, antes y después de la resurrección.

El Evangelio de Mateo no incluye ninguna narración de la ascensión, pues finaliza su obra con la gran comisión. Y ese mandamiento del Jesús resucitado, incluye, entre otros asuntos, el mandato a hacer discípulos a todas las naciones, no solo entre judíos, afirma que el bautismo es una celebración clave en la misión cristiana, e incorpora la afirmación trinitaria de la iglesia cristiana (Mt 28.16-20).

En Marcos, el tema de la ascensión se trata de forma directa. Se indica claramente que Jesús fue elevado al cielo y que está sentado a la diestra de Dios (Mc 16.19), que es una manera de destacar y afirmar su divinidad y su naturaleza mesiánica. Posiblemente, detrás de este relato evangélico, están los recuerdos y las imágenes de la ascensión del profeta Elías al cielo, en medio de un torbellino extraordinario (2 R 2.11).

Ese singular caso de Elías, es el único que se incluye en la Biblia hebrea de alguien que haya ascendido al cielo con vida. El testimonio bíblico en torno a Enoc, solo indica que desapareció, porque Dios se lo llevó (Gn 5.24), que pudiera insinuar alguna ascensión, pero no se indica de forma explícita. Sin embargo, el tema de las ascensiones de figuras prominentes no está ausente en la literatura judía extra bíblica (p.ej., Adán, Abrahán, Moisés, Isaías, entre otros personajes). Y ese mismo tema general de la ascensión a los cielos, está presente en las culturas griegas y romanas, pues pensaban que sus monarcas se deificaban al morir.

El evangelista Lucas es el que explora el tema de la ascensión de Jesús al cielo con algún detenimiento. Indica que su deseo es presentar todo lo que hizo Jesús, y también lo que enseñó, hasta «el día que fue recibido arriba» (Hch 1.1-2), en una clara alusión a la ascensión. De acuerdo con la narración que describe el evento, la ascensión de Jesús es el preámbulo del descenso del Espíritu Santo, que se produce cincuenta días después de la celebración de la fiesta de Pascua, en Pentecostés. Pero antes de esos eventos de gran significación teológica y espiritual, Jesús se apareció a los discípulos durante cuarenta días. Esa cifra simbólica de «cuarenta» tiene gran importancia bíblica, pues puede ser un indicador de un período educativo fundamental para el pueblo (véanse otras referencias al número «cuarenta» en Gn 7.12; Ex 24.18).

El entorno literario y teológico de la narración de la ascensión de Jesús, está lleno de significado: Jesús es elevado al cielo en medio de una nube, que es un símbolo tradicional de la presencia de Dios en la Biblia (p.ej., Hch 1.9; cf. Ex 13.21; 24.15; 33.9). Los discípulos son testigos de la ascensión, como lo fue Eliseo de la experiencia final del profeta Elías (2 R 2.9-10). Y el evento se lleva a efecto en el Monte de los Olivos, que evoca la antigua profecía de Zacarías, en torno al último día del Mesías en ese mismo Monte (Zac 14.4).

El mensaje central de la ascensión, según la teología de Lucas, es que, aunque Jesús es llevado al cielo, mientras él sube a la presencia divina, desciende el Espíritu Santo, que representa sus acciones y su voluntad en la tierra. Esa relación íntima entre la ascensión de Jesús y la manifestación del Espíritu, se pone en evidencia también en el Evangelio de Juan. En la última cena, Jesús prometió la venida del Espíritu cuando él regresara al Padre (Jn 16.7-13). Y posteriormente, Jesús, en un acto de gran simbolismo espiritual y profundidad teológica, sopla sobre los discípulos para que recibieran de forma anticipada el don del Espíritu de Dios (Jn 20.22).

Estas narraciones de las apariciones del Jesús resucitado y de la ascensión, son expresiones claras y seguras de la fe de la iglesia y sus líderes. Esa es una fe madura, reflexiva, ponderada, sobria, meditada y pensada. No es producto de la improvisación del momento ni resultado de la desesperanza. El propósito teológico de estos relatos, es indicar que la muerte de Jesús no detuvo el programa redentor de Dios, pues su autoridad moral, virtudes éticas, poder espiritual y naturaleza mesiánica, le permitieron a Jesús desafiar los poderes tradicionales de la muerte y trascender sus leyes naturales, según la teología cristiana.

No pueden leerse estos relatos evangélicos como eventos históricos comunes y llanos, son, en efecto, profundas declaraciones de fe y afirmaciones espirituales intensas. La virtud mayor de estas narraciones, no se relaciona necesariamente con la pulcritud redaccional ni con la certeza de los detalles históricos: Lo fundamental e indispensable del mensaje cristiano, es que la cruz y la tumba no son las palabras finales de Dios para la humanidad: ¡La muerte de Jesús de Nazaret abrió las puertas de la resurrección del Cristo de Dios!

La llegada del Espíritu Santo a los creyentes el día de Pentecostés (Hch 2.1-42), es una forma teológica de reiterar ese mensaje cristiano de esperanza. El Espíritu vino para que las iglesias y los apóstoles pudieran seguir con efectividad la tarea de predicación, educación, liberación y servicio que había comenzado con el ministerio del Jesús histórico. Y esas manifestaciones extraordinarias, a personas de diferentes lugares del mundo conocido, era un signo importantísimo y determinante de lo que sucedería con el testimonio y la misión de las iglesias cristianas. El mensaje cristiano tiene implicaciones internacionales y universales.

El mandato del Cristo resucitado es claro y firme: Ser testigos del mensaje divino en Jerusalén, Judea, Samaria y hasta lo último de la tierra. En efecto, las narraciones evangélicas desean destacar, de forma contundente, que las enseñanzas y los valores que caracterizaron el ministerio de Jesús de Nazaret, no van a quedar cautivas y estáticas en una esquina pequeña y rincón insignificante del gran imperio romano.

La resurrección de Cristo es una demostración del poder divino que ayudará a los creyentes a cumplir esas encomiendas salvadoras, la ascensión de Jesús al cielo es una forma de garantizar que la voluntad divina no se va a olvidar, y el descenso del Espíritu es una manera de afirmar que Dios mismo se mantendrá presente en las iglesias y en medio de los creyentes.

12
Apéndices

Parábolas de Jesús

Evangelio de Mateo

Cap.	Vv.	Nombre	Paralelos
5	13-16	Parábola de la lámpara	Marcos 4:21-23, Lucas 8:16-18, Lucas 11:33-36,
5	21-26	Parábola del demandado	Lucas 12:57-59
6	28-34	Parábola de los lirios	Lucas12:27-31
7	1-5	Parábola de la paja y la viga	-
7	15-20	Parábola del árbol y sus frutos	Lucas 6:43-45
7	24-27	Parábola de la casa sobre la roca	Lucas 6:47-49
9	16-17	Parábola del vino nuevo y los odres viejos	Marcos 2:21-22, Lucas 5:36-39,
12	29-32	Parábola del hombre fuerte con la manos atadas	Marcos 3:27-29, Lucas 11:21-23,
12	48-50	Parábola de las verdades de Jesús	Marcos 3:33-35, Lucas 8:20-21,
13	1-9	Parábola del sembrador	Marcos 4:1-9, Lucas 8:4-8,
13	24-30	Parábola del trigo y la cizaña	Tomás 57
13	31-32	Parábola de la semilla de mostaza	Marcos 4:30-32, Lucas 13:18-19,
13	33	Parábola de la levadura	Lucas: 13:20-21,
13	44-57	Parábola del tesoro escondido	-
13	45-46	Parábola de la perla de gran valor	-
13	47-50	Parábola de la red	-
13	52	Parábola del padre de familia	-
18	1-10	Parábola del pequeño niño	Marcos 9:35-37, Lucas 9:46-48,

18	12-14	Parábola de la oveja perdida	Lucas 15:1-7,
18	23-35	Parábola del funcionario que no quiso perdonar	-
20	1-16	Parábola de los trabajadores de la viña	-
21	28-32	Parábola de los dos hijos	-
21	33-44	Parábola de los labradores malvados	Marcos 12:1-12, Lucas 20:9-18,
22	1-14	Parábola del banquete de bodas	Lucas 14:15-24, Tomás 64
24	32-35	Parábola del árbol de higo	Marcos 13:28-31, Lucas 21:29-31
24	42-44	Parábola del siervo vigilante	Marcos 13:34-37, Lucas 12:35-40,
25	1-13	Parábola de las diez vírgenes	-
25	14-30	Parábola de los talentos	Lucas 19:11-37
25	31-46	Parábola de las ovejas y las cabras	-

Evangelio de Marcos

Cap.	Vv.	Nombre	Paralelos
2	21-22	Parábola del vino nuevo y los odres viejos	Mateo 9:16-17, Lucas 5:36-39,
3	27-29	Parábola del hombre fuerte con las manos atadas	Mateo 12:29-32, Lucas 8:20-21,
3	33-35	Parábola de las verdades de Jesús	Mateo 12:48-50, Lucas 8:20-21,
4	1-9	Parábola del sembrador	Marcos 4:1-9, Lucas 8:4-8,
4	21-23	Parábola de la lámpara	Mateo 5:13-16, Lucas 8:16-18, Lucas 11:33-36,

4	26-29	Parábola del crecimiento de la semilla	-
4	30-32	Parábola de la semilla de mostaza	Mateo 13:31-32, Lucas 13:18-19,
9	35-37	Parábola del pequeño niño	Mateo 18:1-10, Lucas 9:46-48
12	1-12	Parábola de los labradores malvados	Mateo 21:33-44, Lucas 20:9-18,
13	28-31	Parábola del árbol de higo	Mateo 24:32-35, Lucas 21:29-31
13	34-37	Parábola del siervo vigilante	Mateo 24:42-44, Lucas 12:35-40,

Evangelio de Lucas

Cap.	Vv.	Nombre	Paralelos
5	36-39	Parábola del vino nuevo y los odres viejos	Mateo 9:16-17, Marcos 2:21-22,
6	43-45	Parábola del árbol y sus frutos	Mateo 7:15-20,
6	47-49	Parábola de la casa sobre la roca	Mateo 7:24-27
7	41-47	Parábola de los dos deudores	-
8	4-8	Parábola del sembrador	Mateo 13:1-9, Marcos 4:1-9,
8	16-18	Parábola de la lámpara	Mateo 5:13-16, Marcos 4:21-23, Lucas 11:33-36,
8	20-21	Parábola de las verdades de Jesús	Mateo 12:48-50, Marcos 3:33-35,
9	46-48	Parábola del pequeño niño	Mateo 18:1-10, Marcos 9:35-37
10	25-37	Parábola del buen samaritano	-

11	5-10	Parábola del amigo inoportuno	-
11	21-23	Parábola del hombre fuerte con las manos atadas	Mateo 12:29-32, Marcos 3:27-29,
12	16-21	Parábola del rico insensato	-
12	22-26	Parábola de las aves	Mateo 6:25-26
12	27-31	Parábola de los lirios	Mateo 6:28-34
12	35-40	Parábola del siervo vigilante	Mateo 24:42-44, Marcos 13:34-37,
12	57-59	Parábola del demandado	Mateo 5:21-25
13	6-9	Parábola de la higuera sin fruto	-
13	18-19	Parábola de la semilla de mostaza	Mateo 13:31-32, Marcos 4:30-32,
13	20-21	Parábola de la levadura	Mateo 13:33,
14	15-24	Parábola del banquete de bodas	Mateo 22:1-14,
15	1-7	Parábola de la oveja perdida	Mateo 18:12-14,
15	8-10	Parábola de la mujer que encuentra su moneda	-
15	11-32	Parábola del hijo pródigo	-
16	1-8	Parábola del mayordomo astuto	-
16	19-31	Parábola del rico epulón y Lázaro	-
17	7-10	Parábola del siervo inútil	-
18	1-8	Parábola de la viuda y el juez	-
18	9-14	Parábola del fariseo y el publicano	-
19	11-27	Parábola de los talentos	Mateo 25:14-30
20	9-18	Parábola de los labradores malvados	Mateo 21:33-44, Marcos 12:1-12, Tomás 65-66
21	29-31	Parábola del árbol de higo	Mateo 24:32-35, Marcos 13:28-31,

Evangelio de Juan

Cap.	Vv.	Nombre
10	11-18	Parábola del buen pastor
12	23-26	Parábola del grano de trigo
15	1-5	Parábola de la viña

Milagros de Jesús en los Evangelios

Siete curaciones de espíritus inmundos

En estos pasajes se puede observar que incluso los demonios se postran ante Jesús, lo obedecen y lo reconocen como el Santo Hijo de Dios.

- El de la región de Gerasa (Mt. 8:28-34, Mc. 5:1-20, Lc. 8:26-29): Era poseído por muchos espíritus inmundos que se hacían llamar Legión, que fueron expulsados y entraron en un hato de cerdos, que luego murieron.

- El mudo (Mt. 9:32-34): La gente estaba asombrada y los fariseos afirmaban que gracias al príncipe de los demonios Jesús realizaba sus exorcismos.

- El endemoniado ciego y mudo (Mt. 12:22-23, Lc. 11:14-15)

- La hija de la cananea (Mt. 15:21-28, Mc. 7:24-30): Fue un milagro llevado a cabo en la región de Tiro y de Sidón, por petición y gracia a la fe de la madre de la víctima.

- El niño epiléptico (Mt. 17:14-21, Mc. 9:14-29, Lc. 9:37-43): Los discípulos que acompañaban a Jesús no pudieron curar al niño porque tenían falta de fe.

- El de la sinagoga en Cafarnaúm (Mc. 1:21-28, Lc. 4:31-37): Fue sanado en los días de reposo,

- María Magdalena (Lc. 8:1-3): De la cual salieron 7 demonios. También sanó a otras muchachas, entre ellas: Juana, mujer de Chuza intendente de Herodes, y Susana.

Cinco curaciones de paralíticos

En un cuadro de Gabriel von Max, representación de Jesús sanando a un niño (Imposición de manos).

- El criado del centurión en Capernaum (Mt. 8:5-13, Lc. 7:1-10): Fue curado distancia por petición y gracias a la fe del centurión. No está claro si el relatado en el Evangelio de Juan es el mismo milagro, ya que el beneficiario es en este caso el hijo de un cortesano, aunque los detalles de la narración son idénticos.

• Un paralítico de Capernaum (Mt. 9:1-18, Mr. 2:1-12, Lc. 5:17-26): quien estaba postrado, y también le fueron perdonados sus pecados. Los escribas acusaron a Jesús de blasfemo.

• El hombre de la mano seca (Mt. 12:9-14, Mc. 3:1-6, Lc. 6:6-11): debido a este milagro los fariseos se enfurecieron y murmuraban planeando la destrucción de Jesús.

• La mujer en la sinagoga que estaba encorvada y no podía enderezarse (Lc. 13:10-17): esta curación tuvo lugar también en sábado y en una sinagoga, por lo cual Jesús fue criticado.

• El de Jerusalén (Jn. 5:1-18): este hombre llevaba 38 años enfermo y fue sanado un sábado en un estanque llamado Betesda en hebreo.

Cuatro curaciones de ciegos

• Los dos ciegos de Cafarnaúm (Mt.9:27-31).

• Bartimeo, el de Jericó (Mt. 20:29-34, Mc. 10:46-52, Lc. 18:35-43, también encontrado en el Corán): Él le suplicó misericordia y Jesús le dijo que fue salvado gracias a su fe.

• El de Betsaida (Mc. 8:22-26): A quien sanó poniéndole saliva en los ojos e imponiéndole las manos

• El de nacimiento (Jn. 9:1-41): Jesús lo sanó restregando lodo hecha con su propia saliva, en los ojos del ciego, quien luego se lavó en la piscina de Siloe (enviado).

Dos curaciones de leprosos

• De un leproso de Galilea (Mt. 8:1-4, Mc. 1:40-45, Lc. 5:12-16, también encontrado en el Evangelio Egerton y en el Corán): fue curado al ser tocado por la mano de Jesús.

• De diez leprosos (Lc. 17:11-19): iban camino a Jerusalén y Jesús los curó con el poder de su palabra.

Otras seis curaciones

- Jesús y la suegra de Pedro, escena de la abadesa Hitda de Meschede

- La fiebre de la suegra de Pedro (Mt. 8:14-15, Mc. 1:29-31, Lc. 4:38-39): fue sanada en su casa en Cafarnaúm, al ser tomada por la mano de Jesús.

- La mujer con flujo de sangre (Mt. 9:20-22, Mc. 5:25-34, Lc. 8:41-48): quien se sanó al tocar el manto de Jesús.

- Un sordomudo en la Decápolis (Mc. 7:31-37): a quien sanó metiéndole los dedos en los oídos, escupiendo, tocándole la lengua y diciendo: "Effatá", que significa "ábrete".

- El hidrópico (Lc. 14:1-6): Esta curación fue hecha un sábado en la casa de uno de los principales fariseos.

- La oreja de Malco (Lc. 22:50-51): quien fue herido por un discípulo de Jesús, a quien Jesús reprendió por ello.

- El hijo del alto oficial del rey (Jn. 4:46-54): Jesús y el oficial se encontraban en Caná, y el niño que moría se encontraba en Cafarnaún.

Curaciones hechas de modo genérico

Además de las ya mencionadas curaciones, hay pasajes que hacen referencia a ocasiones en que Jesús curó de modo genérico diversas enfermedades. Se mencionan cinco a continuación:

- Recorriendo Galilea (Mt. 4:23-25, Lc. 16:17-19).

- Al ponerse el sol (Mt. 8:16-17, Mr. 1:32-34, Lc. 4:40-41).

- Junto al mar de Galilea (Mt. 15:29-31).

- En el Templo (Mt. 21:14-15).

- Cuando se retira al mar con sus discípulos (Mc 3:7-12).

Diez milagros sobre la naturaleza

Jesús obró también, según los evangelios, diez prodigios de tipo natural, en los que se pone de manifiesto la obediencia de las fuerzas naturales a su autoridad.

- La tempestad calmada (Mt. 8:23-27, Mr. 4:35-41, Lc 8:22-25): Sucede en el Mar de Galilea. Jesús les dice a sus discípulos hombres de poca fe, ya que estos se atemorizan y piensan que perecerán.

- Caminar sobre el agua (Mt. 14:22-27, Mr.6:45-52, Jn. 6:16-21): Los discípulos creyeron ver un fantasma y dieron voces de miedo. Se dirigían en una barca a Cafarnaún.

- La primera multiplicación de los panes y los peces (Mt. 14:13-21, Mr. 6:30-44, Lc. 9:10-17, Jn. 6:1-14): Este es el único milagro que se encuentra en los cuatro evangelios canónicos. Fue realizado en un monte de Galilea, localizado en el desierto cerca del lago de Tiberiades.

- La moneda en la boca del pez (Mt. 17:24-27): Jesús mandó a Pedro a traer dinero de la boca del pez para pagar impuestos.

- Cuando secó la higuera (Mt. 21:18-22): Seco la higuera ordenándole que nunca más tuviera fruto. Este milagro muestra la importancia y el poder de la fe. Jesús afirma que con fe se pueden mover montañas.

- La segunda multiplicación de los panes y los peces (Mr. 8:1-10): Fue realizado en el desierto.

- La pesca milagrosa (Lc. 5:1-11): Sucedió en el Lago Genesaret. Luego de este, Simón Pedro, Jacobo y Juan se convirtieron en discípulos de Jesús.

- La Transfiguración de Jesús (Mt. 17:1-13, Mr. 9:2-13, Lc. 9:28-36).

- Las Bodas de Caná (Lc. 20:1-12): Donde convirtió el agua en vino. Lo hizo a los 30 años de edad por una orden de la Virgen María, y, según él los evangelios canónicos, es el primer milagro registrado, con el que inició su vida pública.

Cuatro milagros de resurrección

- Una niña de doce años de edad, hija de Jairo (Mr. 5:38-43, Lc. 8:49-56): Jesús afirmó que la niña no estaba muerta, sino solo dormida.

- Lázaro, el de Betania (Jn. 11:38-44, también encontrado en el Corán): quien ya llevaba cuatro días de estar muerto y estaba sepultado en una cueva.

- El hijo de la viuda de la ciudad de Naín (Lc. 7:11.17): Jesús se compadeció de la viuda al verla llorar, tocó el féretro en el que llevaban al muchacho y le ordenó que se levantará.

Concordancia de los Evangélios

1.- Nacimiento e infancia de Jesús

1. Inicio de San Juan: Jn 1, 1-18
2. Juan Bautista: Lc 1, 5-25
3. Gabriel anuncia: Lc 1, 26-38
4. Visita a Isabel: Lc 1, 39-45
5. José, Esposo de María: Mt 1, 18-24
6. Nacimiento de Jesús: Lc 2, 1-7 (Mt 1, 25)
7. Genealogía de Jesús: (Mt 1, 1 - 17; Lc 3, 23 - 37)
8. Angeles y pastores: Lc 2, 8-14
9. Presentación: Lc 2, 22-23
10. Adoración de los Magos: Mt 2, 1-12
11. Huida a Egipto: Mt 2, 13-15
12. Inocentes: Mt 2, 16-18
13. Regreso a Nazaret: Mt 2, 19-23
14. Vida oculta: Lc 2, 51-52

2.- Del Bautismo de Jesús al Sermón de la Montaña

1. Misión de Juan: Lc 3, 1-6
2. Caridad y justicia: Lc 3, 10-14
3. Ayuno y tentaciones: Mt 4, 1-11 (Mc 1, 12-13; Lc 4, 1-13)
4. Declaraciones de Juan Bautista: Jn 1, 19-28
5. Juan, Andrés y Pedro: Jn 1, 35-42
6. Felipe y Natanael: Jn 1, 43-51
7. Bodas de Caná: Jn 2, 1-11
8. Cafarnaum: Jn 2, 12
9. Expulsión de vendedores: Jn 2, 13-25
10. Jesús vuelve a Galilea: Jn 4, 1-4
11. La Samaritana: Jn 4, 5-26
12. El hijo del oficial: Jn 4, 46-54
13. Predicación fallida: Lc 4, 16-30
14. Reside en Cafarnaum: Mt 4, 13-17

15. Pesca milagrosa: Lc 5, 1-11 (Mt 4, 18-22; Mc 1, 16-22)

16. Suegra de Pedro: Lc. 4, 38-41 (Mt 8, 14-17; Mc 1, 29-34)

17. Extiende la predicación: Lc 4, 42-44 (Mt 4, 23-25; Mc 1, 35-39)

18. El paralítico de Cafarnaum: Mt 9, 1-18 (Mc 2, 1-12; Lc 5, 17-26)

19. Vocación de S.Mateo: Mt 9, 9-13 (Mc 2, 13-17; Lc 5, 27-32)

20. El paralítico de la piscina probática: Jn 5, 1-13

21. Curaciones: Mt 12, 15-21 (Mc 3, 7-12)

22. Vocación de los Apóstoles: Lc 6, 12-19 (Mt 10, 1-4; Mc 3, 13-19)

23. Bienaventuranzas: Mt 5, 1-12 (Lc 6, 20-26)

3.- Hasta la 1ª Multiplicación de los panes

1. El centurión: Mt 8, 5-13 (Lc 7, 1-10)

2. Viuda de Naín: Lc 7, 11-17

3. Pecadora: Lc 7, 36-50

4. Santas mujeres: Lc 8, 1-3; Mc 3, 20-21

5. Poseso: Lc 11, 14-26 (Mt 12, 22-27; Mc 3, 22-30)

6. Parientes de Jesús: Mt 12, 46-50 (Mc 3, 31-35; Lc 8, 19-21)

7. Sentencias: Lc 8, 16-18 (Mc 4, 21-25)

8. Tempestad: Mt8, 23-27 (Mc 4, 35-40; Lc 8, 22-25)

9. Endemoniados: Mc 5, 1-20 (Mt 8, 29-34; Lc 8, 26-39)

10. Nazaretanos: Mc 6, 1-6 (Mt 13, 53-58)

11. Martirio de Juan: Mc 6, 17-29 (Mt 14, 3-12)

12. 1ª Multiplicación de los panes: Jn 6, 2-15 (Mt 14, 13-23; Mc 6, 30-46)

4.- De la 1ª Multiplicación a la Fiesta de los Tabernáculos

1. Sobre las aguas: Mc 6, 45-52 (Mt 14, 24-34; Jn 6, 16-21)

2. Comisteis pan: Jn 6, 22-26

3. Cananea: Mt 15, 21-28 (Mc 7, 24-30)

4. Sordomudo: Mc 7, 31-37

5. 2a. Multiplicación de los panes: Mc 8, 1-10 (Mt 15, 32-38; Lc 9, 10-17)

6. Señal del cielo: Mt 15, 39; 16, 1-4 (Mc 8, 10-13)

7. Fariseos: Mt 16, 5-12 (Mc 8, 14-21)

8. Confesión de Pedro: Mt 16, 13-20 (Mc 8, 27-30; Lc 9, 18-21)

9. Abnegación: Mc 8, 34-39 (Mt 16, 24-28; Lc 9, 23-27)

10. Transfiguración: Mt 17, 1-9 (Lc 9, 28-36; Mc 9, 1-10)

11. 2ª Prediccion de la Pasión: Mt 17, 22-23 (Mc 9, 29-31; Lc 9, 44-45)

12. Tributo del Templo: Mt 17, 24-27

13. Poder: Mt 18, 18

14. Serás perdonado: Mt 18, 23-27

15. Fiesta de los Tabernáculos: Jn 7, 2-10

16. Samaritanos: Lc 9, 51-56

17. Condiciones para seguir a Jesús: Lc 9, 57-62 (Mt 8, 19-22)

18. Gran mandamiento: Lc 10, 23-28 (Mt 19, 1-2)

19. El buen Samaritano: Lc 10, 29-37

20. Betania: Lc 10, 38-42

21. En la Fiesta de los Tabernáculos: Jn 7, 11-18

5.- De la Fiesta de los Tabernáculos a la resurrección de Lázaro

1. Mujer adúltera: Jn 8, 1-11

2. El ciego de nacimiento: Jn 9, 1-23

3. Cuando oréis: Lc 11, 1-4

4. Cuestiones capciosas: Lc 11, 45-53

5. Providencia Divina: Lc 12, 22-34

6. Higuera estéril: Lc 13, 1-9

7. Escogidos: Lc 13, 22-30

8. Jerusalén, Jerusalén: Lc 13, 31-35

9. Os lo he dicho: Jn 10, 22-30

10. Ultimos puestos: Lc 14, 7-11

11. El hijo pródigo: Lc 15, 11-33

12. Epulón y Lázaro: Lc 16, 19-31

13. Lázaro enfermo: Jn 11, 1-16

6.- De la resurrección de Lázaro a la Última Cena

1. Resurrección de Lázaro: Jn 11, 38-44

2. Decretan la muerte de Jesús: Jn 11, 45-57

3. Matrimonio y virginidad: Mt 19, 2-12 (Mc 10, 1-12)

4. Zaqueo: Lc 19, 1-10

5. Negociantes: Lc 19, 11-28

6. Cura dos ciegos: Mt 20, 29-34

7. En Betania: Jn 12, 1-11 (Mt 26, 6-13; Mc 14, 3-11)

8. Entra en Jerusalén (Domingo de Ramos): Mt 21, 1-9 (Mc 11, 1-10; Lc 19, 29-38; Jn 12, 12-16)

9. El Señor lloró: Lc 19, 41-44

10. Vendedores del Templo: Lc 19, 45-47 (Mc 11, 15-19)

11. Al César lo del César: Mt 22, 15-22 (Mc 12, 13-17; Lc 20, 20-26)

12. Casuística de saduceos: Mt 22, 23-33 (Mc 12, 18-17; Lc 20, 27-40)

13. Fin del magisterio: Jn 12, 20-36

14. Fin de los tiempos: Mt 24, 1-14 (Mc 13, 1-3; Lc 21, 5-19)

15. Las diez vírgenes: Mt 25, 1-13

16. bis Juicio: Mt 25, 31-46

17. Preparación de la Cena: Lc 22, 7-13 (Mt 26, 17-19; Mc 14, 12-16)

7.- De la última Cena al Sacrificio de la Cruz

1. Comienza la Cena Pascual: LC 22, 14-18 (Mt 26, 20; Mc 14 17; Jn 13, 1)

2. Anuncia la traición: Mt 26, 21-25 (Mc 14-18-21: Lc 22, 21-23)

3. Institución de la Eucaristía: Mt 26, 26-28 (Mc 14, 22-25; Lc 22, 19-20)

4. Lavatorio de los pies: Jn 13, 2-19

5. De nuevo predice la traición, y Judas se va: Jn 13, 21-30

6. Primeras protestas de fidelidad de Pedro: Jn 13, 36-38

7. La paz os doy; salen del Cenáculo: Jn 14, 27-31 (Mt 26, 30-35; Mc 14, 30)

8. Soy la vid: Jn 15, 1-10

9. Oración en el Huerto: Mt 26, 37-40 (Mc 14, 33-41; Lc 22, 40-46)

10. Prendimiento: Lc 22, 47-53 (Mt 26, 47-56; Mc 14, 42-52; Jn 18, 3-12)

11. Ante el Sumo Sacerdote: Mc 14, 53-65 (Mt 26, 57-68; Lc 22, 54; Jn 18, 13-24)

12. Jesús es conducido a Pilato: Mt 27, 1-2 (Mc 15, 1; Lc 22, 66-69)

13. Desesperación de Judas: Mt 27, 3-10

14. Jesús ante Pilato: Mt 27, 11-14 (Mc 15, 2-5; Lc 23, 1-7; Jn 18, 28-38)

15. Jesús ante Herodes: Lc 23, 8-16

16. Es pospuesto a Barrabás: Mt 27, 15-23 (Mc 15, 6-14; Lc 23, 17-19; Jn 18, 39-40)

17. Pilato se lava las manos y azota a Jesús: Mt 27, 24-30 (Mc 15, 15-19; Lc 23, 20-25; Jn 19, 1-3)

18. Ecce Homo!: Jn 19, 4-16

19. Camino del Calvario: Mt 27, 31-33 (Mc 15, 20-22; Lc 23, 26-32; Jn 19, 17)

20. Crucifixión: Mt 27, 34-43 (Mc 15, 23-32; Lc 23, 32-38; Jn 19, 18-24)

21. Los dos ladrones: Mt 27, 44 (Lc 23, 39-43)

22. He ahí a tu Madre: Jn 19, 25-27

23. Tinieblas, "Heli, Heli..." y "Tengo sed": Mt 27, 45-49 (Mc 15, 33-36; Lc 23, 44; Jn 19, 28-29)

24. Jesún muere en la Cruz: Jn 19, 30 (Mt 27, 50-56; Mc 15, 37-41; Lc 23, 45-49)

8.- De la Lanzada y descendimiento de la Cruz, a la Ascensión

1. La lanzada: Jn 19, 31-37

2. Jesús es sepultado: Jn 19, 41-42 (Mt 27, 60-66; Mc 15, 46-47; Lc 23, 53-56)

3. La Resurrección: Lc 24, 1-11 (Mt 28, 1-11 + 27, 52; Mc 16, 1-11; Jn 20, 1-2)

4. Pedro y Juan: Jn 20, 3-10 (Lc 24, 12)

5. María Magdalena: Jn 20, 11-18

6. Los discípulos de Emaús: Lc 24, 13-35 (Mc 16, 12-13)

7. Se aparece en el Cenáculo: Lc 24, 36-48 (Jn 20, 19-23)

8. Tomás no estaba: Jn 20, 24-29

9. Vuelven a Galilea y se les aparece: Mt 28, 16-20

10. Aparición en el lago de Galilea: Jn 21, 1-14

11. Vuelven a Jerusalén. Jesús se les aparece: Mc 16, 14-18 (Lc 24, 49)

12. La Ascensión: Lc 24, 50-53 (Mc 16, 19-20)

13. Epílogo: Jn 21, 24-25

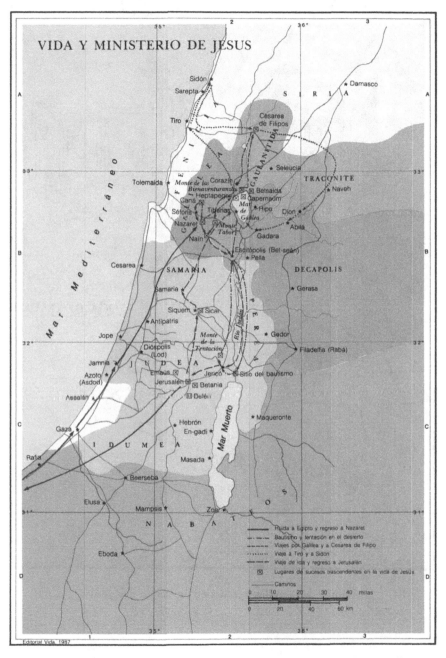

Israel en tiempos de Jesús

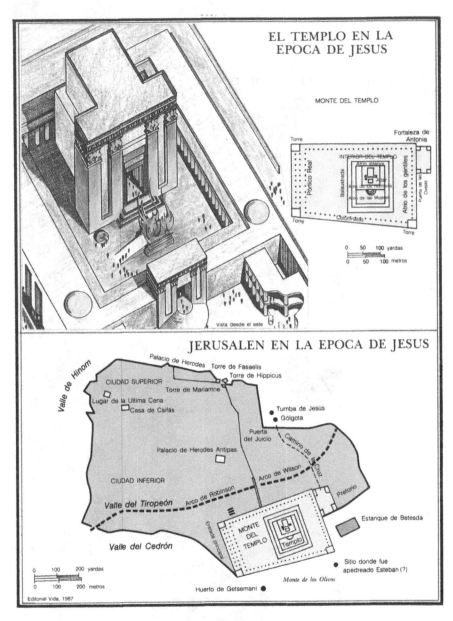

Templo de Herodes y Jerusalén en tiempos de Jesús

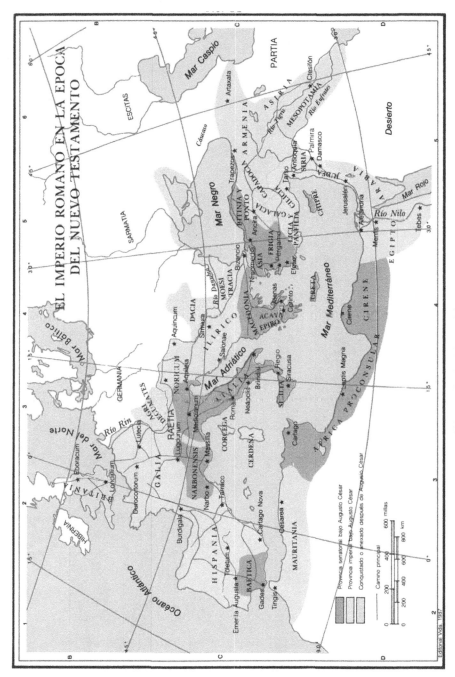

El mundo del Nuevo Testamento

Bibliografía

A continuación se incluyen algunas obras que pueden ayudar al lector o lectora a profundizar en algunos de los temas que se exponen en nuestro libro. He identificado, en esta bibliografía breve, estudios escritos o traducidos al castellano, para facilitar los procesos educativos de nuestros lectores que desean estudiar los asuntos expuestos en el idioma de Cervantes. Aunque la gran mayoría de las obras son recientes (p.ej., del año 1990 en adelante), he incluido algunos clásicos por su importancia temática y metodológica, o por su pertinencia teológica.

Las personas que deseen estudiar los estudios sobre Jesús en otros idiomas, pueden consultar los libros importantes de Puig, Varo y Vidal, quienes han influenciado significativamente mis reflexiones sobre los temas expuestos, y a quienes les debo en gran medida la integración de los estudios críticos en torno al Jesús histórico y el Cristo de la fe.

Estudios sobre Jesús

• Aguirre, R. (ed.), *Los milagros de Jesús. Perspectivas metodológicas plurales*, Estella: Verbo Divino, 2002.

• Ayaso, J.R., I*udaea capta. La Palestina romana entre las dos guerras judías* (70-132 d.C.). Estella: Verbo Divino, 1990.

• Barbaglio, G., *Jesús, hebreo de Galilea. Investigación histórica.* Salamanca: Secretariado Trinitario, 2003.

• Bornkamm, G., *Jesús de Nazaret.* Salamanca: Sígueme, 2002.

• Brown, R.E., *El nacimiento del Mesías.* Comentarios a los relatos de la infancia. Madrid: Cristiandad, 1982.

• Casciaro, J.M., *Jesús de Nazaret.* Murcia: Alga, 1994.

• Crossan, J.D., *Jesús: biografía revolucionaria.* Barcelona: Grijalbo Mondadori, 1996.

• --, *El Jesús de la historia: vida de un campesino mediterráneo judío.* Barcelona: Crítica, 2000.

• --, *El nacimiento del cristianismo. Qué sucedió en los años inmediatamente posteriores a la ejecución de Jesús.* Santander: Sal Terrae, 2002.

- Crossan, J.D. y Reed, J.L., *Jesús desenterrado*. Barcelona: Crítica, 2003.

- Gnilka, J., *Jesús de Nazaret. Mensaje e historia*. Barcelona: Herder, 1993.

- Gonzalez Echegaray, J., *Jesús en Galilea. Aproximación desde la arqueología*. Estella: Verbo Divino, 2000.

- Guijarro, S., *Los dichos primitivos de Jesús. Una introducción al «Protoevangelio de dichos Q»*. Salamanca: Sígueme, 2004.

- Horsley, R.A., *Jesús y el Imperio. El Reino de Dios y el nuevo desorden mundial*. Estella: Verbo Divino, 2003.

- Horsley, R.A. y Silberman, N.A., *La revolución del Reino. Cómo Jesús y Pablo transformaron el mundo antiguo*. Santander: Sal Terrae, 2005.

- Jeremías, J., *Las parábolas de Jesús*. Estella: Verbo Divino, 1974.

- --, *La última cena. Palabras de Jesús*. Madrid: Cristiandad, 2003.

- Karrer, M., *Jesucristo en el Nuevo Testamento*. Salamanca: Sígueme, 2002.

- Kee, H.C., *Medicina, milagro y magia en tiempos del Nuevo Testamento*. Córdova: El Almendro, 1992.

- Kloppenborg, J.S. *Q. El evangelio desconocido*. Salamanca: Sígueme, 2005.

- Légasse, S. *El proceso de Jesús. I: La historia; II: La pasión en los cuatro evangelios*. Bilbao: Desclée de Brouwer, 1995 (I), 1996 (II).

- Malina, B.J., *El mundo social de Jesús y los evangelios. La antropología cultural mediterránea y el Nuevo Testamento*. Santander: Sal Terrae, 2002.

- Malina, B.J. y Rohrbaugh, R.L., *Los evangelios sinópticos y la cultura mediterránea en el siglo I. Comentario desde las ciencias sociales*. Estella: Verbo Divino, 1996.

- Martín Descalzo, J.L., *Vida y ministerio de Jesús de Nazaret*. Salamanca: Sígueme, 1992.

- Meier, J.P., *Un judío marginal. Nueva visión del Jesús histórico. I: Las raíces del problema y de la persona; II/1 Juan y Jesús. El Reino de Dios; II/2: Los milagros; III: Compañeros y competidores*. Estella: Verbo Divino, 2001 (I), 2001 (II/1), 2000 (II/2), 2003 (III).

- Moxnes, H., *Poner a Jesús en su lugar. Una visión radical del grupo familiar y el Reino de Dios*. Estella: Verbo Divino, 2005.

• Neyrey, J.H., *Honor y vergüenza. Lectura cultural del Evangelio de Mateo*. Salamanca: Sígueme, 2005.

• Pagán, Samuel. *El misterio revelado: Los manuscritos del Mar Muerto y los documentos de Qumrán*. Nasville: Abingdon, 2001.

• Puig, A., Jesús. *Una biografía*. Barcelona: Ediciones Destino, 2006.

• Quesnel, M. y Gruson, P. (dirs.), *La Biblia y su cultura. Jesús y el Nuevo Testamento*. Santander: Sal Terrae, 2000.

• Robinson, J.M., P. Hoffmann y J.S. Kloppenborg (eds.), *El documento Q en griego y en español. Con paralelos del evangelio de Marcos y del evangelio de Tomás*. Salamanca/Leuven: Sígueme/Peeters, 2004.

• Sanders, E.P., *La figura histórica de Jesús*. Estella: Verbo Divino, 2000.

• --, *Jesús y el judaísmo*. Madrid: Trotta, 2004.

• Schlosser, J., *Jesús, el profeta de Galilea*. Salamanca: Sígueme, 2005.

• Schurmann, H., *El destino de Jesús: su vida y su muerte. Esbozos cristológicos recopilados y presentados por Klaus Scholtissek*. Salamanca: Sígueme, 2003.

• Schussler-Fiorenza, E., *En memoria de ella. Una reconstrucción teológica-feminista de los orígenes del cristianismo*. Bilbao: Desclée de Brouwer, 1989.

• Schweitzer, A., *Investigación sobre la vida de Jesús*. Valencia: Edicep, 1990.

• Stanton, G., *¿La verdad del evangelio?: Nueva luz sobre Jesús y los evangelios*. Estella: Verbo Divino, 1999.

• Stegemann, E.W. y Stegemann, W., *Historia social del cristianismo primitivo. Los inicios en el judaísmo y las comunidades cristianas en el mundo mediterráneo*. Estella: Verbo Divino, 2001.

• Stegemann, H., *Los esenios, Qumrán, Juan el Bautista y Jesús*. Madrid: Trotta, 1996.

• Theissen, G., *La sombra del galileo. Las investigaciones históricas sobre Jesús traducidas a un relato*. Salamanca: Sígueme, 2004.

• --. *La religión de los primeros cristianos*. Salamanca: Sígueme, 2002.

- --, *El movimiento de Jesús. Historia social de una revolución de los valores.* Salamanca: Sígueme, 2005.

- Theissen, G. y Merz, A., *El Jesús histórico. Manual.* Salamanca: Sígueme, 2004.

- Tunc, S., *También las mujeres seguían a Jesús.* Santander: Sal Terrae, 1999.

- Varo, F., Rabí *Jesús de Nazaret.* Madrid: Biblioteca de Autores Cristianos, 2005.

- Vermes, G., *La religión de Jesús el judío.* Madrid: Anaya/Muchnik, 1996.

- --, *Jesús el judío. Los evangelios leídos por un historiador.* Barcelona: El Aleph, 1994.

- Vidal, S. *Los tres proyectos de Jesús y el cristianismo naciente. Un ensayo de reconstrucción histórica.* Salamanca: Sígueme, 2003.

- --, *Jesús el Galileo.* Santander: Sal Terrae, 2006.

Fuentes antiguas

- Agudo Cubas, R.M., Ramírez de Verger, A. (eds.), *Suetonio. Vida de los doce Césares, 2 Vols.* Madrid: Gredos, 1992.

- García Martínez, F. (ed.), *Textos de Qumrán.* Madrid: Trotta, 1993.

- Martinez Saiz, T., *Mekilta de Rabbí Ismael: Comentario rabínico al libro del Éxodo.* Estella: Verbo Divino, 1995.

- Moralejo, J.L., *Cornelio Tácito, Anales.* 2 Vols. Madrid: Gredos, 1979-1980.

- Navarro, Peiró, M., *Abot de Rabbí Natán.* Valencia. Institución de San Jerónimo, 1987.

- Pérez Fernández, M. (ed.), *Los Capítulos de Rabbí Eliezer: Pirqe Rabbí Eliezer.* Valencia, Institución de San Jerónimo, 1984.

- Ruiz Bueno, D. (ed.), *Orígenes. Contra Celso. Introducción, versión y notas.* Madrid: BAC, 1967.

- Valle, C., (ed.), *La Misná.* Salamanca: Sígueme, 2002.